Edgar Hilsenrath | *Das Unerzählbare erzählen*

Thomas Kraft (Hrsg.)

# Edgar Hilsenrath | *Das Unerzählbare erzählen*

Piper
München Zürich

Frontispiz: Federzeichnung
von Natascha Ungeheuer

ISBN 3-492-03840-9

Gesetzt aus der Aldus
Gesamtherstellung: Clausen & Bosse, Leck
Printed in Germany

# INHALTSVERZEICHNIS

## Vorwort

## Biographisches



## Kritisches

## Lobendes



## Anhang

# VORWORT

Wer sich mit Literatur beschäftigt, begegnet immer wieder dem Bonmot, daß es für Leser und Kritiker ratsam sei, sich nur an die Bücher zu halten und den Wunsch zu unterdrücken, auch noch ihre Verfasser persönlich kennenlernen zu wollen. Man erlebe da häufig eine herbe Enttäuschung. Ob diese Warnung eine gewisse Berechtigung hat oder nicht, sei dahingestellt. Als ich jedenfalls Edgar Hilsenrath bei mehreren Lesungen erlebte, sah, wie es dieser kleine, scheu wirkende Mann verstand, das Publikum mit der »Ölberg-Rede«, den Dialogen zwischen Thovma Khatisian und dem Meddah oder der Episode, als Großmutter Jente dem Kaiser Franz Josef den Hering »aus dem trefenen Maul« herauszog, in seinen Bann zu ziehen, es lachen und gleichzeitig nachdenklich werden ließ, da erschien mir seine Kunst des Erzählens als eine besondere, und ich wollte den Mann mit der Baskenmütze – entgegen aller Bedenken – näher kennenlernen. Doch Edgar Hilsenrath erkrankte plötzlich schwer; ein Treffen war vorerst unmöglich geworden.

In der weiteren Auseinandersetzung mit Hilsenraths Texten fiel auf, daß sich die Germanistik eine mir unverständliche Zurückhaltung gegenüber diesem bei Lesern doch sehr erfolgreichen Autor auferlegt hatte. Hilsenrath hatte es mit seinen Büchern bei Verlagen und Kritikern lange schwer gehabt. Sein Ansatz, mit dem er das Unvorstellbare des Holocaust, das Tabuisierte und Stigmatisierte zu erzählen versucht, wurde kontrovers diskutiert. Zahlreiche, oft leidenschaftlich geschriebene Rezensionen dokumentieren das Spektrum der Reaktionen, die Hilsenraths Texte provozieren: Zustimmung und Ablehnung, Euphorie und auch Mißverständnisse. Gleichmütig stimmte die Lektüre jedenfalls niemanden. Wahrscheinlich benötigt die Literaturwissenschaft immer erst die zeitliche Distanz und die kanonisierte Betrachtungsweise, um sich ganz allmählich auf Autoren einzulassen. Daß sie sich auf diese Weise immer weiter von der Gesellschaft und ihren aktuellen Problemen entfernt, liegt auf der

Hand. Dieses Defizit, zumindest im Fall Edgar Hilsenraths, etwas auszugleichen, wurde mir bald ein Anliegen. Erfreulicherweise stieß ich bei Uwe Heldt, dem Lektor des R. Piper Verlages, der Edgar Hilsenrath seit Jahren freundschaftlich verbunden ist, mit meinem Vorhaben, anläßlich des 70. Geburtstages eine Hommage an den Erzähler Hilsenrath vorzubereiten, sofort auf offene Ohren.

Mittlerweile hatte sich auch Edgar Hilsenrath soweit wieder von seiner Krankheit erholt, daß einem Besuch in seiner Berliner Wohnung nichts mehr im Wege stand. Diesem ersten längeren Gespräch folgten viele Briefe, Telefonate und auch ein Wiedersehen im Frühjahr 1995 in Ingolstadt. Denn Edgar Hilsenrath war soweit genesen, daß er wieder Lesungen machen, ja sogar nach Polen und Israel reisen konnte, wo erstmals Übersetzungen seiner Bücher erschienen waren. Und er zeigte sich mir gegenüber so kooperativ, daß alle angesprochenen Befürchtungen schnell verschwunden waren.

Meine Freude bei der Zusammenstellung des vorliegenden Bandes rührte vor allem auch daher, daß sich sowohl die Menschen, die an Hilsenraths literarischem Werdegang maßgeblich interessiert und beteiligt gewesen waren, wie auch Germanisten der (überwiegend) jüngeren Generation spontan bereiterklärt haben, ihre Erfahrungen im Umgang mit dem Autor und seinen Büchern für diesen Band niederzuschreiben. Bei allen möchte ich mich herzlich bedanken.

Besonderen Dank schulde ich Uwe Heldt für seine unkomplizierte und freundliche Art, das Projekt zu begleiten, und Peter Stenberg für seine tatkräftige Unterstützung; vor allen aber Edgar Hilsenrath für seine wunderbaren Romane, die das Schweigen brechen und das Unerzählbare erzählbar machen.

*München, Juni 1995* *Thomas Kraft*

# *Biographisches*

**Edgar Hilsenrath**

## *ZUHAUSE NUR IN DER DEUTSCHEN SPRACHE – eine biographische Selbstauskunft*

Ich bin am 2. April 1926 in Leipzig geboren, in einem jüdischen Elternhaus. 1929 zog meine Familie nach Halle (Saale), wo mein Vater ein Geschäft hatte. In der Schule lernte ich schon früh, was Antisemitismus bedeutete, obwohl ich einige Freunde hatte. Begonnen mit dem Schreiben habe ich eigentlich in der Schule. Ich schrieb mit zwölf Jahren Aufsätze, die unheimlich angegriffen wurden, weil ich mich nie an das Thema hielt, immer abschweifte. Das gab schlechte Noten, weil ich nicht machte, was die anderen machten. Aber mir hat das tollen Spaß gebracht.

Für mich war die Schule ein Alptraum, eine Strafanstalt. Zunächst wurden alle Jungen geprügelt, mit dem Rohrstock, für das kleinste Vergehen. Da waren wir alle gleich dran. Außerdem sah ich nicht jüdisch aus, hatte blaue Augen, dunkelblonde Haare. Die wußten gar nicht, daß ich Jude war. Als es rauskam, waren alle gegen mich. Na, und weil das so war, wurde eben geprügelt. Ich habe kräftig zurückgeschlagen, eigentlich bin ich nie in meinem Leben verprügelt worden, ich meine von Mitschülern. Aber sich jeden Tag in der Schule prügeln zu müssen, das war ein Alptraum, schon mit dem Schlagring in der Hand in die Schule gehen zu müssen. Ich ging eigentlich nicht zur Schule, sondern in den Kampf! Ein paar Lehrer waren nett – ein paar richtige Nazis. Der eine war Parteimitglied und malte Schweineschwänzchen auf die Schiefertafel. Der foppte mich und fragte: »Weißt du, was das ist?« Mein Vater war Offizier im Ersten Weltkrieg, und zwar in der österreichischen Armee. Er hatte alle möglichen Orden bekommen. Die hat er eines Tages angelegt, ist in die Schule gekommen und hat diesen Lehrer gefragt, warum er seinen Jungen so schikaniere. Er habe schließlich für Deutschland gekämpft. Es hat nichts genützt. Ich war froh, als wir auswanderten.

Als das Geschäft meines Vaters in den 30er Jahren boykottiert wurde, verlor meine Familie ihre Existenzgrundlage, und mein Vater löste das Geschäft auf. Uns, das heißt, meinen jüngeren Bruder Manfred, meine Mutter und mich, schickte er 1938 zu meinen Großeltern nach Rumänien, das später, unter der faschistischen Regierung, mit Hitler-Deutschland paktierte und uns wie die Juden aus der Bukowina und Bessarabien nach der Ukraine in die Ghettos deportierte. Meine stärkste Bindung besteht zu diesem kleinen jüdischen Städtchen in der Bukowina, in dem meine Großeltern gelebt haben. Es hieß früher unter österreichischer Herrschaft Sereth, die Rumänen tauften es um, es heißt heute Siret und liegt seit dem Einmarsch der Russen in Bessarabien und in die Nordbukowina direkt an der neuen russischen Grenze. Man sprach deutsch und jiddisch in Siret. Siret war meine zweite Heimat. Seit meinem dritten Lebensjahr war ich dort auf Sommerfrische. Als ich zwölf Jahre alt war, wanderten wir dorthin aus und blieben bis zur Deportation. Siret war und ist meine Lieblingsstadt. Das läßt sich besser nicht erklären. Dort lebten Juden, Zigeuner, Ukrainer, Rumänen, Ungarn und Deutsche friedlich zusammen. Ein warmherziger Vielvölkerstaat. Hier in der Bukowina, in diesem kleinen osteuropäischen Ort fühlte ich mich zum ersten Mal frei von der Bedrohung der Nazis. Die Tatsache, daß nirgendwo Hakenkreuzfahnen wehten, daß ich keine SA- und SS-Leute sah, keine Litfaßsäulen mit antisemitischen Hetzplakaten, empfand ich als beglückend. Die zynischen Reden der Nazi-Lehrer in meiner Schule waren schnell vergessen, auch die tagtäglichen Hänseleien der kleinen Hitlerjungen in meiner Klasse.

In Rumänien bin ich dann nicht mehr zur Schule gegangen. Ich kannte die Sprache nicht. Mein Großvater übernahm die Verantwortung. Ich bekam einen Privatlehrer, der mich in allen Schulfächern unterrichtete und mich mit kaum fünfzehn Jahren bis zum Abitur vorbereitet hatte.

Und mit vierzehn Jahren habe ich meinen ersten Roman geschrieben. Es war ein Roman über einen weißen Neger, inspiriert von Hugo Bettauer, dem österreichischen jüdischen Bestsellerautor, und hatte irgendwo mit dem Judenproblem zu tun. Im übrigen wollte ich der erste Schriftsteller von vierzehn Jahren werden, der einen Roman veröffentlicht. Ich hatte ihn fast fertig, aber dann wurden wir deportiert. Ich habe das Manuskript zwar während der Zeit im Ghetto aufbewahren und es dann meiner Mutter geben können. Aber sie wurde auf dem Weg nach Westen, nach der Befreiung, an der Grenze zwischen Ungarn und Österreich ausgeraubt. So ging mein Manuskript verloren. Ich habe es nie wiedergesehen. Schreiben war für mich immer eine Therapie. Ich litt nach diesem Krieg an Depressionen und konnte den Anschluß an das normale Leben nicht mehr finden. Mit zwanzig hatte ich sehr viele Identitätskrisen. Das lag an der unterbrochenen Entwicklung. Ich war wie aus der Bahn geworfen, wußte nicht, was ich machen sollte, wußte nicht, wozu ich überhaupt da war. Das Schreiben hat viel gelöst. Nach den ersten zehn bis zwölf Seiten von *Nacht* war ich wie befreit. Ich hatte mein Ziel gefunden. Ab da hatte ich keine Depressionen mehr.

Zurück zu Siret: Mit vierzehn Jahren schloß ich mich der zionistischen Bewegung »Hanoar Hazioni« an. Als 1940 die Russen vor den Toren Sirets standen, flüchteten unsere Führer und übergaben mir, da ich ihnen schon vorher positiv aufgefallen war, die Leitung der Gruppe, die ich dann ein Jahr lang innehatte. Ich hatte Zugang zu unserer Bibliothek und war daher in der Lage, Vorträge und Schulungen vorzubereiten.

Mit dem Rußlandkrieg begann die Zeit der Deportationen. Wir wurden im Oktober 1941 über die ukrainische Grenze abgeschoben, in das Gebiet zwischen den Flüssen Dnjestr und Bug, das von rumänischen Truppen besetzt war und Transnistrien genannt wurde. Das von den Russen eroberte Gebiet hatte Hitler im Vertrag von Tiraspol den Rumänen geschenkt. Ich verbrachte zweieinhalb Jahre im Ghetto von Moghilew-Podolsk. Ich arbeitete dort in der Schmiede einer Eisenfabrik, wo Werkzeuge hergestellt wurden. Aufgrund dieser Tätigkeit erhielt ich einen sogenannten »Lebensschein«. Ich konnte dort nicht regelmäßig arbeiten, weil ich häufig krank war. Ich hatte Verdauungsstörungen und Furunkulose. Ich magerte ab und litt unter psychosomatischen Störungen. Die Arbeit in der Fabrik riß mich aber aus meiner Lethargie und ließ mich wieder aufleben. Meine Familie, das heißt meine Mutter, mein Onkel und meine Tante, betätigten sich als Schwarzhändler im Ghetto. Von daher lebten wir relativ privilegiert. Im März 1944 wurde das Ghetto von den Russen befreit.

Ich überlebte das Ghetto und begab mich zuerst zu einer Tante nach Czernowitz. Dort wurde ich wie alle jungen Männer von den Russen verhaftet, die uns nach Sibirien ins Arbeitslager deportieren wollten.

Mit Hilfe eines gefälschten Passes, in dem ich mein Alter abgeändert hatte, konnte ich mich der Deportation entziehen und begab mich nach Siret, das im freien Teil Rumäniens lag. Dort lebte ich ungefähr sechs Monate. Zu Fuß und mit dem Pferdewagen machte ich mich, mittlerweile achtzehn Jahre alt, dann auf den Weg nach Bukarest, wo ich Kontakt zum Büro der Zionistischen Bewegung aufnahm. Die besorgten mir und anderen Schicksalsgenossen falsche Papiere, sogenannte »Familienpässe«, und setzten uns in den Zug nach Palästina. In Bulgarien, dem ersten Durchgangsland unserer Reise, verhafteten uns die Russen und internierten uns in Stara-Zagora fast zwei Monate lang. Ben Gurion hat dann für uns in Sofia interveniert, und wir kamen frei.

Über die Türkei, Syrien und den Libanon gelangten wir innerhalb kürzester Zeit nach Palästina. Ich landete zuerst im Kibbuz »Qua Ruppin und Tel-H Jizhak«, wo ich vier Monate blieb. Dann begab ich mich nach Haifa und arbeitete dort einige Zeit als Tellerwäscher in einem Restaurant. Daraufhin ging ich in die Negev-Wüste, in die Siedlung »Beth Eschel«, der ersten israelischen Versuchsstation zur Urbarmachung der Wüste; wir pflanzten dort Bäume. Im Januar 1946 übersiedelte ich nach Netanya, einem Kurort am Meer. Ich verdingte mich als Tagelöhner am Bau. In der Schlange der Arbeitslosen, die sich jeden Tag versammelte, lernte ich Jakov Lind kennen und freundete mich mit ihm an. Jeden Abend trafen wir uns im Kaffeehaus und unterhielten uns über Literatur. Nach drei Monaten zog ich nach Tel Aviv, arbeitete wieder als Tellerwäscher und in einer Weberei; später dann als Lastenträger im »Hadassa«-Krankenhaus. Da es dort keine Aufzüge gab, mußten wir die Patienten von Stockwerk zu Stockwerk tragen. Ich vermittelte auch Jakov Lind eine Anstellung. Unsere Arbeit war allerdings auf sechs Monate befristet.

Ich befand mich in einer völlig wesensfremden Umgebung. Ich dachte, daß ich in ein jüdisches Land komme und unter Juden bin, also meinen Leuten. Aber ich war unter ›Israelis‹, mit denen ich überhaupt nichts Gemeinsames hatte. Ich war ein Mensch, der sich in der Bukowina wohlgefühlt hatte, in einem Städtchen. Die Israelis erschienen mir als moderne, unsentimentale Menschen, die keine wirkliche Beziehung zu ihrer Vergangenheit hatten. In Israel nahm ich Kontakt zu

Max Brod auf. Ich schrieb ihm und offenbarte ihm meinen Wunsch, Schriftsteller zu werden. Ich erzählte ihm von meinen Schwierigkeiten mit der (deutschen) Sprache. Brod empfahl mir, mich durch geeignete Lektüre weiterzubilden, u. a. mit Gottfried Kellers *Der grüne Heinrich*. Wenn ich einen Teil der *Nacht* fertig hätte, sollte ich ihm diesen schicken. Ich schrieb wie besessen, aber es war nicht gut genug. Ich habe es weggeworfen. Ich habe mich nie wieder bei Max Brod gemeldet, selbst als dann die *Nacht* in Deutschland wirklich erschienen war. Das tut mir bis heute sehr leid.

Meine Mutter und mein Bruder waren mittlerweile nach Siret zurückgegangen und reisten Anfang 1946 nach Frankreich, wohin mein Vater 1939 geflüchtet und unter falschem Namen untergetaucht war. Über Suchaktionen des Roten Kreuzes hat sich die ganze Familie 1947 in Lyon wiedergefunden. Ich reiste im November 1947 aus Palästina ab und fuhr auf einem griechischen Frachtdampfer nach Frankreich. Meine Eltern holten mich in Marseille ab. Ich hatte meinen Vater fast zehn Jahre nicht gesehen und erkannte ihn kaum und er mich auch nicht. 1950 ging ich eines Abends zum Tanzen in ein Studentenlokal. Als ich dort kein Mädchen fand, ging ich in ein Bistro, ließ mir vom Kellner Papier und Bleistift geben und ein Glas Wein und schrieb dort das erste Kapitel der *Nacht*.

1950 war mein Bruder bereits in die USA ausgewandert. Im April 1951 folgte ich ihm. Meine Eltern kamen erst 1953 nach. Ich ging nicht aus politischen Gründen, sondern weil uns Juden Amerika als Paradies angepriesen wurde. Mein Cousin hatte eine Bürgschaft hinterlegt; als sogenannte »displaced persons« hatten wir keine Probleme einzuwandern. Ursprünglich wollte ich mich nur ein paar Monate umsehen, aber ich blieb dort hängen. Für mich war New York zunächst eine gute Stadt. Ich konnte dort arbeiten und genoß die Anonymität. Es ist eine riesige, lebendige Stadt. Wenn ich nachts geschrieben habe, bin ich oft um drei Uhr morgens runtergegangen, habe mir Zigaretten, Milch und Kaffee gekauft und wieder weitergeschrieben. So etwas geht nur in Amerika, wo die Läden die ganze Nacht aufhaben. Sicher, es ist ein riesiges Chaos, das sich von Jahr zu Jahr ändert. Es herrscht ein ungeheurer Konkurrenzkampf. Ohne ein gescheites Auto und üppigen Wochenlohn ist man dort kein Mensch.

Dazu diese unheimliche Straßenkriminalität. Ich bin dreimal überfallen worden. Entscheidend war, daß mir Amerika nicht gefallen hat. Das ist einfach kein Land für mich. Obwohl ich viele Freunde hatte, gab mir Amerika immer das Gefühl, eine Nummer zu werden. Eine ganze Gesellschaft von Robotern. Alles automatisiert. Oberflächliche, aufgezogene Maschinen. Ich habe Amerika aus der Froschperspektive kennengelernt. Dort dreht sich alles nur ums Geld. Ich kam ohne einen Cent an, lebte wie die meisten Emigranten, völlig isoliert, so wie die Türken hier vor zehn Jahren. Wir saßen in einem Emigrantencafé herum, lebten ohne Frauen, nahmen jeden Job. Ich habe alle möglichen Arbeiten gemacht, auch als Kellner, Laufbursche, Autowäscher gearbeitet. Das deutsche Viertel der Emigranten hatte sich mittlerweile fast aufgelöst; wir trieben uns zwischen der 72. und der 92. Straße herum. Ich bewohnte ein möbliertes Zimmer auf der Westseite Manhattans zur Untermiete. In der freien Zeit schrieb ich, in Cafés (»Majestic«, »Waldorf«) vor allem, Gedichte, Novellen und meinen ersten Roman *Nacht*, ein handschriftliches Manuskript von über 1000 Seiten, das ich viele Jahre versteckt hielt.

Im April 1965 bin ich zum ersten Mal wieder nach Deutschland zurückgefahren, um mit dem Kindler-Verlag für meinen Roman *Nacht* die Werbetrommel zu rühren. Vergeblich. Ich hatte in Deutschland keine Existenzmöglichkeiten. Meine Familie lebte immer noch in New York. Ich schrieb 1968 den größten Teil von *Der Nazi & der Friseur* in München. Dann ging mir das Geld aus, und ich kam wieder zurück. Ich habe in der elterlichen Wohnung in New York, West-Manhattan, gewohnt und ein bißchen gejobt. Bis ich 1975 die Entscheidung traf, Amerika endgültig den Rücken zu kehren. Ich bin zu lange drüben geblieben. Ich schuf mir ein Gefängnis aus Büchern, da ich immer ein Liebesverhältnis zur deutschen Sprache gehabt habe. Ich habe eines Tages meine Koffer in Amerika gepackt – Familie habe ich nicht –, weil ich mir gesagt habe, wenn du jetzt den Sprung nicht wagst, dann schaffst du ihn nie. Berlin habe ich als ständigen Wohnsitz gewählt, weil ich mir von der besonderen Situation der Stadt eine spezifische Aufgeschlossenheit der Menschen versprach. Und ich bin in meinen Erwartungen nicht enttäuscht worden. Innerhalb von vierundzwanzig Stunden habe ich meine Wohnung aufgegeben, habe alle meine Sachen bei einem Cousin untergestellt, und sandte einer Bekannten in München mein spärliches Hab und Gut. Es stellte sich heraus, daß mein Fluggepäck trotzdem vierhundert Kilogramm Übergewicht hatte. Was blieb mir also anderes übrig, als noch einmal Pakete zu schnüren! Es war einfach zuviel, um wieder meine Bekannte als Empfänger anzugeben. So schickte ich es postlagernd nach Berlin. Einfach so. Eine Schnapsidee. Ein Reporter von der deutschen Abteilung der BBC London sagte zu mir: »Berlin ist *die* Stadt für einen Schriftsteller. Berlin ist *die* Kontaktstadt.« Das leuchtete mir ein. So flog ich nach München, holte meine restlichen Pakete und flog nach Berlin. Ich hatte von Szene-Kneipen gehört, in denen sich Schriftsteller und Rundfunkleute aufhalten sollten. Tatsächlich lernte ich 1976 in einer Kneipe, »Natubs« am Olivaer Platz, eine Kulturredakteurin des SFB, Marianne Wagner, kennen. Ich erzählte ihr meine Geschichte. Ein paar Tage später machten wir ein Rundfunkinterview. Und dann traf ich Braun, einen kleinen Verleger aus Köln. Als er bei einem Bier erfuhr, daß niemand meine Bücher in deutscher Sprache drucken wollte, war sein Interesse geweckt. Der Braun war jung und ein Abenteurertyp. Er bat mich, ihm das Manuskript zu geben. Eine Woche später hatte ich meinen Vertrag. Das war alles in Berlin, und in Berlin bin ich geblieben. Ich fühlte mich da ganz wohl. Vor dem Mauerfall war das die einzige Stadt, die nicht so deutsch wirkte. Ausgeflippter, internationaler und nicht so bürgerlich.

## **Edgar Hilsenrath** | *DAS VERSCHWUNDENE SCHTETL*

Niemand auf der ganzen Welt konnte so laut schnarchen wie mein Großvater Schloime, weder Sindbad, der große Goy und Seeräuber, noch Tevje, der Milchmann; auch Gregory, unser Stallknecht, konnte das nicht oder Veronja, unser Dienstmädchen, das auf der Küchenbank schlief, und auch Lasar, der Wasserträger, war kein wirklicher Schnarchmeister, Lasar, der ein bißchen blöd war und auch faul und den ich mal schnarchend hinter dem Ziehbrunnen erwischt hatte.

Wenn Großvater Schloime zu schnarchen anfing, erwachte das ganze jüdische Schtetl. Die Kettenhunde fingen zu bellen an, die Katzen schrien und miauten und huschten ängstlich durch Zaunlücken auf die Schlammstraße, um irgendwo zu verschwinden. Hühner, Enten und Gänse gackerten und schnatterten verstört durcheinander, und sogar die Vögel auf den Bäumen erwachten erschrocken und wären sicher tot auf die Erde gefallen, wenn der liebe Gott das gewollt hätte. Überall in den Hütten der Juden und in den weißgekachelten und bunten Häusern wachten die Leute auf und zündeten die Öllämpchen und die Petroleumlampen an, sogar im Haus des Rabbiners.

Ich kann es wirklich sehen. Da ist er schon, der Rabbiner. Er steckt den weißen Bart zum Fenster raus und sagt zu seinem ältesten Enkel Moischele: »Das hört sich wie ein Gewitter an.«

»Ist aber keines, Sede«, sagt das älteste Enkelkind des Rabbiners. »Das ist bloß der alte Schloime – du weißt doch: der Großvater von den beiden Jungen, die vor dem Hitler geflüchtet sind und jetzt in unserem Schtetl wohnen.«

»Ach ja«, sagte der Rabbiner. »Der Hitler und das Gewitter vom alten Schloime. Das wird es wohl sein. Sag, Sede, warum schnarcht der alte Schloime so laut?«

»Weil er auf dem Rücken schläft, Moischele.«

»Und warum liegt er auf dem Rücken?«

»Weil er nicht auf dem Bauch liegt.«

»Und warum liegt er nicht auf dem Bauch?«

»Ich weiß es nicht, Moischele, aber ich glaube, das hat was mit den drei Daunenkissen zu tun, die ihm seine älteste Tochter vor dem Schlafengehen unter den Rücken bettet.«

»Ist der alte Schloime ein Osterjude?«

»Wie meinst du das, Moischele?«

»Nun, Sede, ich meine: Zu Ostern bettet ein guter Jude sich drei Kissen unter den Rücken.«

»So ist es, Moischele.«

»Dann ist bei dem alten Schloime jede Nacht Ostern?«

»Richtig, Moischele.«

Es ist wie ein Märchen. Und es stimmt auch nicht. Denn sicher hätte unser Rabbiner das Wort »Ostern« nie in den Mund genommen. Ostern gibt es gar nicht, wenigstens nicht für den gläubigen Juden. Bei uns heißt das »Pessach«, ein Fest, das um die Osterzeit fällt, das Fest nämlich, das wir Juden zum Andenken an den Auszug der Kinder Israels aus Ägypten feiern. Es stimmt auch nicht, daß ein Jude sich zu Pessach drei Daunenkissen unter den Rücken bettet. Denn es können auch vier sein oder nur zwei, vielleicht auch nur eines. Und er bettet die dicken Kissen auch nicht unter, sondern hinter seinen Rücken, beim rituellen Pessach-Abendmahl nämlich und nicht nachts im Bett.

Ich erinnere mich: Einmal wachte ich wirklich nachts vom Geschnarche des Großvaters auf. Der Mond schien ins Zimmer. Es war eine helle Nacht. Ich schlich im Nachthemd zum Bett des Großvaters, kitzelte seine Glatze, zupfte ihn an der Nase und hustete. Großvater hörte sekundenlang zu schnarchen auf, schien sich zu verschlucken, röchelte, schlug plötzlich die Augen auf – kleine, wasserblaue – guckte mich an, fragte: »Ist was?« und schlief weiter.

Einmal fragte ich meine Mutter: »Warum schläft Großvater eigentlich in meinem Zimmer?«

»Weil er nicht mehr im Schlafzimmer schlafen will, seitdem die Oma tot ist.«

»Ist das Ehebett jetzt zu groß?«

»Ja.«

»Es kann aber doch nicht gewachsen sein.«

»Nun, das ist eben so.«

Früher pflegte die Großmutter am Sabbatabend die Kerzen anzuzünden. Seit ihrem Tod machte das meine Mutter. Beim Anzünden der Sabbatkerzen herrschte feierliche Stille im Wohnzimmer. Als wäre das gestern gewesen, so sehe ich meine Mutter vor mir, das Haupt verhüllt, beide Hände beschwörend über den Sabbatkerzen. Sie spricht das Gebet mit geschlossenen Augen. Es ist sehr still im Wohnzimmer. Draußen vor der Tür lauert das Dienstmädchen Veronja. Kaum ist meine Mutter mit dem Segensspruch fertig, da kommt Veronja schon herein, nimmt die Leuchter vom Tisch, stellt sie auf die große Kommode, holt eine frische Tischdecke, deckt dann den Tisch fürs Sabbatmahl, zuletzt stellt sie die Leuchter zurück.

Beim Sabbatmahl ist die ganze Familie versammelt. Großvater

spricht den Segensspruch über den Wein: »Gelobt seist du, Ewiger, unser Gott, König der Welt, der die Weinrebe wachsen ließ.« Dann den über das Brot, der so ähnlich ist: »Gelobt seist du, Ewiger, unser Gott, König der Welt, der uns das Brot der Erde gegeben hat.«

»Großvater, warum hebt ein Jude am Sabbat das Weinglas und macht einen Segensspruch?«

»Ich weiß es nicht, mein Täubchen. Es ist eben so. Mein Vater hat es so gemacht. Und auch mein Großvater. Alle haben es so gemacht.«

»Ist der liebe Gott ein Weintrinker?«

»Ich glaube, ja.«

»Trinkt er sehr viel?«

»Ich glaube nicht. Gott macht alles mit Maß. Auch der Mensch soll alles mit Maß machen.«

»Und wie ist es mit dem Segensspruch über das Brot?«

»Es ist so ähnlich.«

»Warum segnet ein Jude sein Brot und nicht auch seine Lakritzstangen? Lakritze schmecken doch besser.«

»Das weiß ich nicht, mein Täubchen. Aber möglicherweise gab es damals, als die Gebete erfunden wurden, noch keine Lakritzstangen.«

»Gab es damals schon Brot?«

»Ja, Brot hat es schon immer gegeben.«

Am Sabbat wirkte das ganze Schtetl feierlich. Man sah weder Pferdekutschen noch andere Fahrzeuge auf den Straßen, denn am Sabbat durften Juden nicht fahren. Vieles war am Sabbat verboten. Man trug kein Geld bei sich und sollte auch nicht mehr als tausend Schritte tun. Nicht mal Feuer im Herd durften die Juden am Sabbat machen. Das durften nur die Gojim. Bei uns machte Veronja das Feuer. Am Sabbat durfte auch nicht geraucht werden, man machte keine Musik und man spielte keine Karten. Alle normalen Arbeiten ruhten am Sabbat. Wir Jungen durften am Sabbat nicht mal Fußball spielen. Auch unser Pony blieb am Sabbat im Stall, und wir durften an diesem Tag nicht reiten, denn nicht nur der Mensch, auch das Tier sollte am Sabbat ausruhen.

Als kleiner Junge stand ich oft abends auf dem Balkon. Da das Haus meines Großvaters auf einer Anhöhe stand, konnte ich das ganze Schtetl überblicken. Wenn die Öllämpchen und Petroleumlampen angezündet wurden, ertönte Musik. Aber das war nichts Besonderes. Es waren nur die Zigeuner, die allabendlich auf einer kleinen Wolke über das Schtetl schwebten und uns mit ihren Geigen aufspielten, Zigeunerweisen und alte jüdische Volkslieder. Ich hörte ihnen lange zu, so lange, bis ich schläfrig wurde und zu Bett ging. Deshalb schlief ich damals so friedlich. Niemand konnte mich aufwecken, höchstens mal Opa Schloime, wenn er allzulaut schnarchte.

Und weil das so lange her ist, ist es ein Märchen. Es ist wahr und es ist nicht wahr. Das Schtetl ist verschwunden mitsamt seinen Juden. Die meisten sind im Holocaust verschwunden, die anderen sind ausgewandert. Ich lebe noch. Und ich kehre jetzt zurück.

Warum kehrt man nach vierundvierzig Jahren Abwesenheit an die Stätte seiner Kindheit zurück, obwohl man weiß, daß man nichts mehr vorfinden wird, höchstens Spuren. Was soll das? Bin ich ein Masochist? Will ich mich quälen?

Es ist also entschieden. Ich kehre zurück. Das rumänische Visum ist längst in den Paß gestempelt. Man hatte es mir im Reisebüro gesagt: »Rumänisches Geld dürfen Sie nicht mitnehmen. Nur Westwährung. Drüben müssen Sie alles zum legalen Kurs umtauschen. In Ihrem Hotel kriegen Sie alles. Auch Kaffee.« – Ja, Lebensmittel sind knapp in Rumänien. Angeblich gibt es nicht mal Milch und Butter. Auch keinen Magerquark, den ich für meine Diät brauche. Ich frage den Mann im Reisebüro: »Wie ist es mit frischem Magerquark?«

»Na, Sie haben Nerven«, sagt er.

»Und wie ist es mit Diätschokolade?«

»Diätschokolade?«

»Ja.«

»Die haben nicht mal Toilettenpapier. Und Sie fragen nach Diätschokolade.«

»Toilettenpapier? Wie ist es damit?«

»Sie können welches mitnehmen«, sagt der Reisevermittler. »Oder Sie stecken sich zusätzlich Tempotaschentücher ein. Die brauchen weniger Platz im Koffer.«

Nein. Es gab keine Schwierigkeiten. Ich erklärte dem Mann im Reisebüro, daß ich nach Sereth wollte, einer kleinen jüdischen Stadt ohne Juden, dicht an der russischen Grenze. Ich erfahre, daß es dort keine Hotels für Touristen gibt.

»Und wo gibt es Hotels für Touristen?«

»In Bukarest«, sagt er. »Auch in anderen größeren Städten.«

»Gibt es irgendwas in der Nähe von Sereth?«

»In Suceava«, sagt er. »Das ist circa fünfunddreißig Kilometer von Sereth entfernt. Übrigens: Sereth steht nicht auf der Landkarte. Sie meinen sicher Siret.«

»Siret«, sage ich, »das ist der neue Name.«

»Also wollen Sie eins in Suceava?«

»Ja«, sage ich. »Suceava.«

Nein, es war alles gar nicht so kompliziert. Die Autobusfahrt von West-Berlin nach Schönefeld. DDR-Paßkontrolle. Warten. Ein paar Fragen. Nichts Besonderes. Nicht mal ein spöttischer Blick des Beamten. Dabei müßte er mich eigentlich fragen: Na so was. Was wollen Sie in Suceava? Sogar für uns ist das der Arsch der Welt.

Und nun sitze ich in einem sowjetischen Flugzeug. Neben mir sitzen mein Bruder und meine Freundin Marianne. Natürlich: Ich fahre nicht allein. Es ist leichter zu dritt. Mit weniger Angst verbunden. Mein Bruder wohnt in Amerika, und er ist extra nach West-Berlin gekommen, um die gemeinsame Reise zu machen. Wohin? In die Vergangenheit. Ja, es ist auch seine Kindheit. Die Kindheit im Schtetl. Wir waren immer zusammen. Damals. – Und auch Marianne wollte mit. Ich habe ihr viel von Sereth erzählt, und sie kennt alle Straßen und Gassen von Sereth, auch das Haus meines Großvaters. Sie weiß, wer Veronja war, unser Dienstmädchen. Ich habe ihr von der Küchenbank erzählt, auf der Veronja schlief, und vom Stallburschen Gregory und dem Wasserträger Lasar. Und von den vielen Juden im Schtetl, von den glattrasierten und denen mit Bärten, vom Rabbiner und seinen Enkeln, vom Wochenmarkt, von den ukrainischen und rumänischen Bauern, die auf dem Wochenmarkt ihre Waren ausstellten und mit den Juden um jedes Ei feilschten, jede Henne und jeden Sack Mais, den sie Kururuz nannten. Auch von den Zigeunern habe ich Marianne erzählt, von den wirklichen in den jüdischen Kneipen und denen, die uns bei Hochzeiten aufspielten. Aber auch von den anderen Zigeunern, die jeden Abend auf einer kleinen Wolke über das Schtetl schwebten und uns mit ihren Zaubergeigen in den Schlaf wiegten.

Bukarest ist so heiß wie ein Backofen. Natürlich. Es ist August. Ich hätte es wissen müssen. Am Flughafen die üblichen Formalitäten der Ostblockländer: Paßkontrolle, Nachweis eines Hotels und der Beweis, daß wir die Zimmer im voraus bezahlt haben, Nachweise und Nachweise, zum Beispiel, daß wir Devisen zum offiziellen Kurs von einer D-Mark zu neun rumänischen Lei umgetauscht hatten, alles o. k., keine Schwierigkeiten, zuletzt die Gepäckkontrolle, lange Schlangen, mürrische Beamte. Die Koffer der Rumänen werden gründlich durchsucht, unsere nicht. Man hatte uns gesagt, daß wir dem Zollbeamten eine Schachtel Kent-Zigaretten zustecken sollten, machen wir aber nicht.

Wir haben im Flughafen ein Auto gemietet, kleiner Dacia, rumänische Fabrikation. Mein Bruder überprüft den Wagen. Er sagt nur: »Wenn wir Glück haben, schaffen wir es mit dem Klapperkasten bis Sereth und zurück.« Er ist aber nicht sicher. Wir fahren zum Hotel, parken den Wagen, geben unsere Reisepässe beim Portier ab, bekommen zwei Zimmer zugewiesen, eines für meinen Bruder, eines für Marianne und mich.

Der Portier spricht Englisch. Er sagt: »Sie bleiben also nur eine Nacht?«

»Wir fahren morgen nach Suceava«, sage ich.

»Suceava?«

»Ja.«

Ich hätte gern zu ihm gesagt: Eigentlich wollen wir nach Sereth, aber dort gibt es keine Hotels für Touristen, wissen Sie – Suceava liegt in der Nähe. – Und ich hätte ihn gern gefragt: Wußten Sie, daß Sereth vor dem Holocaust eine jüdische Kleinstadt war, das typische Schtetl? Es gab mal viele von diesen kleinen Städtchen und Marktflecken in Osteuropa, die so jüdisch geprägt waren wie das Bild von Chagall mit dem Geiger auf dem Dach. Und haben Sie mal Schalom Alechem gelesen und die Sache von Tevje, dem Milchmann? So ähnlich war Sereth. Aber die Juden sind verschwunden. Können Sie sich das vorstellen? Sie sind einfach nicht mehr da. Es ist so, als hätte sich alles, was einmal war, in Luft aufgelöst. – Aber ich sage nichts.

Am späten Nachmittag schlendern wir durch Bukarest. Die Stadt wirkt auf mich wie ein Trümmerfeld ohne Trümmer, teilweise ausradiert vom großen Diktator, und schnell wieder aufgebaut, lieblos und menschenfeindlich. Ich kann die alten Stadtviertel nicht mehr finden. Betonkästen überall, große Transparente an neuen Häusern und hoch über den Verkehrsstraßen, Transparente mit dummen Sprüchen und dem Bild des ›Großen Bruders‹. Irgendwie entdecken wir die alte Prachtstraße, die Calea Victorei, streckenweise intakt, aber sie sieht so müde aus wie eine hundertjährige Jungfrau, die von schlechten Kosmetikern mal rasch bepinselt worden ist. In den Geschäften gibt es nichts zu kaufen oder fast nichts. Die wenigen Restaurants schließen, wenn die Sonne untergeht. In eines treten wir ein. Die mürrische Kellnerin sagt uns, daß es zwar eine Speisekarte gibt, aber nur ein Einheitsgericht serviert wird, ob man es will oder nicht.

»Und das soll die schönste Stadt der Welt sein?« sagt meine Freundin Marianne.

»Die schönste Stadt der Welt ist Sereth«, sage ich, »oder es war wenigstens mal so, das weiß doch jeder.«

»Und die zweitschönste?«

»Czernowitz – damals eine Hochburg deutscher und jüdischer Kultur, die Stadt der Rose Ausländer und Paul Celans – und stell dir vor: nur 40 Kilometer von Sereth entfernt. Aber die Stadt gehört heute den Russen.«

»Und Bukarest?«

»Bukarest war vor dem Krieg, als ich es kennenlernte, auch nicht übel. Die Rumänen nannten ihre Hauptstadt damals Klein-Paris.«

»Armes Paris«, sagt Marianne.

Am nächsten Morgen verließen wir Klein-Paris. Auf der Landstraße nach Siebenbürgen begrüßt uns der ›Große Bruder‹ an jeder Kreuzung. Er scheint es besonders auf mich abgesehen zu haben, denn er blickt mir vom Transparent direkt in die Augen. Ich kann hören, wie er zu mir sagt: »Paß auf, Junge. Mach keine Dummheiten. Das Auge des ›Großen Bruders‹ ist wachsam. Es lebe der Kommunismus.«

»Es lebe der Kommunismus«, sage ich zu Marianne.

Marianne blickt mich erstaunt an. Auch mein Bruder am Steuer wirft mir einen kritischen Blick zu.

»Wir sollten kein Geld auf dem schwarzen Markt wechseln«, sagt mein Bruder. »Es ist zu gefährlich.«

»Man kriegt das Zehnfache auf dem schwarzen Markt«, sage ich.

»Im Hotel hat mich so'n Typ angesprochen, aber ich habe es nicht gemacht. Es war sicher ein Polizeispitzel.«

»Ja«, sagt mein Bruder. »Ich habe auch so manches gehört.«

»Was denn?«

»Die Schwarzhändler geben dir in Eile ein großes Geldpaket und wenn du es aufmachst, entdeckst du, daß oben zwar echte Geldscheine draufliegen, aber darunter ist alles nur Zeitungspapier, hübsch zurechtgeschnitten.«

»Was du nicht sagst?«

»Ja.«

Da der kürzere Weg nach Sereth nicht über Siebenbürgen führt und weil es zu umständlich gewesen wäre, durch die Karpaten zu fahren, deshalb biegen wir ab und fahren auf der schmalen Landstraße am Rande der Karpaten bis Bacau. Dort übernachten wir. Am nächsten Morgen geht es weiter. Am Abend kommen wir in Suceava an, einer kleinen rumänischen Stadt, die, wie man uns sagt, eine Kreisstadt ist. Das Hotel ist neu und bequem.

»Sie wollen sicher die Klöster in der Umgebung von Suceava besuchen?« fragt der Portier.

»Ja, die ganz besonders.«

»Wir haben hier viele Touristen«, sagt der Portier. »Und alle kommen nur hierher, um die Klöster zu besuchen.«

»Ja«, sage ich.

»Die Klöster sind weltberühmt«, sagt der Portier. »Das wissen auch die Reisebüros im kapitalistischen Westen.«

»Ja«, sage ich.

»Sind Sie extra aus Westdeutschland hierhergekommen, um die alten Klöster zu sehen?«

»Selbstverständlich«, sage ich.

Morgen werde ich in Sereth sein. Morgen sehe ich sie alle wieder, alle, die im Holocaust verschwunden sind und auch die anderen, die zufällig überlebt haben, aber nicht mehr dort sind.

Morgen. Es wäre ja gelacht. In einer halben Stunde sind wir mit dem Auto dort. Wir werden früh aufbrechen. Und wir werden in Sereth ankommen, wenn die Sonne noch schräg über dem Haus meines Großvaters steht. Sicher wird Großvater auf dem Balkon stehen und mich schon von weitem sehen. Und auch meinen Bruder. Und auch Marianne, die er noch gar nicht kennt.

In dieser letzten Nacht schlafe ich unruhig, aber glücklich. Ich habe gerade meine »Bar Mitzwa« gefeiert und bin dreizehn Jahre alt. Bar Mitzwa heißt auf deutsch: Sohn der guten Tat. Es ist was Ähnliches wie bei den Christen die Konfirmation, obwohl das nicht stimmt, weil es mit Jesus nichts zu tun hat. Die frommen Juden nehmen die Bar Mitzwa sehr ernst, denn von diesem Tage an trägt der Jude die volle Verantwortung vor Gott und den Menschen. Seine Sünden werden gezählt und auch seine guten Taten. Mit dreizehn ist er ein Mann. Er darf heiraten – er soll es sogar – und, so Gott will, viele Kinder zeugen. Denn es steht ja geschrieben: »Seid fruchtbar und mehret Euch.«

Ich stehe in der kleinen Synagoge von Sereth neben meinem Großvater. Ich bin dreizehn und ich bete schon richtig mit – so wie die anderen Erwachsenen, – obwohl ich Beten ziemlich langweilig finde und lieber Fußball gespielt hätte. Ich bete aber, um Großvater nicht zu verärgern, denn Großvater Schloime ist fest überzeugt, daß Gebete den lieben Gott umstimmen könnten, der – wie man ja weiß – die Juden seit 2000 Jahren ziellos herumwandern läßt. Während der Gebetspausen höre ich es hinter mir zischeln. Ich schiele über meine Schulter und sehe, wie ein alter Mann auf der Bank hinter mir mit dem Finger auf mich zeigt. Und ich höre, was er zu seinem Nebenmann sagt:

»Sehen Sie diesen Jungen. Er ist der Enkel des alten Schloime. Und wissen Sie, woher er kommt?«

»Nein, das weiß ich nicht.«

»Er kommt aus Deutschland.«

»Was Sie nicht sagen. Von so weit?«

»Er ist nämlich vor dem Hitler geflüchtet.«

»Vor dem Hitler?«

»Ja.«

»Den Hitler soll doch der Schlag treffen!«

»Sehr richtig.«

»Ich wünsche ihm nur das Beste.«

»Wem? Dem Jungen?«

»Nein, dem Hitler.«

»Was wünschen Sie ihm denn?«

»Nur das Beste eben.«

»Wie meinen Sie das?«

»Nun, wie soll ich's meinen. Ich meine: Er möge wie eine Zwiebel wachsen.«

»Wie eine Zwiebel?«

»Ja.«

»Wie denn?«

»Nun wie schon. Mit dem Kopf in der Erde. Ersticken soll dieser Hund, der verfluchte.«

»Etwa der Junge?«

»Nein, doch nicht der. Den Hitler mein' ich.«

Ich habe noch nie so viele Juden auf einem Haufen gesehen. In der kleinen osteuropäischen Stadt schien es nur Juden zu geben. Sie gingen schnell über die Straßen oder sie standen vor den Häusern herum und schwatzten. Alle Geschäfte gehörten Juden oder fast alle. Auf der sogenannten »Promenade« flanierten junge Juden in der Abenddämmerung auf und ab. Dort war auch der jüdische Heiratsmarkt. Man brauchte nur im Kaffeehaus zu sitzen und die Mädchen anzugucken, die auf- und abflanierten, nie alleine, immer mit einer Freundin oder mehreren. Ich war dreizehn. Mit dreizehn ist man ein Mann. Die älteren Jungen nahmen mich allabendlich auf die Promenade mit oder auf den Heiratsmarkt.

Mir gefielen besonders die Brüste Rebeccas, dem Mädchen von nebenan. Ich sah sie öfter vom Balkon vom Hause meines Großvaters, aber sie schwirrte immer so schnell unter dem Balkon vorbei, daß ich kaum Zeit hatte, sie richtig zu begucken. Anders war das beim Baden unten am Fluß oder allabendlich auf der Promenade. Am Badestrand hockten wir Jungen in ihrer Nähe und bestaunten sie, und abends auf der Promenade gingen wir ihr einfach hinterher. Wir scherzten oder sagten irgend etwas, um sie zum Lachen zu bringen. Aber keiner von uns wagte, sie zu berühren. Dabei wäre es doch so einfach gewesen, sie mal leicht anzurempeln oder sie beim Flanieren am Arm zu pakken. Einfach so.

»Ich habe nur noch einen einzigen Wunsch im Leben«, sagte ich zu meinem besten Freund Isu Schächter.

»Und der wäre?«

»Ich möchte Rebecca mal bei den Titten packen.«

»Aber das kann doch wohl nicht dein Ernst sein.«

»Doch. Es ist so. Einmal anpacken und dann sterben.«

»Aber das geht doch nicht. Rebecca ist eine keusche Jungfrau. Niemand auf der ganzen Welt hat sie jemals geküßt oder gar so etwas Häßliches getan.«

»Glaubst du?«

»Da bin ich ganz sicher.«

Ich frage den Enkel des Rabbiners: »Sag mal, Moischele. Wie packt man jemanden an, ohne daß er es merkt?«

»Woher soll ich das wissen?«

»Aber du bist doch der Enkel des großen Rabbis.«

»Eigentlich ja.« Moischele überlegte. Man sah's ihm an, wie er angestrengt nachdachte. Dann schien der Geist des großen Rabbis ihn zu erleuchten.

»Ich hab's«, sagte Moischele. »Man muß die betreffende Person eben so ablenken, daß sie nichts merkt, nicht mal, daß man sie irgendwo anpackt.«

Wir versuchten, Rebecca abzulenken, mit allen möglichen Späßen. Aber das nützte nichts. Niemand konnte Rebecca wirklich ablenken. Erst am Badestrand hatte ich den Einfall des Jahrhunderts.

Es gab wirklich einen Badestrand in der kleinen jüdischen Stadt. Sogar mit einem Kaffeehaus und einem Tennis- und Fußballplatz. Der Fluß kam aus den Karpaten und sein Wasser war so sauber, daß die Pferde daraus trinken konnten. Mein Großvater hatte mir und meinem Bruder ein Pony gekauft, als wir noch jünger waren. Meistens ritt ich mit dem Pony bis zur Brücke, die über den Serethfluß führte, nämlich zu der Landstraße am anderen Flußufer, wo der bekannte Wegweiser stand: vierzig Kilometer nach Czernowitz. Natürlich ritt ich nicht nach Czernowitz, sondern bloß am andern Flußufer entlang, bis ich sicher war, daß mich Rebecca vom Badestrand aus sehen konnte. Dann trieb ich das Pony an einer flachen Uferstelle ins Wasser, ließ es sogar ein bißchen springen, damit es gefährlich aussah und schwamm dann auf dem Rücken des Ponys an Rebecca vorbei. Sie tat zwar immer so, als hätte sie das gar nicht bemerkt, aber es war ihr natürlich aufgefallen.

Wieder am richtigen Ufer, fragte ich sie:

»Willst du's nicht auch mal probieren?«

»Du meinst... mit dem Pony im Wasser schwimmen?«

»Ja«, sagte ich.

»So was würde ich nie machen«, sagte Rebecca. »Stell dir vor, ich würde runterfallen und dann ertrinken.«

»Kannst du nicht schwimmen?«

»Nein, das kann ich nicht.«

»Ich könnte es dir beibringen.«

»Wirklich?«

»Ja.«

Ich gab Rebecca zuerst theoretischen Schwimmunterricht. Dann gingen wir zusammen ins Wasser.

»Paß auf«, sagte ich. »Das ist sehr einfach. Du machst jetzt im Wasser, was ich dir theoretisch gezeigt hab'.«

»Und wenn ich untergeh'?«

»Nein. Du gehst nicht unter. Du brauchst dich bloß auf meine Arme zu legen. Dir kann nichts passieren. Wirklich nicht.«

Während des praktischen Schwimmunterrichts guckten meine Freunde gespannt zu. Sie schlossen Wetten ab. Die einen sagten, er schafft es nie, sie bei den Brüsten zu packen, nicht mal im Wasser. Die anderen sagten: Doch, der schafft es. Er kommt ja aus Deutschland und war sicher bei der Hitlerjugend. Der weiß, wie man's macht.

Ich habe nie gewagt, Rebeccas Brüste zu berühren. Auch nicht im Wasser. Aber das sagte ich meinen Freunden nicht. Es gab nämlich Gesprächsstoff für viele Wochen, den ganzen Sommer 1939. Und jeden Tag mußte ich meinen Freunden lang und breit erzählen, wie es war, wie sich die Brüste angefühlt hatten und wie entzückt Rebecca war, weil ich's gewagt hatte.

Wir hatten zwei zionistische Vereine im Schtetl, die rechtsradikalen Betaristen und die linksliberalen vom Hanoar-Hazioni. Eigentlich zog es mich zu den Rechtsradikalen, denn ich träumte von einer großen jüdischen Armee, die dem Hitler eins aufs Dach klopfen würde.

Ich sah mich selbst als jüdischen General. Später, nach dem Sieg über Hitler, würden wir unsere siegreichen Truppen nach Palästina verlegen, die Engländer zum Teufel jagen und das Heilige Land, das uns der liebe Gott persönlich und für alle Zeiten geschenkt hatte, wieder rechtmäßig in Besitz nehmen. Es kam aber anders. Da meine Freunde alle Linke waren, trat ich bei den linken Zionisten ein und wurde sogar später, mit vierzehn, Gruppenführer.

Mit den Zionisten hatte ich keine Schwierigkeiten. Das einzige Problem waren meine kurzen Hosen. Kein Junge trug in Sereth mit vierzehn noch kurze Hosen, und auf keinen Fall so enge wie ich.

»Warum kommst du in kurzen Hosen zu den Versammlungen?« fragte mich einer der Jungs.

»Weil ich keine langen hab«, sagte ich.

»Und warum trägst du sie so eng?«

»Weil sie ausgewachsen sind«, sagte ich.

»Und wie ist das in Deutschland?«

»In Deutschland tragen alle Jungen kurze Hosen«, sagte ich.

»Auch so enge?«

»Ja«, sagte ich. »Besonders in der Hitlerjugend. Da tragen die Jungs die Hosen besonders eng. Eine Hose muß nämlich sitzen.«

»Du bist hier aber nicht in der Hitlerjugend«, sagte mein Freund.

Das stimmte zwar, aber wir waren nun einmal mittellose Emigranten und konnten uns damals wenig leisten, auch keine neuen Kleider für meine Mutter oder andere Hosen für uns Jungs. Und so trug ich meine alten, kurzen, ausgewachsenen Hosen, ob's meinen Freunden nun paßte oder nicht. Mit der Zeit gewöhnten sie sich aber daran.

Es war überhaupt so eine Sache mit meiner deutschen Herkunft. Einerseits hänselten mich die Freunde wegen der kurzen Hosen und der Hitlerjugend, andererseits hörten sie mir gerne zu, besonders, wenn ich bei politischen Diskussionen mal das Wort ergriff. Sie waren an das Balkandeutsch dieser Gegend gewöhnt, und mein Sächsisch aus dem fernen Hitlerland schien sie zu faszinieren. Das war auch einer der Gründe, daß meine Freunde bei den Zionisten mich dann zum Gruppenführer machten.

Wir gingen fast täglich mit meiner Mutter ins Kaffeehaus. Die Rechnung wurde aufgeschrieben und einmal monatlich von Großvater Schloime bezahlt. Rosenzweigs Kaffeehaus war berühmt für echte Cremeschnitten »wie aus Kaisers Zeiten« und echten Mokka mit Schlagsahne. Meist kamen eine Menge Leute an unseren Tisch, um mit meiner Mutter zu plaudern oder – wie meine Mutter scherzend sagte – von uns mal richtiges Deutsch zu hören.

»Wissen Sie, gnädige Frau«, sagte mal ein älterer Herr an unserem Tisch zu meiner Mutter, »es ist ein Vergnügen, Ihnen und Ihren Kindern zuzuhören.«

Und dann kam noch so ein älterer Herr an unseren Tisch und sagte: »Wissen Sie, gnädige Frau ... während des Ersten Weltkrieges hatten die Deutschen und die Österreicher halb Osteuropa besetzt. Und wissen Sie, was mir so ein deutscher Offizier mal gesagt hat?«

»Was denn?«

»Ihr Juden seid außer den Volksdeutschen die einzigen, die unsere Sprache verstehen. Und glauben Sie mir, gnädige Frau, der hat doch tatsächlich einen persönlichen Brief an den Kaiser geschrieben und ihm mitgeteilt, daß die Juden schon wegen der Sprache die natürlichen Verbündeten des Deutschen Reiches seien.«

»Es ist nur schade«, sagte meine Mutter, »daß Hitler das nicht weiß.«

Und der ältere Herr nickte und sagte: »Ja, der Hitler, der ist eben ein Dummkopf.«

Die einfachen Juden in Sereth sprachen Jiddisch, eine Sprache, die ich in wenigen Wochen erlernt hatte. Die meisten, die eine gewisse weltliche Bildung hatten, sprachen einen Mischmasch aus Jiddisch und Deutsch, und die Gebildeten sprachen Hochdeutsch, allerdings mit dem typischen Bukowiner Akzent aus der alten k. u. k.-Zeit. Im Hause meines Großvaters konnte man drei sprachliche Varianten hören. Wenn man unter sich war, sprach man Kauderwelsch, eben ein Durcheinander von Jiddisch und Deutsch; mit einfachen Leuten, zum Beispiel, dem Sattlermeister von nebenan oder den Straßenhändlern, die zu uns in die Küche kamen, um einen Schnaps oder Kaffee zu trinken, sprach man Jiddisch; mit vornehmem Besuch, zum Beispiel dem Herrn Apotheker oder dem Herrn Doktor, sprach man Hochdeutsch. Besonders mein Großvater war ein Meister der drei Sprachvariationen. Niemand konnte so gut auf Jiddisch wettern und fluchen wie er. Aber er konnte auch Kauderwelsch, und wenn er mit dem Apotheker oder Doktor Deutsch sprach, konnte man glauben, er wäre bei Schiller und Goethe zur Schule gegangen. Das Haus meines Großvaters lag direkt an der Landstraße, die wir den »Schotzer Berg« nannten. Die Straße führte nämlich bergauf nach Schotz, eine Abkürzung und Vereinfachung des Namens Suceava. Früher wohnte die ganze Familie im Haus, aber seitdem die Töchter meines Großvaters, also meine Tanten, geheiratet hatten und die Großmutter gestorben war, waren nur noch die beiden unverheirateten Onkel von mir da, mein Großvater, meine Mutter, mein Bruder und ich und natürlich Veronja, das Dienstmädchen, und der Stallknecht Gregory, der allerdings niemandem den Platz wegnahm, denn er schlief im Stall bei den Kühen und Pferden.

Es war immer was los in Sereth. Während der Sommerferien lagen wir am Badestrand, spielten Fußball oder Tennis, schwammen im Serethfluß oder ritten mit dem Pony spazieren. Am Abend flanierten wir auf der Promenade. Sonst ging man zu den Sitzungen der Zionisten, zu Volkstänzen auf der Hutweide und einmal wöchentlich ins Kino. Es gab auch einige Kaffeehäuser, Zigeunerkneipen, Restaurants und Buchhandlungen, die so eine Auswahl jiddischer, rumänischer, aber vor allem deutscher Bücher hatten. Bücher, die man für einige Lei ausleihen konnte. Fast jede Woche war irgendwo eine jüdische Hochzeit und man tanzte die halbe Nacht zu den Klängen der Zigeunergeigen. Am Wochenende kamen ukrainische und rumänische Bauern aus umliegenden Dörfern ins Schtetl, die mit Pferd und Wagen zur Hutweide zogen, sich später in den Kneipen besoffen und grölend durch die Straßen des Schtetls torkelten. Oft kamen die Bauern auch am Sonntag, in sauberen Trachten, holten die Dienstmädchen ab und zogen wieder zur Hutweide, um ihre eigenen Volkstänze zu tanzen. Oft guckten wir Juden ihnen zu und manchmal tanzten wir mit. Juden, Ukrainer, Rumänen und die anderen Volksgruppen lebten friedlich zusammen.

»Wenn der Hitler sich mal hierher verirren würde«, sagte ein alter Jude in der Synagoge, »dann würde er Mund und Augen aufreißen.«

»Was soll denn der Hitler hier machen?« fragte sein Nebenmann. »Glauben Sie, daß Hitler nichts Besseres zu tun hat, als nach Sereth zu kommen? Ich wette mit Ihnen: Der Hitler hat noch nie was von Sereth gehört.«

»Und warum nicht?«

»Nun, ich weiß es nicht.«

»Glauben Sie etwa wirklich, Sereth läge am Arsch der Welt?«

»Am Arsch Europas«, sagte der Jude. »Und Europa ist nicht die Welt.«

Wenige Wochen später brach der Zweite Weltkrieg aus. Und bald darauf standen deutsche Truppen im Land. Ich möchte mir selber viele Geschichten erzählen, Geschichten vom Schtetl und seinen Juden. Aber kaum fange ich an, da stockt meine Sprache. Wozu soll ich sie alle erzählen? Es hat wenig Sinn. Oder doch? Ich weiß es nicht. Mir fällt nichts mehr ein. Der Krieg brach aus. Die Deutschen kamen. Und andere kamen – die rumänischen Faschisten. Eines Tages wurden die Juden aus Sereth abgeholt. Ich auch, obwohl ich aus Deutschland kam und nur nach Sereth geflüchtet war – vor dem Hitler, wie die Juden in Sereth zu sagen pflegten. Auch meine Mutter wurde abgeholt und mein Bruder, der Großvater und alle anderen, die ich nicht alle aufzählen kann. Ich erinnere mich: Es war ein kalter Oktobertag. Wir gingen zum Bahnhof. Wir stiegen in den Zug. Die eisernen Türen wurden verriegelt.

Ich weiß nicht, ob ich wirklich in das Schtetl gekommen bin oder ob wir am nächsten Tag mit unserer »Dacia« in einen Alptraum hineinfuhren. Alles hatte sich im Laufe der Jahre verändert, sogar die baumlose Landstraße aus Sand, Schotter und Kuh- und Pferdemist und auch die weiten Korn- und Maisfelder hatten ein anderes Gesicht. Als Junge bin ich oft über diese Landstraße gewandert, wenn ich die achtzehn Kilometer von Sereth nach dem Städtchen Raddautz zu Fuß ging, um meine Tante zu besuchen. Die Landstraße nach Sereth war jetzt asphaltiert und mit Reihen von Bäumen versehen. Es sah hübsch aus. Aber es war nicht mehr meine Landstraße. Auch das Schtetl hatte sich verändert. Die Hauptgeschäftsstraße war längst niedergerissen worden und an ihrer Stelle dehnte sich ein kleiner Stadtpark mit einem Denkmal der kommunistischen Partei Rumäniens. Keine jüdischen Geschäfte. Keine Juden. Auf der Hutweide, dort, wo einst der Wochenmarkt war, standen Hochhäuser. Man sagte uns, daß es den Wochenmarkt nicht mehr gebe. Sogar unser Fluß war nicht mehr da. Da war jetzt ein breiter Staudamm. Der Badestrand existierte nicht mehr, denn dort stand jetzt eine Teppichfabrik und neben dem Fabrikgelände ist inzwischen ein neuer Bahnhof entstanden. Drei von den ehemaligen Serether Juden waren noch da. Sie erkannten meinen Bruder und mich, und wir weinten alle ein bißchen. Einer von ihnen – er heißt Hermann Gropper – führte uns auf den Friedhof, einen der ältesten jüdischen Friedhöfe Europas. Wir gingen zwischen den Gräbern spazieren und suchten nach dem Grab unserer Großmutter und anderen Verwandten und Freunden. Gropper führte uns auch in die alte Synagoge, die jetzt ein Museum ist, und er zeigte uns die Gedenktafel mit den Namen der Juden, die im Holocaust verschwunden waren, alles bekannte Namen. Wir suchten Freunde und Verwandte auf der Totenliste und fanden sie auch. Später gingen wir durch das verschwundene Schtetl. Ich zeigte Marianne die Plätze aus meiner Erinnerung.

»Siehst du, hier war Rosenzweigs Kaffeehaus und hier Delphiners Eisbude und dort war der Sodawasserstand meines Großonkels. Er hieß Onkel Katscher. Jedesmal, wenn ich hier vorbeikam, gab er mir ein Glas Rosenlimonade. Und siehst du, hier war die ›Promenade‹. Sie ist noch da, bloß völlig verändert. Und es geht keiner am Abend flanieren. Diese Gewohnheit ist aus der Mode gekommen.«

Wir wanderten also durch die Straßen. Wir sahen ein anderes Volk, und wir hörten eine andere Sprache.

»Jetzt wohnen Ukrainer und Rumänen in den Häusern der Juden«, sagte ich zu Marianne. »Und nirgendwo wird Deutsch oder Jiddisch gesprochen. Diese Sprachen sind ausgestorben.«

Ich weiß, daß irgendwo in einem der Obstgärten ein alter Brunnen ist, den wir den Jungbrunnen nannten, denn wer daraus trinkt, wird 120 Jahre alt. Ich erzähle Marianne die vielen Geschichten vom Jungbrunnen. Wir suchen ihn auch eine Zeitlang, können ihn aber nicht finden.

»Komm«, sage ich zu Marianne. »Wir können ihn nicht mehr finden. – Und außerdem, wer will denn schon so alt werden?«

Das Haus meines Großvaters steht noch. Als wir näher kommen, glaube ich, den Duft des flaumigen Maisbreis zu riechen, den unser

Dienstmädchen Veronja so gut machen konnte. Maisbrei ist die rumänische Nationalspeise. Wir nannten den gelben Brei »Mamaliga«.

Im Haus meines Großvaters wohnen fremde Leute. Wir gehen einfach rein und sagen ihnen, wer wir sind. Es sind freundliche Leute. Sie laden uns ins Wohnzimmer ein.

»Hier stand früher mein Bett«, sage ich auf Deutsch, und mein Bruder, der besser Rumänisch kann als ich, übersetzt.

»Ja, ich habe nachts im Wohnzimmer geschlafen, und später, als die Großmutter starb, stellte Großvater Schloime sein Bett an der anderen Wand auf. Wissen Sie, der konnte schnarchen wie kein anderer. Das ganze Schtetl wachte auf, wenn er schnarchte. Glauben Sie's mir. Überall wurden die Öllämpchen angezündet oder die Petroleumlampen, wenn Großvater schnarchte.«

Mein Bruder übersetzt, und die guten Leute lachen.

Der Mann sagt: »Aber heutzutage gibt es nirgendwo Öllämpchen. Wir haben alle elektrisches Licht.«

»Ja«, sage ich. »Ich weiß. Es ist der Fortschritt.«

»So ist es«, sagt der Mann. »Der Fortschritt.«

Sie laden uns zum Essen ein, und die Frau fragt, was wir uns wünschen.

»Einen Maisbrei«, sage ich, »so wie ihn Veronja machte. Eine echte ›Mamaliga‹.«

»Eine Mamaliga?«

»Ja, eine Mamaliga.«

## **Jakov Lind** | *DEAR EDGAR, HAPPY BIRTHDAY!*

Es war im Sommer 1946. Bis heute weiß ich nicht, wie ich dort landete. Aber für den neueingewanderten, berufslosen und eher intellektuellen Gelegenheitsarbeiter, ohne Beruf, ohne ein Dach über dem Kopf und seine ganze Habe in einem kleinen Koffer zur Hälfte mit Büchern und Papier vollgestopft, gab es nicht allzuviel Auswahl. Entweder Affulah oder Netanya. Die großen Städte wie Jerusalem, Tel Aviv, Haifa brauchten unsereinen nicht (nicht daß überhaupt jemand einen Neueinwanderer »brauchte«). Es gab einfach zu viele von unserer Sorte. Das Land war voll, die Dörfer voll, die Kibbuzim zu isoliert für ruhelose Gemüter, denen man das Aufbrechen schon mit zehn oder elf Jahren beigebracht hatte.

In Affulah gab es eine Woche Arbeit bei der Telefongesellschaft: Gräben und Löcher für Kabel und Holzmasten schaufeln bei fünfunddreißig Grad im Schatten. Affulah, der kleine Marktflecken zwischen der Emek Ebene und dem Westufer des Sees von Tiberias und nur wenige Kilometer von der jordanischen Grenze entfernt, hat ein Klima für Eingeborene, für Sabras (Kaktusfrüchte), wie sich die Einheimischen gerne nannten, für sie und für Araber. Vielleicht nicht heißer als der Feuerofen, in dem sich Heilige und Büßer ihrer moralischen Schlacken entledigen und mit Gott per Du werden, aber für normale Sünder kein Ort, um frische Luft zu schnappen. Nach einer zweiten Woche im Stroh einer Scheune, von Flöhen zerbissen, von Moskitos ausgesaugt und kaum Geld für Humus und Falafel im Portemonnaie, beschloß ich: Das reicht jetzt. Lieber arbeitslos und hungrig und obdachlos, wo es sich zumindest noch atmen läßt. Bei ständiger Brise vom Meer erspart man sich die Sehnsucht nach Europas Schnee und Eislandschaften. Auf nach Natanya.

Fast in der Mitte zwischen Haifa und Tel Aviv gleich am Meer gelegen, war Natanya eben im Entstehen und als Diamantenbörse bekannt. In Wirklichkeit wurden Diamanten aus Südafrika oder Antwerpen, Hongkong oder von Gott weiß woher hier bloß geschliffen. Aber das schien mir nicht wichtig. Es war wie im »goldrush«. Man mußte jung, unabhängig und willig sein, jede Art Arbeit anzupacken. Von Affulah aus gesehen, schien Netanya der »Wilde Westen« zu sein, wo jeder sein Glück, in meinem Fall ein paar Wochen Arbeit, suchte. Der Ort hatte eine ungefähr sechshundert Meter lange Hauptstraße vom Hotel Eden bis zum Strand, vier oder fünf Nebenstraßen, fünf oder sechs Cafés und das Hotel Eden. Englische Offiziere, die in der Nähe stationiert waren, kamen in weiblicher Begleitung übers Wochenende hierher, um sich von den Mühen des Krieges gegen die Untergrundkämpfer dreier untereinander verfeindeter Verbände (»Haganah«, »Stern« und »Ezel«) zu erholen. Für diesen Zweck besorgte das Foreign Office junge, hübsche englische Telefonistinnen und Schreibkräfte; auf lokale Talente war kein Verlaß. Unsere Mädchen und Frauen hätten es kaum gewagt, sich mit Engländern zu zeigen, und für die Engländer waren sie zumindest offiziell »out of bounds«, schon aus Sicherheitsgründen.

Der Diamantenhandel brachte Geld in die Ortschaft. Es wurde ständig gebaut. Es gab also Arbeit, zumindest ein paar Mal in der Woche, ob beim Bau, beim Orangenpflücken, in der Lederfabrik oder in der städtischen Gartenanlage am Meer, die nach König David »Gan Hamelech David« benannt war. Beim Pflanzen und Jäten kommen einem die besten Ideen. Und Deutsch war die einzige Sprache, die wir beide sprachen. Edgar aus Leipzig konnte sich auf Rumänisch verständigen, und mein Holländisch war nahezu akzentfrei. Unser Hebräisch reichte gerade, um Kaffee oder Bier zu bestellen. Also Deutsch und das in dieser erbärmlichen Hitze. Über alles wurde gesprochen. Diamanten waren nichts für uns, das stand fest. Wir glaubten an nichts Edleres als an Worte und Sätze, aber auch die muß man erst schleifen und polieren, ehe man sich damit zeigen kann. Haben wir uns Sachen vorgelesen oder gezeigt? Ich weiß es nicht mehr.

Und genauso unerwartet, wie er einst aufgetaucht war, war Edgar, der immer wieder über Lyon und Amerika geredet hatte, eines Tages wieder verschwunden.

Zwanzig Jahre später, so um 1967, trafen wir uns wieder in New York. Ich hatte *Eine Seele aus Holz, Landschaft in Beton* und ich meine sogar *Eine bessere Welt* bereits veröffentlicht, Edgar seinen Roman *Der Nazi & der Friseur*, den er in der Metro geschrieben hat, beendet. Wie immer war das Thema Gott und die Welt (also Juden und Deutsche damals und heute), genau wie früher, jetzt aber redeten wir, meine ich, Englisch. Was man sagte, war kaum wichtig. Und wiederum war Edgar wie damals in Netanya ganz plötzlich auch diesmal aufgetaucht und ebenso unerwartet verschwunden.

Zehn Jahre später (ich bin nicht sicher, ob es zehn oder fünfzehn Jahre her ist), trafen wir uns zum dritten Mal und zwar in Berlin, kurz bevor die Mauer umkippte und Deutschland wieder erwachte. Und wir redeten und redeten, aber diesmal, ob in Deutsch oder Englisch, vielleicht aneinander vorbei. Kurz danach war ich diesmal derjenige, der verschwand, heim nach London und weg von der Sprache, in der

Edgar noch immer fabelhaft fabulieren kann, weil er täglich mit ihr lebt und anscheinend gut mit ihr zurechtkommt, während sie mir längst nur noch als Fremdsprache geläufig ist.

Nach fünfzig Jahren kein Grund zur Aufregung – und zu Deinem Siebzigsten wünsche ich Dir noch weitere fünfzig, was nur wenigen unter uns Weisen und Propheten beschieden ist.

**Marianne Wagner-Reinecke**

## *DER LANGE WEG NACH BERLIN*

*Edgar Hilsenrath zum 70. Geburtstag*

Der dicke Filzvorhang war schon im Windfang angebracht. Das bedeutete, die kalte Jahreszeit hatte begonnen. Es bedeutete auch, daß bei jedem Öffnen der Außentür sich alle Köpfe vom Tresen zum Vorhang wandten und, wer immer hereinkam, seinen Auftritt hatte. Fast immer waren es bekannte Gesichter, die sich dem Hereintretenden zuwandten, waren bereits anwesende Freunde zu begrüßen. So war es in der Galerie-Kneipe »Natubs« vor nunmehr zwanzig Jahren, wenn sie zum mitternächtlichen Salon wurde für alle, die Ideen hatten oder solche entwickeln wollten.

Eines Abends im Spätherbst, es war – wie gesagt – schon kalt draußen, kam hinter dem Vorhang ein fremdes Gesicht zum Vorschein, jemand, dem man ansah, daß er zum ersten Mal hereinkam. Er trug eine Baskenmütze, und seine Augen hatten etwas von Verlorenheit und Staunen zugleich. Unsicher blieb der Fremde an der Tür stehen, um nach einem Platz Ausschau zu halten. Die Gruppen und Paare, die zusammensaßen, machten es keinem Fremden leicht, die nächsten Schritte in die verrauchte, lärmende Enge des Raumes zu tun. So zögerte auch der Mann, unschlüssig, ob er bleiben oder wieder gehen sollte. Ich hatte das Gefühl, so dürfe man jemanden, der offenbar von weit herkam, nicht stehen lassen. Ich ging auf den Fremden zu und verwickelte ihn in Fragen nach dem Woher und Wohin. Schnell war klar, daß es sich um einen Schriftsteller aus New York handelte, der

**1** *Die Eltern, David und Anni Hilsenrath, geb. Hönigsberg*

**2** *Vorne die Großeltern mütterlicherseits, dazwischen ihr Sohn Muniu, dahinter ihre Kinder (v.l.) Jenny, Isiu und Tina. Sereth, in den zwanziger Jahren*

3 *Als Zweijähriger mit seiner Mutter in Leipzig*

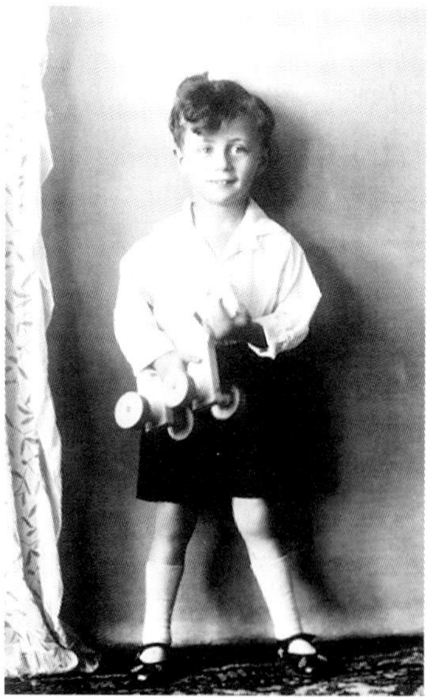

4 *Edgar 1929 in Halle oder Leipzig*

**5** *Mit Schultüte. Halle 1932*

**6** *Mit seinem Bruder Manfred und ihren Ponys. Sereth, im Hof des Großvaters, 1936*

**7** *Mit seinem Onkel Moscu. Sereth 1938*

**8** *1939/40 in Sereth*

**9** *1944 in Bukarest*

**10** *v. r. Edgar, Ida und Jakov Lind. Tel Aviv 1947*

**11** *1946 in der Hayarkonstreet in Tel Aviv am Meer*

*12 1967 vor seinem Haus in der Moltkestraße, München-Schwabing, wo er den Roman* Der Nazi & der Friseur *geschrieben hat*

*13 1976 mit seiner Mutter und der Malerin Natascha Ungeheuer bei der Pessachfeier in der jüdischen Gemeinde zu Berlin*

**14** *1989 oder 1990 in der Wolff'schen Buchhandlung, Berlin*

**15** *Mit seiner Freundin Marianne Boehme 1992 an der Havel*

nach fünfundzwanzig Jahren zum ersten Mal nach Berlin gekommen war und hier seit wenigen Wochen in Untermiete lebte. Später, als ich ihm beim Umzug in eine kleine Wohnung half, sah ich, daß er kaum mehr mitgebracht hatte, als seine Bücher und Manuskripte.

An diesem Abend erzählte er, warum er nach all den Jahren nun den Versuch machen wollte, in Berlin zu leben. Er hatte in den New Yorker Jahren nur auf Deutsch geschrieben, denn das ist seine Muttersprache. Seine Bücher seien vom Deutschen ins Englische übersetzt worden und sowohl in England als auch in den USA mit großem Erfolg erschienen. Eine bei Kindler in geringer Auflage herausgebrachte Ausgabe seines großen Romans *Nacht* sei einer damals noch stark philosemitischen Haltung zum Opfer gefallen, die es nicht erlaubt, Juden als Menschen mit guten und schlechten Eigenschaften zu zeigen. Was ich in dem Gespräch an diesem Abend erfuhr, weckte nicht nur mein Interesse an den Büchern von Edgar Hilsenrath, sondern auch meine Empörung darüber, daß dem Schriftsteller in dem Land, das seine Bücher brauchte, offensichtlich nur Ablehnung entgegenschlug. Ich erbat mir die beiden Bücher, von denen er bei unserer ersten Begegnung im »Natubs« sprach, *Nacht* und *Der Nazi & der Friseur*. Den Ghetto-Roman legte ich erst aus der Hand, als ich ihn von Anfang bis Ende durchgelesen hatte; darüber war es Morgen geworden, doch ich hatte mich dem Bann dieses großen Erzählers nicht entziehen können. Daß ihm nach dem Grauen, das er selbst durchlebt und in diesem Roman verarbeitet hatte, die Möglichkeit geblieben war, auch eine Liebesgeschichte zu erzählen, beeindruckte mich zutiefst.

Am nächsten Abend las ich sogleich den weniger umfangreichen satirischen Roman *Der Nazi & der Friseur*, der nur als Manuskript existierte. Danach war mir klar, daß ich alles tun mußte, um öffentlich von diesen Büchern und von Hilsenrath zu berichten, denn diese Bücher schienen mir gerade für deutsche Leser so notwendig. Viele Möglichkeiten hatte ich als damalige Redakteurin des Jugendfunks nicht; die erste, die mir einfiel, war, Arnfrid Astel beim Saarländischen Rundfunk zu fragen, ob er sich innerhalb seiner Reihe »Autoren im Gespräch« eine Sendung mit dem bis dahin in Deutschland gänzlich unbekannten Hilsenrath vorstellen könnte. Obwohl ich nicht Mitarbeiterin einer Literaturredaktion war, räumte er mir sofort die Möglichkeit ein, eine Lesung und ein anschließendes Gespräch mit Hilsenrath aufzuzeichnen. Wenige weitere Sendungen für den Sender Freies Berlin folgten. Der Stein war ins Wasser geworfen und zog seine Kreise.

Bald darauf hatte Hilsenrath Kontakt zu dem jungen Verleger Helmut Braun gefunden, der 1977 als erstes den satirischen Roman *Der Nazi & der Friseur* herausbrachte, dem er ein Jahr später *Nacht* folgen ließ. Erfolg stellte sich ein, weitere Buch-Manuskripte wurden veröffentlicht, Neues entstand. Aus dem kleinen Schritt auf einen Fremden zu ist längst eine Freundschaft zu einem großen Schriftsteller geworden. Daß er sich der deutschen Sprache bedient, war für mich immer sein großer Schritt auf uns in diesem Lande zu, und so verstand ich auch einen Text, den er 1984 für die von mir betreute Hörfunkreihe »Passagen« schrieb. Die Erzählung *Warum so umständlich? Oder: Woody Allen aus Berlin im Selbstgespräch* endet so:

»Irgendwo wohnte auch Gertruds Oma, wenn sie nicht inzwischen gestorben war. Es war dunkel im Abteil, als der Zug über die Grenze fuhr. Kurz vor dem Bahnhof Zoo schlief ich ein und träumte von Gertrud und ihrer Oma.

Sie standen am Bahnsteig und erwarteten mich: Gertrud und ihre Oma. Gertrud war nicht älter geworden. Sie war ewig fünf geblieben, hatte wasserblaue Augen, blonde Zöpfe, dünne Arme und Beine. Die Schmetterlingsflügel hatte sie zusammengeklappt und sich über die schmalen Schultern gehängt.

»Na, wie geht's, Gertrud?« sagte ich.

»Gut.«

»Was hab' ich dir gesagt. Ich komme nach Berlin, über Rumänien, Paris und Amerika. Da lagen noch ein paar Stationen dazwischen, aber das ist nicht wichtig.«

»Ja«, sagte Gertrud.

»Wollen Sie Gertrud heiraten?« fragte Gertruds Oma.

»Vielleicht«, sagte ich.

»Was sind Sie von Beruf?«

»Dichter.«

»Das ist kein Beruf.«

»Da haben Sie recht. Das hat auch Pasternak gesagt.«
»Wer war das?«
»Ein Nobelpreisträger.«
»Haben Sie schon ein Hotel?«
»Noch nicht.«
»Ich kenne ein geeignetes Hotel für einen Dichter.«
»Wie heißt es?«
»Die Bahnhofsmission.«
»Ist es weit?«
»Nein. Gar nicht. Gleich um die Ecke.«

Wir gingen aber erst in eine Imbißstube. Ich kaufte Gertrud und ihrer Oma Kuchen und Limonade.

»Und Sie?« fragte der Mann hinter dem Tresen. »Auch Kuchen und Limonade?«

»Nein«, sagte ich. »Ich will was Solides.«
»Zum Beispiel?«
»Was für einen waschechten Berliner!«
»Bier und Bouletten«, sagte der Mann hinter dem Tresen.
»O.k.«, sagte ich. »Bier und Bouletten.«
»Sind Sie ein waschechter Berliner?«
»Noch nicht«, sagte ich. »Aber ich könnte ja einer werden.«

## **Helmut Braun** | *ERINNERUNG*

I.

»Herr Braun, Sie hier? Ich wähnte Sie in Monte!«

Diesen herrlich blöden Satz sagte Annemarie Weber, als sie mich vor der laufenden Kamera des SFB zu ihrem Geburtstag im Garten des Hauses an der Heerstraße in Berlin begrüßte. Zu diesem Geburtstag brachte ich ihr die ersten Exemplare ihres Romans *Rosa oder Armut schändet*, der taufrisch in meinem Verlag erschienen war. Natürlich wollten wir die Gelegenheit, daß das Fernsehen einen Bericht vom Geburtstag Annemaries brachte, nutzen, für ihr Buch zu werben. Eine kurze Vorabsprache, Licht an, Kamera an, Ton ab und dann kam der Satz – übrigens eine Erbschaft von Günter Bruno Fuchs –, der nicht abgesprochen war, mit dem sie mich strahlend lächelnd aus dem Konzept bringen wollte.

»Was soll ich in Monte, wenn Sie in Berlin Ihren Geburtstag feiern?«

Die Hürde war genommen, das Gespräch nahm den vorgesehenen Verlauf: Übergabe des Buches, Entzückensschreie, Küßchen-Küßchen, Buch in die Kamera halten... Der Besuch in Berlin war ein Arbeitsbesuch, der Geburtstag von Annemarie Weber ein Termin von vielen. Der junge Verleger stellte seinen jungen Verlag dem Berliner Buchhandel vor, machte artig seine Diener, ein paar Pressetermine usw.

Auf der Geburtstagsfeier traf ich K. P. Herbach, der mich ausdrücklich zu einem bis dahin noch nicht geplanten Besuch im Buchhändlerkeller in der Carmerstraße einlud. Er wolle mich mit einem Autor bekanntmachen, den ich unbedingt kennenlernen müsse. Herbach tat sehr geheimnisvoll, ließ sich nur ein paar Andeutungen entlocken – große Erfolge im Ausland, insbesondere in den USA, seit knapp zwei Jahren in Berlin, Jude, Muttersprache Deutsch, Weltliteratur, ohne Verlag in Deutschland, unterdrückte Bücher – und weckte damit meine Neugier. Ich sagte zu.

Mit meiner Frau ging ich am Abend in den Buchhändlerkeller. Rolf Haufs las aus seinem neuen Gedichtband. Die Veranstaltung war gut besucht, ein munteres, gut durchgemischtes Völkchen – Buchhändler, Schriftsteller, Journalisten, solche, die all dies werden wollten, Fans, Verirrte und Zufallsgäste – mühte sich redlich, sein Interesse an Literatur, speziell an Lyrik, zu verbergen. Jeder schien jeden zu kennen, und als Rolf Haufs bereits las, erschien in der Tür, verspätet, verlegen lächelnd, groß und breit Wolfgang Bächler, der damals im Herbst 1976 in Berlin seine Wiederauferstehung feierte.

Die Lesung war zu Ende, freundlicher Beifall für den Dichter. Die Gäste vertieften sich in Gespräche mit ständig wechselnden Besetzungen und tranken Flaschenbier. Herbach bahnte sich den Weg zu uns, in seinem Schlepptau den geheimnisvollen Autor. Ein kleiner Mann mit Baskenmütze, in Jeans und Parka, die Bierflasche in der Hand, das Gesicht beherrscht von einem großen, wilden Schnauzer und hellwachen, fröhlichen Augen. So hatte ich mir den Autor mit der Millionenauflage nicht vorgestellt. Herbach machte uns bekannt. Edgar Hilsenrath duzte uns sofort – dies war kein Privileg, er duzte alle und jeden. Skeptisch schaute er mich an – ausgerechnet dieser junge Mann sollte Interesse an seinen Büchern haben, die doch mehrere Dutzend namhafter Verlage in Deutschland in den letzten zwei Jahren abgelehnt hatten? Auch ich war skeptisch, als er begann, die Geschichte seiner Bücher und skizzenhaft die Geschichte seines Lebens zu erzählen. Es war so phantastisch, irreal, unglaublich, schockierend, empörend, verletzend, daß es eigentlich nicht Realität, sondern nur Literatur sein konnte. War es Fiktion, dann war es so gut, daß es sich lohnte, dafür zu kämpfen; war es Realität, dann war der gebotene Einsatz dafür Lust und Pflicht zugleich. Vorausgesetzt, das Manuskript *Der Nazi & der Friseur* war so gut, wie es die Empfehlung durch die Buchausgaben in den USA, Frankreich, Großbritannien und Italien und die bis dahin verkaufte Gesamtauflage von über 1,2 Millionen Exemplaren versprach. Edgar gab mir das Manuskript, von ihm deutsch geschrieben und doch zuerst in Englisch, Französisch und Italienisch veröffentlicht, weil in deutschen Verlagen hauptsächlich Feiglinge saßen, die eines alle ganz genau zu wissen schienen: »So darf man nicht über das Thema Judenverfolgung und Judenvernichtung schreiben.« Er übergab mir auch Unterlagen, die die Odyssee seiner beiden Bücher *Nacht* und *Der Nazi & der Friseur* dokumentierten.

Drei Tage später habe ich ihm einen Vertrag geschickt – fasziniert von seiner exzellent geschriebenen, bitterbösen Satire. Postwendend kam der Vertrag unterschrieben zurück – und damit war sein Buch auch mein Buch!

II.

Mein erster Besuch bei Edgar in der Poschingerstraße in Berlin-Steglitz stand an. Ich wollte ihn über meine Pläne bezüglich Auflage und Ausstattung seines Buches, über Werbung und Medienarbeit informieren, seine Angaben über nützliche Beziehungen und Verbindungen erhalten. Die Wohnung in dem Berliner Altbau verblüffte mich. Zwei Zimmer, Küche, Bad – alles in allem vielleicht 50 $m^2$. Das Wohn- und Schlafzimmer war und ist mit einem großen braunen

Kachelofen bestückt. Daß Edgar ihn jemals in Betrieb genommen hat, bezweifle ich; er begnügte sich mit der Wärme von zwei Ölradiatoren. Haben ihm Freunde die Möbel geschenkt, standen sie auf der Straße als Sperrmüll, oder hat er sie beim Trödler erstanden? Ein wandhohes und wandbreites Regal mit Büchern vollgestopft, eine Liege, die auch als Couch diente, zwei stuhlartige Sitze, ein Tisch und darauf sein ganzer Stolz: eine uralte, vermutlich vorsintflutliche Schreibmaschine. Ein Mahnmal für alle Autoren mit Computer und Textverarbeitung, mit Drucker, Scanner und Laptop: Große Literatur schreibt sich auch von Hand und auf ältesten Schreibmaschinen; auf das perfekte Kopfwerk, Handwerk und Bauchwerk des Schreibenden kommt es an. Das zweite Zimmer benutzte er als Rumpelkammer und verstaute hier unter anderem die Belegexemplare der diversen Auslandsausgaben seiner Bücher. Die Küche verließ ich nach kurzem Blick fluchtartig, es war besser nicht zu wissen, wie Kaffee und ein Imbiß entstanden. Im krassen Gegensatz zu seiner sparsamen Lebensweise stand seine Gelassenheit zur praktizierten Wasserverschwendung: Die Toilettenspülung beendete den Wasserdurchlauf nach Nutzung frühestens nach zehn Minuten.

Es hat einige Jahre gedauert, bis ich begriffen habe, daß seine Art sich zu kleiden, zu wohnen und sich zu ernähren, keine Frage von fehlendem oder vorhandenem Geld war. Er hat keine Ansprüche an Kleidung, Wohnung und Nahrung; sein Lebensgefühl, seine Zufriedenheit, sein Glück speisen sich aus anderen Quellen. Ich habe ihn zufrieden, stolz und glücklich erlebt. Zum Beispiel, als er gelesen hat, was Heinrich Böll in der »Zeit« über Max Schulz schrieb oder als er mir erzählte, was Andrzej Szczypiorski im »Spiegel« zu Jossel Wassermann publizierte. Staunend hört und liest Edgar Hilsenrath, was seine berühmten Kollegen zu seinen Büchern sagen, staunend sitzt er vor diesen Büchern, als könne er nicht begreifen, daß diese Texte von ihm sind. Ich habe erlebt, wie er begeistert und mit kindlicher Neugier auf das, was kommt, die Ölbergpredigt aus *Der Nazi & der Friseur* seinem Publikum vorgelesen hat, so, als lese er diesen Text zum ersten Mal, so als sei es der Text eines Autors, den er gar nicht kennt, auf den er aber sehr gespannt ist, und es war doch das hundertste Mal, daß er mit diesem Kapitel brillierte.

Seinen Lebensstil hat er in zwanzig Jahren nicht verändert. Er kann es auch nicht, zu tief haben ihn die Lager in Transnistrien, die Asyle in New York geprägt. Vergessen kann er nicht, aber er konnte schreiben, schreiben, schreiben. Als ich ihn vor ein paar Wochen wie öfter während dieser vergangenen zwanzig Jahre in Berlin besuchte, war seine (jetzt Eigentums-)Wohnung noch immer in der Poschingerstraße, viele Bücher sind hinzugekommen, ein Fernsehgerät, ein Videorecorder. Die Liege, der Tisch, das Regal, die Radiatoren, die Schreibmaschine sind immer noch dieselben. Ach ja, die Wasserspülung ist repariert.

III.

Geld, um nennenswerte Werbung für den Roman *Der Nazi & der Friseur* zu finanzieren, war in meiner Verlagskasse nicht vorhanden, aber ich war mir sicher, daß die Medien auf dieses Buch und seine Geschichte, den Autor und dessen Geschichte einsteigen würden. Mit diesem Pfund mußte ich wuchern. Also begann ich zu telefonieren, zu schreiben und zu reisen. Eine erste Hamburg-Tour nahm Form an, unter anderem fuhr ich zum »Spiegel« und zur »Zeit«. Rolf Becker, damals Kulturchef im »Spiegel«, empfing mich, holte Fritz Rumler mit hinzu. Die Klasse und Brisanz der Geschichte war ihnen sofort klar, die Qualität des Manuskripts überzeugte. Der Artikel von Rumler – »Dem Romancier Edgar Hilsenrath gelingt in *Der Nazi & der Friseur* scheinbar Unmögliches – eine Satire über Juden und SS. Ein meisterliches Vexierspiel über Schuld und Sühne« – erschien drei Tage nach Auslieferung der Erstauflage im August 1977. Damals gab der »Spiegel« die Bestsellerliste für Bücher noch als Beilage in Form eines Plakates heraus. Viele Buchhandlungen hängten es regelmäßig aus. Ich griff das Layout des Bestsellerplakates auf und ließ in den roten Rahmen mit dem »Spiegel«-Schriftzug den Artikel von Rumler drucken und dies als Plakat versenden. Drei Tage nach Erscheinen der »Spiegel«-Nummer hatten es die Buchhandlungen vorliegen. Viele gingen auf dieses Werbeangebot ein und hingen das Plakat aus.

Der »Spiegel«-Artikel war die Initialzündung, vom »Stern« bis zur »FAZ«, vom »Express« bis zur »Süddeutschen Zeitung« – alle widmeten sie sich ausführlich Edgar Hilsenrath und seinem Buch. Der Erstauflage von zehntausend Exemplaren folgte nur kurze Zeit später die zweite Auflage in gleicher Höhe. Herausragend war sicher die Besprechung, die Heinrich Böll in der Literaturbeilage der »Zeit« zur Buchmesse 1977 veröffentlichte. Rolf Michaelis hatte mir, als ich ihn besuchte, versprochen, für dieses Buch etwas ganz Besonderes zu tun; er hat Wort gehalten.

Bei der zweiten Medientour für *Der Nazi & der Friseur* in Hamburg war Edgar mit von der Partie. Gemeinsam besuchten wir im NDR Dieter Zilligen. Er betreute als Redakteur und Moderator eine Literatursendung, die in der Nordschiene der dritten Programme der ARD lief. Dieter Zilligen war an Edgar als Gast seiner Sendung interessiert. Edgar sagte zu und beantwortete die immer gleichen Fragen zu seiner Person und seinem Werk. Plötzlich packte er aus einer blauen Jeanstasche, die er bei sich trug, Brot und Schafskäse aus und begann zu essen. Er vermied dabei jeden Hinweis auf seine Diabetis. Unser Gastgeber war irritiert und überlegte sicher, ob er uns in die Kantine des NDR einladen sollte, konnte sich aber nicht dazu durchringen. Das Gespräch wandte sich mehr und mehr Gott und der Welt zu, daran hatte Edgar kein Interesse. Er packte seine Tasche und sagte: »Komm, Helmut, wir gehen.« Mehr als eine hastige Verabschiedung war nicht möglich. Der NDR versank hinter uns im Hamburger Nebel.

Einer von etlichen Terminen führte zum »Deutschen Allgemeinen Sonntagsblatt« am Mittelweg 110, zu Herbert Glossner und seinen Redaktionskollegen. Edgar fühlte sich wohl, war gesprächsbereit, witzig, schlagfertig. Offensichtlich taute er immer erst am Nachmittag auf. Nach diesem Termin kam mir Edgar abhanden. Er tauchte aber wie verabredet zum Abendessen auf. Im Ratskeller von Hamburg unter den vielen Schiffsmodellen sitzend, genossen wir Essen und Trinken nach einem anstrengenden Tag. Edgar hatte sich aus seiner olivgrünen, parkaähnlichen Jacke (mit Loch im Rücken) helfen lassen und saß nun gekleidet wie immer – Pullover, Jeans, Turnschuhe, Baskenmütze, großer, sich in alle Richtungen sträubender Schnauzer – vergnügt am Tisch. Es war wohl keine gute Zeit für die Hamburger Gastronomie, der Ratskeller war nur schwach besetzt. Zwei Kellner und der Oberkellner kümmerten sich gekonnt und zuvorkommend um uns. Als wir gingen, war es wieder der Oberkellner, der mir in den Mantel und Edgar in die olivgrüne Jacke half. Edgar schien verblüfft. Als wir nach draußen kamen, brach es aus ihm heraus: »Weißt du, daß ich das erlebe, daß mir ein Oberkellner in einem solchen Restaurant meine alte, kaputte Jacke holt und mir hineinhilft, das hätte ich mir nicht vorstellen können.« Sprachs und verschwand in der Dunkelheit.

Am nächsten Nachmittag fuhren wir von Hamburg mit meinem Pkw ab. Edgar, der keinen Führerschein hat, genoß die Fahrt. Er kurbelte die Scheibe runter, ließ den Arm hinausbaumeln und philosophierte darüber, ob es sich für ihn lohnen würde, den Führerschein zu machen, ein Auto zu kaufen und alle innerstädtischen – »Berlin ist ja sehr groß« – und außerstädtischen Reisen – »Deutschland ist eigentlich sehr klein« – nur noch mit eigenem Auto zu machen. Autofahren faszinierte ihn, doch er wurde sich nicht wirklich schlüssig, und als ich ihn in Kamen absetzte, war es für ihn immer noch unklar: sollte er, sollte er nicht, sollte er – er blieb ein Philosoph.

## IV.

Kamen, Bergkamen und Umland. Braunes Land am Rande des Ruhrgebiets. Blut- und Bodenland, Hitler- und Nazi-Land. NPD- und Wikingjugendland. Rechtsextreme, Altnazis und Neonazis machten dort in den siebziger Jahren von sich reden. Kirchen, Bürgerorganisationen, öffentliche Einrichtungen versuchten, dagegen zu halten. Dazu gehörte auch, daß zwei Lesungen für Edgar Hilsenrath organisiert und durchgeführt wurden. Bewußt wurde der Jude Hilsenrath eingeladen, der aus seinem Roman *Der Nazi & der Friseur* lesen sollte. Bewußt wollte man sich der Vergangenheit stellen und in bestem Bürgersinn Flagge zeigen. Mitglieder der braunen Gruppierungen empfanden dies als Herausforderung, die sie annahmen. So kam es, daß nicht nur wohlwollende Zuhörer bei den Lesungen anwesend waren, sondern auch ein Trupp Schläger, in Ledermäntel und Stiefel gekleidet, bewaffnet mit Fahrradketten und Schäferhund. Um es vorwegzunehmen: Es blieb bei Drohgebärden, niemand wurde angegriffen oder gar verletzt. Die vorsorglich gerufene Polizei sah keinen Grund einzuschreiten, die ungebetenen Gäste verhielten sich ja

»friedlich«, die Polizisten zogen wieder ab. Und die Neonazis hatten erreicht, was sie wollten: Dem »Saujuden«, dem aus dem Gas Entsprungenen, wollten sie es zeigen. Angst sollte er haben, wissen, daß ein Jude in Deutschland auch dreißig Jahre nach dem Zusammenbruch des »Tausendjährigen Reiches« zittern muß. Edgar Hilsenrath hat Angst gehabt, aber er hat der Bedrohung standgehalten, hat aus seinem Buch gelesen, von seinen Erlebnissen in der Deportationszeit berichtet und fand die Zustimmung und Unterstützung seiner Zuhörer. Es kam nicht zur möglichen Eskalation, die braune Truppe rückte ab.

Für Edgar Hilsenrath waren diese und ähnliche Ereignisse zusätzliche Motivation, in Deutschland zu bleiben, dagegenzuhalten und mit seinen Mitteln des Schreibens dafür zu kämpfen, daß ein Vergessen unmöglich wird – als Garant für ein angstfreies Miteinander von Juden und Deutschen.

## **Edgar Hilsenrath** | *ICH BIN VON NATUR AUS EIN EINZELGÄNGER UND SINGE NICHT GERN IM CHOR*

Woran ich glaube? Eigentlich an gar nichts. Oder stimmt das nicht? Sind diejenigen, die behaupten, an nichts mehr zu glauben, vielleicht die wirklich Gläubigen? Eine verzwickte Frage. Vielleicht sollte sie lauten: woran ich glauben möchte. Also gut. Das ist leicht zu beantworten. Ich möchte, zum Beispiel, daran glauben, daß es einen Gott gibt, einen, der der größte aller Bürokraten ist, ausnahmsweise gerecht, der alle seine Schäflein kennt, der genau Buch führt, die Guten belohnt und die Bösen bestraft und – als ungewöhnliches Vorbild aller Bürokraten – dafür sorgt, daß am Ende immer das Gute über das Böse siegt. Die jüdische Religion ist kompliziert und überfordert ihre Anhänger mit vielen Ritualen und Geboten. Juden stöhnen unter der Last dieser Verantwortung. Trotzdem hat es ein Jude im Grunde leicht, denn er kann mit seinem Gott argumentieren und streiten. Ich könnte ihm zum Beispiel erklären, warum ich so selten in die Synagoge gehe.

»Nun, Allmächtiger, König der Heerscharen. Warum wohl? Ich leide an Platzangst. Das ist nicht meine Schuld. Zu viele Menschen in einem schlecht gelüfteten Raum bedrücken mich. Ich bin von Natur aus ein Einzelgänger und singe nicht gern im Chor. Glaube mir: Gottesdienste langweilen mich, denn ich empfinde im Kreise vieler, mit denen mich außer der Tatsache, Jude zu sein, nichts verbindet, nicht die geringste Andacht. Ich habe auch keine Lust, vorgedruckte Gebete in einer Sprache, die ich nicht verstehe, mechanisch herunterzuleiern, und außerdem weiß ich ja gar nicht, ob es dich, lieber Gott, wirklich gibt. Stell dir vor, es gäbe dich gar nicht und mein Geleier und meine Seufzer werden gar nicht gehört. Das wäre ja reine Zeitverschwendung. Könnte ich da nicht mehr für meine Seele tun, zum Beispiel: in ein Konzert gehen oder zu einer Frau?«

Und er, der liebe Gott, könnte zu mir sagen: »Aber du hast doch sicher eine Menge Probleme, mein Sohn, und außerdem gesündigt. Willst du dich nicht erleichtern?«

»Ich mag aber keine Betstuben und Synagogen«, würde ich sagen.

Und Er würde sagen: »Die mag ich auch nicht. Es geht mir mit den Betstuben und Synagogen genauso wie mit den Kirchen. Denn siehe, mein Sohn: mein Haus ist weder in den Betstuben, den Synagogen, noch in den Kirchen zu finden, in keinem Tempel, den die Heuchler gebaut haben. Und siehe, mein Sohn: Deine Gebete sollen dir nicht von anderen in den Mund gelegt werden, denn ich verstehe nur die Sprache deines Herzens. Gehe hinaus in die Natur und spreche ein Stoßgebet unter meinem Himmel, aber nur, wenn dir danach ist, zu keiner vorgegebenen Zeit, die von den Heuchlern bestimmt wurde.«

»Und wie ist es mit einer Beichte?«

»Beichten ist gut, mein Sohn. Beichte vor meiner Gerechtigkeit.«

Ich aber würde sagen: »Wo ist deine Gerechtigkeit? Und überhaupt. Was würde mein Analytiker dazu sagen? Soll er etwa arbeitslos werden? Wozu sind die Analytiker denn da?«

Spaß beiseite. Ich möchte daran glauben, daß es eine göttliche Gerechtigkeit gibt, aber sobald ich mich mit diesem Gedanken vertraut zu machen versuche, fallen mir die Kinder von Auschwitz ein und Millionen andere, die gequält, gefoltert und ermordet wurden. Aber es ist nicht nur der Krieg und der Holocaust. Gab es nicht schon immer Menschen, die von der Natur verwöhnt wurden, und andere, die es nicht wurden, die Schönen und die Häßlichen, die Erfolgreichen und die Erfolglosen, die Mächtigen und die Getretenen. Viele haben ihr Elend nicht verdient. Wofür werden sie bestraft? Wartet ein anderes Glück auf sie? Etwa im Himmelreich? Und wenn es nur ein Märchen ist, die Sache mit dem lieben Gott und dem Paradies, wenn ER nun wirklich nicht ist und es nichts gibt nach dem Tode, stimmt es dann nicht, daß die Unschuldigen nicht selig werden und die Schuldigen nichts zu fürchten haben, denn für sie gibt es weder Vergebung noch Strafe. Wenn es nichts gibt, dann ist Gottes Stimme nur die Stimme unserer eigenen Angst und sein Licht nur die Vorstellung eines Lichts in der leeren Finsternis.

Wenn es keinen Gott gibt, könnte ich jedes Verbrechen begehen. Dostojewski hat etwas Ähnliches gesagt. Und warum sollte ich es nicht aussprechen? Also gibt es Ihn nicht. Niemand sieht mich. Niemand hört mich. Mich erwartet weder Belohnung noch Strafe. Ich könnte ein neuer Hitler sein oder ein neuer Stalin oder der Würger von Boston. Es ist völlig egal. Einzig und allein meine Entscheidung zählt: den richtigen Weg zu wählen oder den falschen. Und da ich nicht immer weiß, welcher Weg nun der richtige ist und welcher der falsche, habe ich den Weg der Vernunft gewählt und den Weg des Fair plays. Es lebt sich leichter mit diesen Grundsätzen. Ich bedrohe niemanden, der mich nicht bedroht, und verletze niemanden, der mich nicht verletzt. Meine wahren Freunde können immer auf mich zählen. Wer mir hilft, dem helfe ich auch, und ich vergesse nicht, wer mir Gutes getan hat. Keine der mir bekannten Religionen hat mich überzeugt, auch nicht die christliche. Wortwörtlich genommen ist sie gefährlich wie alle Utopien, die sich nicht in die Praxis umsetzen lassen. Es gibt wohl kaum eine Heilslehre, die von ihren Anhängern so mißverstanden, ins Gegenteil verwandelt und pervertiert wurde wie die Lehre von der christlichen Nächstenliebe. Wer an die Auferstehung glaubt, den möchte ich fragen: Ist Christus wirklich zu dem zurückgekehrt, den er Vater nannte? Zog er nicht eher, ein zum Leben Verdammter, mit den Juden den langen, zweitausendjährigen Weg bis Auschwitz?

Alle großen Heilslehren machen mir angst, besonders dann, wenn sie vom Staat und der Bürokratie gepachtet werden. Im Namen einer umwälzenden, menschenbeglückenden, sozialen Gerechtigkeit verschwanden Millionen für immer hinter Stacheldraht, und im Namen des Christentums brannten die Scheiterhaufen. Den Fackeln der Menschheitsbeglücker traue ich nicht. Die Dogmatiker halte ich mir vom Leibe. Wer fromme Sprüche klopft und behauptet, die ganze Menschheit zu lieben, liebt in Wirklichkeit niemanden. Der Liebende ist immer wählerisch. Ich kann nicht jeden lieben, aber ich kann mich, im Rahmen meiner Möglichkeiten, dafür einsetzen, daß niemandem Unrecht geschieht. Ich lehne Zwänge, die meiner Natur widersprechen, völlig ab. Kleinere Kompromisse, die nicht wesentlich sind, muß jeder machen, um ein Zusammenleben mit anderen zu ermöglichen. Als Schriftsteller mache ich überhaupt keine Kompromisse, und ich habe auch in keinem meiner Bücher irgendwelche Zugeständnisse an Dritte gemacht, weder aus finanziellen, ideologischen oder anderen Gründen. Ein wichtiges Anliegen ist, an mich selbst zu glauben, denn ich sage mir: Wer an sich selbst glaubt, braucht andere nicht zu fürchten. Ich versuche, immer wach zu bleiben. Ein gesundes Mißtrauen muß ich mir erhalten, allen Versprechungen gegenüber, allen Lobrednern und Netzewerfern, jedem Staat und jeder Bürokratie. Zum blinden Glauben wird mich niemand bewegen.

## **Edgar Hilsenrath** | *DIES IST EINE COMPUTERFEINDLICHE LÖSUNG*

Ich gebe es zu. Ich besitze noch keinen Computer. Unvorstellbar: so ein Monstrum auf meinem selbstgezimmerten Schreibtisch. Am liebsten würde ich mit einer Gänsefeder schreiben, aber sie sind schwer aufzutreiben. Abgenagte Bleistiftstummel und zerkaute billige Kulis sind auch nicht zu verachten. Aber zur Sache: Vor circa siebenunddreißig Jahren kaufte ich eine Groma-Reiseschreibmaschine, gebraucht natürlich. Sie gehörte einem jüdischen Emigranten, den ich mal im Fahrstuhl eines New Yorker Mietshauses kennengelernt hatte. Ich gab ihm fünfundzwanzig Dollar dafür.

Auf dieser Schreibmaschine habe ich alle meine Bücher getippt. Sie ist mein bester Kamerad, hat einen leichten Anschlag und paßt sich im Tempo dem Rhythmus meiner gedanklichen Formulierungen an.

Und nun zum Problem der Korrekturen, das ich auf einfache und computerfeindliche Art gelöst habe. Es gibt nämlich seit mehr als 30 Jahren ein chemisches Zauberschreibpapier, das in Amerika hergestellt wird. Es heißt »Erasable paper« und hat folgende Eigenschaften: Man kann mit einem gewöhnlichen Radiergummi alle Fehler spurlos wieder ausradieren, natürlich auch ganze Absätze oder Seiten löschen und zwar schneller und überschaubarer als mit einem Computer. Auf diese Weise kann ich zügig und sauber arbeiten.

Und wie ist es mit einem Computer? fragte mich unlängst ein Kollege. Irgendwann wirst du dich anpassen müssen und dir einen anschaffen. Natürlich, sagte ich. Aber ich bin doch nicht dumm. Der modernste Computer von heute ist morgen schon ein alter Hut. Deshalb warte ich ab. Ich warte auf den endgültigen und letzten Computer. Dieser Computer müßte selbständig denken können. Und nicht nur das. Er müßte auch schlauer als ich sein und genau wissen, was die Verleger eigentlich wollen, vor allem aber, was den Kritikern gefällt. Ich stelle mir das so vor: Frühmorgens, gleich nach dem Aufstehen, stelle ich dieses Superding ein, drücke die wichtigen und erfolgentscheidenden Tasten und lasse ihn für mich arbeiten. Dann nehme ich ein Bad, rasiere mich, ziehe mich an, frühstücke, gehe einkaufen, dann zur Post, auf dem Rückweg zum Briefkasten, die übliche Routine. Später gehe ich zum Schreibtisch, nur, um mal nachzugucken, ob der Roman fertig ist. Natürlich ist er fertig. Die Frage bleibt: Was mache ich mit meiner vielen Freizeit? Aber bis dahin gibt es sicher eine Lösung – einen zweiten Computer als Ratgeber für meinen nicht so besonderen Fall: gesicherte Freizeitgestaltung für entlastete Dichter und Denker.

**Joseph von Westphalen** | *DAS WAHRE MÄRCHEN VON DEN BEIDEN GROMAS*

In eiserner Vorzeit war es, nein, in der Übergangszeit, als der elektronische Fortschrittsglaube grassierte, als immer mehr Wankende abtrünnig wurden und ihre eisernen Schreibmaschinen durch riesige Computer ersetzten, kurz in den achtziger Jahren. Der Artenschutzgedanke und die Lust am Begreifen einfacher mechanischer Vorgänge ließen mich meine schweren, alten, lärmenden Maschinen besonders lieben. Ich hortete sie wie ein Zoologe seine vom Aussterben bedrohten Nashörner, schwor ihnen ewige Treue und verdammte, wo ich konnte, mit allem Schwung des Kenntnislosen die elektronische Datenverarbeitung als Verderberin des klaren Denkens und des Stils. Das Wort »Textverarbeitung«, das den Vorgang des Schreibens als ein Herausschälen von Sinn aus einem Wust von Buchstaben nicht unzutreffend beschreibt, fand ich obszön. Selbst die harmlosen elektrischen Schreibmaschinen lehnte ich als neumodisch ab. Schließlich war mir auch der Hinweis auf das Schreibenkönnen bei Stromausfall ein wichtiges rationales Argument in meinem irrationalen Kampf gegen den unaufhaltsamen Fortschritt.

Jäger und andere Mörder mögen ihre Waffen, glaube ich, sie betätscheln ihre Büchsen, Flinten und Pistolen und preisen die Präzision ihrer Markenartikel, den leichten und doch satten Anschlag und die hohe Treffsicherheit. Und so schwärmen auch Autoren immer wieder von ihren zuverlässigen und vertrauten Begleiterinnen. Mit der Remington auf Reisen, mit der Olivetti in Klausur. Von Max Frisch bis Hemingway – die Erwähnung der Schreibmaschine in der Literatur von 1918 bis 1980 als Dankbarkeitstopos wäre ein schönes, unwesentliches Thema für eine Magisterarbeit, deren Fortsetzung die Hymnen der Konvertiten auf das Arbeiten am Bildschirm von 1980 bis 1990 untersuchen müßte.

Als der Topos verblaßt war, habe ich meinen Schreibmaschinen literarische Verehrung erwiesen – mit der Übertreibung des Zuspätgekommenen. In einer Schriftstellergeschichte von 1987 (*Gernhardt und ich*) hatte ich Erika, Urania, Olympia und Groma besungen. Erika war gelogen, ich besaß sie nie, hatte sie nur immer haben wollen, wegen des Namens. Urania war mir peinlich, erstens weil ich darauf eine dumme Doktorarbeit getippt hatte und dann vor allem, weil das so gräßlich germanisch klingt. Urania würde ich am liebsten vergessen, aber wenn man nach den großen Katastrophen des Jahrhunderts geboren ist, gibt es nicht so viele persönliche Schandtaten zu bewältigen, da kann man dunkle Stellen leicht gestehen: Ja, ich hatte einmal was mit Urania, der martialischen Germanin. Es war nicht schön.

Olympia war mein Alltag, und Groma die Geliebte. Groma! Eine Schönheit: elegant und empfindlich, leise und launisch. Eine unvergleichlich schwungvolle Karosserie, späte zwanziger Jahre schätze ich, ein Kabriolett quasi, in dem ich manchmal Rudolf Forster und Elisabeth Bergner umschlungen sitzen sah, weiße Schals flattern um den Hals. Groma haßte es, wenn die Finger schnell und achtlos wurden. Dann verhakten sich ihre Typenhebel, und man mußte sie sanft und ruhig atmend trennen.

Und dann geschah es. 1988 muß es gewesen sein. Mein siebenjähriger Sohn David war der Täter. Ich hatte ihm Urania ans Herz gelegt, in der Hoffnung, daß er sie ruinieren würde. Doch seine ideologischen Instinkte ließen ihn alles Allzudeutsche meiden. Frucht bester antipatriotischer Erziehung. Er war scharf auf Groma. Kinder gönnen den Eltern die Geliebten nicht. Er muß Groma zwar begeistert, aber schlecht und unerfahren behandelt haben. Arme Groma! Sie braucht Geduld und reife Zärtlichkeit und keine kleinen Berserker. Man sah ihr danach nichts an, aber sie streikte unversöhnlich. Sie schwieg. Nichts mehr ließ sie mit sich machen. Die Spezialisten schüttelten die Köpfe und streichelten die schöne Tote. Keine Ersatzteile. Ich hob Groma auf. Manchmal besuchte ich sie im Keller. Am liebsten hätte ich ihr eine Pyramide gebaut.

Zwei Jahre später Blättern in einer Nummer des »ZEITmagazins«. Eine Reportage über die Arbeitsmittel von Schriftstellern. Unter anderem Edgar Hilsenrath. Eine schöne, große, farbige Doppelseite. Hilsenrath sitzt malerisch an einem Tisch in seiner Berliner Wohnung – und vor ihm Groma. Meine Groma. Seine Groma. Er sitzt genau so zärtlich gebeugt, so konzentriert vor ihr, wie man vor einer Groma sitzen muß. Die Vorstellung, Hilsenrath könnte *Der Nazi &*

*der Friseur* auf der Groma geschrieben haben, brachten mir das famose Buch und seinen famosen Autor noch näher.

Im Herbst 1991 lernte ich Edgar Hilsenrath in Karlsruhe kennen. 48 Autoren lesen 48 Stunden lang nonstop in drei Kinosälen. Etwas in der Art. Hilsenrath dabei. Endlich! Ihm in Sachen Groma solidarische Grüße zu schicken, war ich zu faul gewesen. Hier war er: Hilsenrath, der für den Schreibmaschinenteil meines Bewußtseins längst eine Größe war: *Der Mann mit der Groma* nämlich, so wie James Stewart für das Westernbewußtsein *Der Mann mit der Winchester* ist.

Es stellte sich heraus, daß auch Hilsenraths Groma hinüber war. Jetzt, nach vier Jahren, gestehe ich Dir, lieber Edgar: Ich fand zunächst, daß Du nicht verzweifelt genug von ihrem Ableben gesprochen hast. Als hättest Du Dich schon damit abgefunden. Das mag klug sein, es ist aber zu hart. Ich vermißte Deine Groma-Trauerarbeit, wo waren die neuen tiefen Groma-Trauerarbeits-Sorgenfalten in Deinem Gesicht!? Immerhin hattest auch Du alles Erdenkliche in Bewegung gesetzt, das zeigte mir deutlicher als eine kummervolle Miene, wie Du an der alten, an unserer guten alten lieben Groma gehangen hast. Auch Du hattest sie nicht auf den Müll gekippt. Bewahre!

Alles, was in Berlin an Schreibmaschinenmechanikern Rang und Namen hat, war von Hilsenrath aufgesucht worden. So wie ich auch ganz München systematisch durchkämmt hatte. Vergeblich. Keine Ersatzteile.

Herbst 1991. Ein Jahr deutsche Einheit. Alle reden von den Folgen der Wiedervereinigung, und wir stehen in den Pausen zwischen den Lesungen in den Foyers des Filmpalasts in Karlsruhe und reden von nichts als von unseren kaputten Schreibmaschinen. Vielleicht brachte mich das Vereinigungsgerede auf die Idee, vielleicht auch nur der normalmechanische Menschenverstand: Wenn wir beide Gromas zusammentun, kann vielleicht eine von beiden mit den Teilen der anderen repariert werden? Du hast ganz schön die Ohren gespitzt, als ich das mehr vor mich hin sagte, Edgar!

Noch ehe ich die heikle Frage in den Raum stellen konnte, wer von uns beiden die reparierte Groma bekäme, sprach Hilsenrath plötzlich von seinem Schreibmaschinenmechaniker wie von seinem Leibarzt.

Wenn überhaupt irgendein Mechaniker auf der Welt die Vereinigung der beiden Gromas fertigbringen könnte, dann der! Nicht meiner! Hilsenraths Augen funkelten ebenso trügerisch wie überzeugend. Er schob seine Baskenmütze keck drei Millimeter tiefer in die Stirn und sah nicht so aus, als würde er je seine Groma herausrücken, damit ich meine reparieren könne. Es war eine Machtprobe der Städte. München gegen Berlin. Mir war klar, daß der Vereinigungsversuch der Maschinen schon aus symbolischen Gründen nur in der ehemaligen und zukünftigen Hauptstadt geschehen mußte. Klar war ohne weitere Worte, daß derjenige von uns, der sich um die Reparatur kümmert, die reparierte Maschine auch behalten wird.

Du hast mich nicht um meine Groma gebeten, Edgar. Du hast nur so von Deinem Leibmechaniker geschwärmt, daß ich sprachlos war. Dein Trumpf der Mann. Ich gab auf. Nicht leicht. Denn schließlich: Was habe ich davon, wenn Hilsenrath wieder fröhlich auf der Groma tippt, und ich kann mein gutes Stück nicht einmal mehr als schöne Leiche in meinem Keller beweinen. – Und doch habe ich nicht um meine Groma gekämpft. Ich wollte nicht gierig sein. Im übrigen war mir mein Leibmechaniker tatsächlich nicht tüftelig und reparaturbesessen genug. Auch gibt der Jüngere nach. Und dann Edgar. Dir kann ich sagen, was noch eine kleine Rolle spielte. Du wirst schief grinsen und mir das nicht als doppeltkompensierten Spezialantisemitismus auslegen: Als Deutscher einem alten Juden seine noch so defekte Schreibmaschine abzuluchsen, um seine zu retten – das ist kein Stil! Das geht erst in zwei Generationen wieder.

Ich bot Hilsenrath mein Groma-Wrack an. Schreibmaschinen verschickt man nicht. Ich würde sie ihm auch nicht vorbeibringen, wenn ich in Berlin wäre. Bei aller Liebe, das geht zu weit. Aber wenn er nach München kommt, kann er sie holen. So die Abmachung. Ich habe nicht geglaubt, daß Du von meinem Angebot Gebrauch machen würdest, Edgar. Natürlich sagt man jaja, aber die Ausführung solcher Vorhaben ist dann doch lästig.

Ein knappes halbes Jahr später rief Hilsenrath an. Aus München. Er war hier, um bei seinem Verlag den Roman abzugeben, in dem mein Hilsenrath-Lieblingssatz vorkommt: »Der Osten liegt dort, wo die Sonne aufgeht, auch wenn es zum letzten Mal ist.«

Er bat um die Groma. Nein, sagte ich, Du brauchst sie nicht zu holen! Ich schnallte sie auf mein Rad. Es regnete. Café in Verlagsnähe. Hallo, wie geht's? Gespräche über dies und das und unsere Bücher, bei denen Hilsenrath die Augen nicht vom Groma-Reisekoffer abwenden konnte, der zwischen unseren Beinen stand. Erinnerst Du Dich, Edgar? Dann hast Du doch einen Blick auf sie werfen wollen, und ich machte den Koffer auf. Du hast nur genickt, und ich kam mir vor wie ein Dealer. Ich weiß nicht mehr, ob ich Dir sagte oder nur sagen wollte: Du kriegst sie nur, wenn Du sie mir später wieder vererbst! Falls ich das sagte, dann wird die delikate Bedingung wohl derart jovialironisch abgesichert herausgekommen sein, daß es gar keine Bedingung mehr war.

Hilsenrath sah auf die Uhr oder fragte nach der Zeit. Sein Flugzeug ging bald. Er verschwand behende in einem Taxi und mit ihm die Groma. Wenige Wochen später kam eine Karte aus Berlin: Sie geht wieder! Wie um mich nicht neidisch werden zu lassen, aber auch wie um mich unsicher zu lassen, mit der Hand geschrieben und nicht gromagetippt.

Behandle unsere Groma gut, Edgar. Und nimm meine schüchterne Bedingung ernst. Dies ist ein öffentlicher Ort. Ein Buch. Eine Festschrift. Gratuliere übrigens zum Geburtstag. Um Dir meine Verehrung zu beweisen und natürlich auch, um mich als würdigen und berechtigten Groma-Erben darzustellen, habe ich in meinem letzten Roman den verdammt angenehmen Sohn der Geliebten meines Helden Edgar getauft. Und nicht nur das. Der Held, der ungern Harry heißt, weil heute tausend Helden Harry heißen, findet, daß auch ihm der Name Edgar besser stünde. Wenn wir uns zwei Jahre früher begegnet wären, Edgar, mein Held Harry hätte Deinen Vornamen bekommen.

Öffentlich wiederhole ich hier meinen frivolen Anspruch: Bitte, Edgar, sorge dafür, daß Groma nie einem Unwürdigen zufällt. Ich versuche vergeblich, das Wort »Testament« zu vermeiden und wünsche mir, daß Du gesunde 100 Jahre wirst, 110 meinetwegen. Aber nach dem Unvermeidlichen kriege ich sie wieder, gebongt? Wenn Du mit 110 abtrittst, bin ich 90. Das genügt mir. Ich will dann noch ein paar späte Liebesgedichte auf unserer Groma tippen. Ich habe sie seinerzeit hauptsächlich für Liebesgedichte und Liebesbriefe benutzt. Für lange Geschichten war sie mir nicht stabil genug. Weißt Du, daß ich Eroberungen mit ihr gemacht habe? Vor allem kann man sie nehmen und ins Freie tragen. Man kann in der Sonne arbeiten, die auch heute noch immer mehr nützt als schadet. Wie sich das eingespannte Papier im Wind bewegt. Jetzt scheint sie draußen, die Sonne, in der ich nicht sitzen kann wie zu Gromas Zeiten, weil ich auf dem blöden Bildschirm meines Laptops in der Helligkeit nichts erkenne. Gönn' Dir zum Geburtstag ein frisches Farbband, Edgar, die ersten Seiten mit dem frischen Band sind ein besonderer Genuß. Gruß an Groma.

# *Kritisches*

# Nacht (1964/1978)

## **Peter Jokostra** | *BERICHT AUS DEM INFERNO*

Wenn der erschütterte Leser Edgar Hilsenraths Ghetto-Roman *Nacht* – es handelt sich um die Menschennacht – aus der Hand legt, ist er ein anderer geworden. Nur der verblendete, stumpf gebliebene oder brutale Verächter des Leidens kann dieses Epos des Grauens hinnehmen, ohne bis ins Innerste von der Heimsuchung betroffen zu sein. Literarische Wertmaßstäbe werden angesichts der in dem ukrainischen Ghetto von Prokow am Dnjestr geschehenen Greuel zu Klischeebegriffen. Der Kritiker wird die Ohnmacht der Worte erfahren, und er wird erneut feststellen, wie antiquiert die sich anbietenden literarischen Kategorien und Klassifizierungsmöglichkeiten sind. Vor der nackten Gewalt des Schreckens und des Todes, aber auch vor der verborgenen und vom Autor in der Gestalt der Debora verkörperten Liebe, erweisen sich alle Hilfsmittel kritischer Bewertung als ungeeignet. Der Kritiker wird zu einem Bekenntnis gezwungen. Er hat nur die eine Aufgabe: Sein Pro oder Kontra zu formulieren. Prokow, von den Russen geräumt, von Bomben eingeebnet und von den nachstoßenden rumänischen Verbänden des Marschalls Antonescu besetzt, ist ein fiktiver Ort. Aber Prokow steht für alle jüdischen Ghettos. Es ist der gleichnishafte Name für die absolute Vernichtung. In einem kurzen Nachwort sagt der Autor, der 1941 mit fünfzehn Jahren in das Ghetto der ukrainischen Ruinenstadt Mogilew-Podolsk deportiert wurde: »Prokow am Dnjestr ist ein symbolisches Ghetto; es ist auf keiner Landkarte zu finden. Seine Ruinen können überall stehen und seine Menschen überall leben, wo das Rad der Geschichte um Jahrtausende zurückgedreht wird.«

In seinem Vorspruch gibt Hilsenrath eine Art Topographie dieser Kulisse des Grauens, vor der sich das Schicksal der Juden erfüllt, deren verzweifeltes Ringen um Überleben im Kampf mit Hunger, Kälte, Schlamm und Flecktyphus er zum zentralen Thema seines Epos macht. Ranek, die Mittelpunktfigur, ein sich verbissen gegen den Hungertod wehrender Jude aus Litesti, betritt gleich auf der ersten Seite die Szene: »Er hatte ein völlig verwahrlostes Gesicht, in dem Hunger und Not erbarmungslos gewühlt hatten. Er drückte den zu großen fremden Hut jetzt tiefer in die Stirn; seine Hosen, die mit einem Eisendraht verschnürt waren, band er fester zu; er hatte kein Hemd an, und seine eingefallene Brust schaute grau und haarig unter der zerfetzten Jacke hervor ...«

Es ist eine Märznacht des Jahres 1942, und Ranek hat gerade seinem verstorbenen Freund Nathan die Fußlappen ausgezogen, hat den Hut des Toten gegen seinen zerlumpten Hut eingetauscht, er hat ihn »beerbt« – wie es in der Sprache der Ghettobewohner heißt. Er wird später auch einem noch Lebenden die Schuhe stehlen, als er bemerkt, daß der Flecktyphuskranke verloren ist. Und schließlich schlägt er seinem toten Bruder in Gegenwart seiner Schwägerin Debora mit einem Hammer einen Goldzahn aus, um ihn auf dem Schwarzmarkt gegen Lebensmittel zu tauschen. Ranek wird zum Dieb, Frauenschänder und Leichenfledderer. Sein kurz befristetes Leben – auch er stirbt wie fast alle Bewohner des sogenannten »Nachtasyls« am Fleckfieber – wird zu einem Amoklauf. Debora, die ihn auf eine zarte und verhaltene Weise liebt, kann die Verbrechen, die die Verzweiflung provoziert, nicht verhindern.

So enden Tausende, von jeder ärztlichen Hilfe ausgeschlossen, auf ihren Pritschen, in ihren Löchern, im Bordellkeller und wo sie noch vor den erbarmungslosen Streifen der rumänischen und jüdischen Polizei Zuflucht gefunden haben.

Scham und dumpfe Benommenheit würden wie ein lähmender Alpdruck nach dieser so notwendigen Lektüre zurückbleiben, wenn nicht die Gestalt der Debora am Ende der Heimsuchung ein Bild gegen die völlige Verwahrlosung und Vertierung aufrichten würde. Debora, das ist die Hoffnung. Sie nimmt ein »Bastardkind« zu sich, das die Mitbewohner zu töten versuchen, und führt mit ihm den aussichtslosen Kampf ums Überleben weiter. »Debora lächelte«, läßt uns der Autor wissen. Und das ist die Lehre dieses Kompendiums des Grauens.

Hilsenrath erreicht diese Wirkung der äußersten Beteiligung des Lesers durch Verzicht auf jedes Ressentiment oder gar gefühlsselige Pathos. Sein Medium ist die Distanz, der klare, nüchterne und doch ungeheuer beteiligte Abstand zu seinen Figuren und dem unfaßbaren Geschehen im »Nachtasyl«, im Bordell, auf den mit Leichen übersäten Straßen. Darin besteht seine Kunst. Das ist über die menschlichen Impulse hinaus, die er dem Leser vermittelt, das literarische Verdienst Edgar Hilsenraths. Denn es handelt sich bei dieser Gigantomachie des Entsetzens, die die Bildvisionen Boschs, Brueghels und selbst Picassos *Guernica* überflügelt, in jeder Hinsicht um ein Kunstwerk, nicht um eine Dokumentation. Und es ist das Erstaunliche an diesem Buch, daß es trotz der romanhaften Handlung alle Fakten eines Dokumentarberichts von nie gekannter Furchtbarkeit und Endgültigkeit vorweist. Dem Autor ist es gelungen, diese beweiskräftigen Fakten, das sogenannte epische Material, von den realen Gegebenheiten zu lösen und zur Dichtung zu erheben. Das konnte nur erreicht werden, weil sich in seinem Roman Leidenschaft und handwerkliches Können zur Meisterschaft verbinden.

## **Niels Höpfner** | *SCHWERER BROCKEN TRAUERARBEIT*

Ein Schriftsteller, der einem epischen Kolossalgemälde des Grauens den Jesaja-Vers »Ich habe dich einen kleinen Augenblick verlassen, aber mit großer Barmherzigkeit will ich dich sammeln« voranstellt, ist entweder ein unerschütterlich gläubiger Fatalist oder ein Zyniker par excellence. Das erste wohl – und gewiß sogar – trifft für Edgar Hilsenrath zu, der mit dem genannten Bibelspruch seinen Roman *Nacht* einleitet: ein Buch von schwärzestem Schwarz. Sonnenfinsternis, total. Eine Immer-Nacht.

Edgar Hilsenrath wurde hierzulande erst 1977 – der Vorsprung des anglo-amerikanischen Auslands war enorm – durch seine Satire *Der Nazi & der Friseur* bekannt. Deren Thema war der Identifikationswechsel des Blut-PG Max Schulz, der nach dem Krieg als der ermordete Itzig Finkelstein weiterlebte, wobei die Maskerade sogar die Einwanderung in Israel ermöglichte. Diese Geschichte war groß-gespenstisch fabuliert.

In seinem früher entstandenen Roman *Nacht* fabuliert Hilsenrath kaum oder überhaupt nicht. Er reportiert als Chronist, dem's um die Wahrheit geht, um nichts als die Wahrheit, menschliches Elend, dessen Ausgangspunkt die eigene Leidensgeschichte bildet. Hilsenrath, geboren 1926 in Leipzig als Sohn eines jüdischen Kaufmanns, wurde, gemeinsam mit dem Bruder, von der Mutter wenige Monate vor der Kristallnacht zu den Großeltern nach Rumänien, in die Bukowina, in vermeintliche Sicherheit gebracht. Aber auch in Rumänien kam später dann eine faschistische Regierung an die Macht. ›Judengesetze‹ – natürlich auch dort.

In einem autobiographischen Aufsatz, der seinem Roman *Nacht* beigegeben ist, erhellt Edgar Hilsenrath für uns Nachgeborene, die wir zu Vergeßlichkeit neigen, den damaligen zeitgeschichtlichen Zusammenhang: »... Rußlandinvasion. Rumänische Truppen kämpften an der Seite der Deutschen. Im August 1941, im Vertrag von Tiraspol, schenkte Hitler seinen rumänischen Verbündeten ein Stück des russischen Kuchens. Es handelte sich um das eroberte Gebiet zwischen Dnjestr und Bug in der Ukraine, das an Rumänien abgetreten wurde. Die Rumänen nannten das Gebiet ›Transnistria‹... Im Oktober 1941 beschloß die rumänische Regierung, sämtliche Juden aus Bessarabien und der Bukowina.... abzuschieben, und zwar: in das von den Rumänen besetzte Gebiet der Ukraine (Transnistria). Am 14. Oktober 1941 wurden wir abtransportiert. Die Züge rollten nach Osten. Man brachte uns ins jüdische Ghetto der ukrainischen Ruinenstadt Moghilev-Podolsk am Dnjestr.«

Als die sowjetrussische Armee das Ghetto erreichte, konnte Hilsenrath flüchten. Von Bukarest aus gelangte er mit gefälschtem Paß über Bulgarien, die Türkei, Syrien und den Libanon nach Palästina. Auch die engere Familie überlebte. Heute hat Hilsenrath, nach einem Umweg über New York, seinen Wohnsitz in Berlin.

Schauplatz des Schreckens in dem Roman *Nacht* ist das Ghetto Prokow. Eine Masse Mensch kämpft ums Überleben. Überleben: das heißt, nachts einen Schlafplatz im Asyl einer Ruine haben, um nicht von den »Treibern« auf der Straße als Obdachloser aufgegriffen und deportiert zu werden. Überleben: das heißt, am Tag eine Handvoll Eßbares (Kartoffeln oder nur ihre Schalen, ein bißchen Maismehl, ein paar Eier – welch ein Feiertag) ergattern, um den schlimmsten Hunger zu befriedigen, damit die Maschine Körper funktionsfähig bleibt. Unter solchen Verhältnissen wird der Mensch dem Menschen zum Wolf. Da gibt's kein Pardon, da kommt auch keine Solidarität auf im Elend.

Hilsenrath führt einen Horrorfilm mit Worten vor, der im Zeitlupentempo und in einer Endlos-Schleife, gewissermaßen, abläuft. Wenn ein Roman sonst Werden schildert, so beschreibt Hilsenrath (fast bewegungsloses) Sein. Selbst der Tod bedeutet hier keine Sensation mehr, wird nicht bemerkenswerter Endpunkt in der Entwicklung einer Person, sondern erscheint als das Allerselbstverständlichste von dieser Welt. Menschen werden Fliegen gleich.

Im Mittelpunkt der Geschundenen steht Ranek. Um den Preis des Überlebens wird er selbst ein Schinder, was die Not entschuldigt – entschuldigt sie's? Eine Sympathie-Figur ist Ranek nicht. Ranek hat Ellenbogen, wenn es um den nächtlichen Schlafplatz geht, der vor Verschleppung rettet. Ranek fleddert sogar Leichen, um sich mit den erbeuteten Habseligkeiten Lebensmittel zu besorgen. Im Ghetto herrscht steinzeitliche Tauschwirtschaft. Ein Paar ausgetretene Schuhe sichert wieder für Tage den Lebensunterhalt. Ranek wird zweimal deportiert, kehrt, totgesagt bereits, zweimal zurück ins Ghetto und stirbt, wie schon so viele vor ihm, an Flecktyphus.

Im Ghetto gilt nur das Recht des Stärkeren, auch hier existiert eine Art Klassengesellschaft mit eigener Hackordnung. In der Chefetage residieren der Kaffeehausbesitzer Itzig Lupu und der Schieber Dvorski, denn ihre Geschäfte mit der Armut florieren. Die Privilegierten des Ghettos sind leicht auszumachen: Familiennamen bescheinigen ihnen ihre Identität, während die Ärmsten der Armen nur auftreten mit austauschbaren Vornamen oder typisiert als »die Alte« oder »der Rote«.

Neben gewöhnlichen Gemeinheiten des Alltags schildert Hilsenrath viele große Furchtbarkeiten: Jemand ertrinkt in einer Latrine – Toten werden die Zähne herausgebrochen – eine Greisin prostituiert sich, um so den Abtransport des toten Sohnes zu bezahlen. Hier noch von Menschenwürde zu reden, wäre eine Phrase. Und trotz des

Elends: welch ein Überlebenswille! »Die Alte« begründet ihn so: »Glück gibt es auch bei uns. Es gibt noch das Glück der Frierenden, die eine warme Decke finden. Und das Glück der Hungrigen, die Brot finden. Und das Glück der Einsamen, die Liebe finden.« Aber zeigt sich hier nicht auch viel, zu viel uralter levantinischer Fatalismus, der taub macht für das Völker-hört-die-Signale?

Eine Figur des Romans bewahrt sich eindrucksvolle Humanität. Das ist Debora, die Frau von Raneks Bruder Fred. Mit fast übermenschlicher Opferbereitschaft pflegt sie ihren kranken Mann, den sie einen weiten Weg auf dem Rücken ins Ghetto getragen hat, um ihn nicht seinen Henkern auszuliefern. Später nimmt sie sich eines mutterlosen Kindes an, dessen Lebens-Zukunft sie mit aller Zähigkeit, die nur möglich ist, verteidigen wird. Mit dem Bild der Debora, die in den Armen das Kind trägt, endet der Roman: ein winziger Lichtspalt in der Nacht.

Hilsenrath erzählt mit einer Eiseskälte, die einem versteinerten Gott alle (Un-)Ehre machen würde. Spurensicherndes, hartes Imperfekt, ganz selten der Wechsel ins atmosphärisch-lockere Präsens. Kein Herausschreien, Herausbrüllen: Seht, was euer Faschismus angerichtet hat. Der Roman transportiert kein Wort Reflexion. Nur Bilder, Bilder, Bilder, die sich allein überlassen bleiben, nur durch sich selbst (und darum um so stärker) wirken. Dabei heischen sie nie nach dem Unbewußt-Emotionalen, sondern wenden sich an die Ratio, schnurstracks. Das ist gut so: Wenn zum Mitleiden nicht mit sentimentalen Tricks überredet werden muß, sondern Einsichten im Kopf zwangsläufig wachsen.

Bücher haben manchmal seltsame Schicksale. Edgar Hilsenraths Roman *Nacht* hat in diesem Land schon eine verunglückte Premiere hinter sich. Die deutschsprachige Erstausgabe erschien bereits 1964 bei Kindler, wo das Buch zahlreiche interne Querelen auslöste, so daß es klammheimlich in der Versenkung verschwand. Ganze 791 Exemplare wurden seinerzeit verkauft, während die amerikanische Ausgabe inzwischen bei 500000 Stück angelangt ist. Das fällige Remake hier besorgt jetzt der kleine, aber selbstbewußte Literarische Verlag Braun – mit einer Startauflage von 50000. Ein schwerer Brocken Trauerarbeit.

## Der Nazi & der Friseur (1977)

**Fritz Rumler** | *MAX & ITZIG*

Itzig Finkelstein, Friseur, sieht aus, wie sich der »Stürmer« den Juden malte: Froschaugen, krumme Nase, Plattfüße, eifrig hinter Weibern her, sofern sie nicht vor Dürre »klappern«, sondern einen fetten Hintern haben. In Beth David, nahe Tel Aviv, balbiert Finkelstein im Salon des tropfnasigen Schmuel Schmulevitch. Er hält, beim Einseifen, feurige zionistische Reden, kämpft als Terrorist gegen die Engländer, marschiert 1948, im Nachschub, gegen die Araber und avanciert durch Dusseligkeit zum Volkshelden: »Judas Makkabäus ist auferstanden!« Aber Itzig Finkelstein ist gar kein Jude. In Wahrheit heißt er Max Schulz, ehemals SS-Oberscharführer und gesuchter Massenmörder. Unter den 10000 Juden, die er in Polen umgebracht hat, war auch sein Schulfreund Itzig Finkelstein. Nach dem Krieg, und nach einer delikaten Operation am Glied, schlüpfte Max in Itzigs Haut.

Treibt da einer mit Entsetzen Scherz? Ja, entsetzt. Ein blutiger Schelmenroman, grotesk, bizarr und zuweilen von grausamer Lakonik kommt jetzt auf den deutschen Markt und berichtet von dunkler Zeit mit schwarzem Witz: *Der Nazi & der Friseur*. Der Autor weiß, wovon er handelt: Edgar Hilsenrath, 51, ist Jude.

Im Ausland hat der *Nazi* bereits beste Referenzen und eine Gesamtauflage von 1,2 Millionen. »Ein Meisterwerk, desgleichen die Literatur über diese Höllenzeit wenig aufzuweisen hat« (die New Yorker jüdische Zeitung »Aufbau«); eine »schluchzende, Kapriolen schlagende Bouffonnerie« (die Londoner »Sunday Times«); eine »wahnwitzige Persiflage, die schaudern macht« (»Neue Zürcher Zeitung«); und angesichts des »surrealen Horrors« fragte »The Times Literary Supplement«: »Es wäre interessant zu wissen, wie die Deutschen auf das Buch reagieren.«

Diese Möglichkeit haben deutsche Verlage sieben Jahre verhindert. Erst auf dem Umweg über die USA, Italien, England und Frankreich fand der – ursprünglich deutsch geschriebene – *Nazi* zu den Betroffenen. »Überempfindlichkeit der Verleger für jüdische Themen« und der »gefährliche Philosemitismus, der hier so übereifrig gepflegt wird«, vermutet *Nazi*-Autor Hilsenrath, habe die Buchmacher zögern lassen.

Es war nicht Hilsenraths erstes Recontre mit der Ängstlichkeit deutscher Verleger. Sein Debütroman *Nacht* hatte der Münchener Kindler-Verlag 1965 mit Hängen und Würgen in einer Auflage von 1000 Stück herausgebracht und dann in der Versenkung verschwinden lassen. Denn auch in der *Nacht* ging Hilsenrath eigene Wege. Er schilderte das wölfische Verhalten von Juden, die während des Krieges in einem ukrainischen Ghetto, drangsaliert von den Besatzern, ums blanke Überleben kämpfen – durch Terror depraviert. In der jüdischen Presse vor allem, nach der amerikanischen Edition, erhielt die Horror-*Nacht* starke Zustimmung.

Hilsenrath, ein scheuer, verletzlicher Mann, bewehrt mit Schnauzbart, betritt somit quasi als Neuling eindrucksvoll die deutsche Szene. Er ist US-Bürger, wohnt seit knapp zwei Jahren in West-Berlin, tippt in seiner Junggesellenküche auf einer uralten Maschine der verschollenen Marke »Groma« an weiteren Werken und trimmt sich mit einer mäßig schweren Hantel. Er habe Hemmungen, sagt er, über sich selbst zu schreiben; er verarbeite nur Erfahrungen, die er mit anderen Menschen hatte. Sein oft lebensgefährlicher Lebenslauf ist ein reicher Fundus an Nachtmahrischem und Makabrem.

Die Kindheit verbrachte er in Halle an der Saale. Der Vater, Kaufmann und dekorierter Frontoffizier des Ersten Weltkrieges, wollte den zunehmenden Nazi-Boykott seines Geschäftes nicht begreifen. Erst kurz vor Kriegsausbruch flüchtete die Familie ins Ausland, Hilsenrath mit seiner Mutter nach Rumänien.

Der Zwölfjährige bekam Privatunterricht, trat mit dreizehn der zionistischen Bewegung bei und hielt, mit vierzehn, als zionistischer Jugendführer bereits Vorträge; Romanhaftes und einige Theaterstücke hatte er auch schon verfaßt. Die relative Idylle endete jäh, als Rumäniens faschistisches Regime Pogrome entfesselte und die Juden in den rumänisch okkupierten Teil der Ukraine deportierte. In der Ruinenstadt Moghilev-Podolsk, in einem von Hunger, Typhus und sadistischer Soldateska beherrschten Ghetto, lernte Hilsenrath das »große Sterben« und »brutale Überleben« kennen – Schauplatz seines Romans *Nacht*. Hinter den russischen Befreiern, einer standrechtlichen Erschießung knapp entronnen, schaukelte Hilsenrath dann mit einem Pferdewagen nach Bukarest, besorgte sich einen gefälschten Paß und reiste über Bulgarien, die Türkei, Syrien und den Libanon ins damalige Palästina. Als Kibbuznik, Bäume-Pflanzer in der Negev-Wüste, Tellerwäscher, Nachtasyl-Bewohner und Krankenträger (Partner: Jakov Lind) schlug er sich durch die Wirren des entstehenden Staates Israel. Via Frankreich immigrierte er 1951 in die USA. In Amerika hatte er es, zunächst, nicht besser – »ich habe fast immer am Rande der Gesellschaft gelebt«. Er kellnerte in Nightclubs, schrieb in der Subway und in Nachtcafés, wurde mehrmals überfallen, hauste mit einer Kommune in den Wäldern. Mit der amerikanischen Version der *Nacht*, ediert vom größten US-Verlag, Doubleday, kam der Erfolg.

Während eines München-Aufenthalts, 1968, setzte er zum *Nazi & der Friseur* an; im Hauptbahnhof, unter Gastarbeitern wandelnd, murmelte er die Dialoge vor sich hin. Max Schulz, der SS-Scherge, nahm Gestalt an; ein antisemitischer Schüler, der ihn in Halle verprügelt hatte, stand Pate.

Fünf Väter hat der Knabe Max, denn seine Mutter, die arische Minna, war nicht gern allein. Sie glich einem »Bierfaß auf Stelzen«, diente in der deutschen Kleinstadt »Wieshalle« einem jüdischen Pelzhändler und verband sich schließlich dem Friseur und »Kinderschänder« Anton Slavitzki, dem »laut Gerüchten der Schwanz bis übers Knie hing«. Gegenüber Slavitzkis schmuddeligem Laden hat der Jude Chaim Finkelstein seinen Friseursalon, genannt »Der Herr von Welt«. Finkelsteins Sohn Itzig, zur gleichen Stund geboren wie der krummnasige, froschäugige Max, ist von Gestalt ein Bild von einem Arier, gradnasig und blond; die Knaben werden Freunde. In einem Monolog, gerichtet an den Leser und wechselnde Personen, erzählt Max seine monströse Simpliziade. Eigentlich soll es ein »Märchen« werden, sagt Hilsenrath, denn Max hat, nach einer Vergewaltigung durch Slavitzki, einen »Dachschaden«; doch die krude Wirklichkeit bricht immer wieder durch. Maxens Erweckung aus kleinbürgerlichem Frust geschieht, als auf Wieshallens höchstem Punkt, dem »Ölberg«, der Führer spricht. Er predigt: »Selig ist der Stock in der Hand des wahren Meisters.« Max, der Geprügelte, meldet sich zur SA, sodann zur SS, im KZ »Laubwalde« wird er zum Henker der Familie Finkelstein. Nach dem verpatzten Endsieg kehrt Max heim ins zerbombte Reich. Bei einer vetteligen Frau Holle, an ihrem Holzbein hat sich ein perverser US-Besatzer gerade zu Tode gevögelt, faßt Max Fuß und wieder Tritt: Mit seiner Kriegsbeute, einem Sack ausgebrochener Goldzähne, macht er Karriere als Schwarzhändler. Aber »das Leben ist grausam, nicht mal die Sommervögel haben es leicht«: Irdische Gerechtigkeit fürchtend, beschließt Max, ein anderer zu werden, Itzig Finkelstein. In einer Odyssee aus infernalischen Schnurrpfeifereien und rabenschwarzem Slapstick verwandelt sich Max in sein Opfer: Ein meisterliches Vexierspiel über Schuld und Sühne – Mörder und Gemordeter werden identisch, »es gibt keine Lösung«.

Hilsenrath nennt sich einen »sehr religiösen Menschen – das hat mit Gott nichts zu tun«. Er nennt sich auch »sehr vergangenheitsbewußt – aber ich bin damit fertiggeworden«. »Ich bin ein Jude deutscher Kultur«, sagt Hilsenrath. Er will »sein Liebesverhältnis« zur deutschen Sprache weiterführen und vorläufig in Deutschland bleiben. Der junge »Literarische Verlag Braun«, der den *Nazi* als Top-Titel seines Programms herausbringt, wird auch *Nacht* wieder auflegen, und Hilsenraths dritter Roman ist schon abgeschlossen. Er handelt von einer amerikanischen Kapitalistin, die bei einer Reise nach Moskau von einem Dissidenten bekommt, was ihr immer gefehlt hat: einen Orgasmus.

## **Friedrich Torberg** | *EIN FREISPRUCH, DER KEINER IST*

Es hilft nichts. Da ich zur großen Zahl der von jener Zeit Betroffenen gehöre und – wie Hilsenrath selbst – zur wesentlich geringeren Zahl der Überlebenden, kann man von mir nicht verlangen, daß ich auf ein Buch wie dieses unpersönlich reagiere. Man wird mir in Bezug auf

Geschichten und »Nazi« – Themen, oder gar mit »Nazi und Juden« – Themen, eine gewisse Empfindlichkeit zugestehen müssen. Und wenn ich in der publizistischen Resonanz auf die (reichlich verspätet und in einem nicht eben angesehenen Verlag erschienene) Originalausgabe von Hilsenraths *Der Nazi & der Friseur* zu lesen bekomme, daß es sich – natürlich im Sinne großer Traditionen – um einen »Schelmenroman« handelt, zucke ich zusammen. Schelmereien vor dem Hintergrund von sechs Millionen Leichen? Das kann nicht gut werden.

Es fängt auch gar nicht gut an. Das Mißtrauen, mit dem ich an die Lektüre des Buchs heranging, erhielt immer neue Nahrung. In einer deutschen Kleinstadt von 30000 Einwohnern, wo 1907 die Handlung einsetzt, hat ein jüdischer Friseur wohl kaum Chaim Finkelstein geheißen. Nichts gegen Finkelstein – aber Chaim? Der Mann ist Mitglied des »Deutschen Tierschutzvereins« und des »Vereins der Pflanzenfreunde« – und knallt seinen Mitbürgern, auf deren Wohlwollen er nicht nur geschäftlich angewiesen ist, einen herausfordernd jüdischen Namen ins Gesicht?

Nun, sei's drum. Er kommt aus Galizien und will den Chaim, den seine zweifellos frommen Eltern ihm mitgegeben haben, aus Pietätsgründen oder aus eigenem Frömmigkeitsbedürfnis beibehalten. Also Chaim Finkelstein. Aber daß er seinen Sohn auch noch Itzig nennt, lasse ich mir nicht einreden. Schon deshalb nicht, weil Itzig kein richtiger Name ist. Es ist eine Rufform von Isaak, mit unüberhörbarem Beiklang von Spott, und zwar von deutschem Spott. Wie ich meinen ehemaligen »Centralverein deutscher Staatsbürger jüdischen Glaubens« kenne – die Mitglieder waren größtenteils Wagner-Verehrer –, hätte der Bub vermutlich Siegmund oder Siegfried geheißen. Den Itzig glaube ich nicht. Ebensowenig glaube ich, daß in einer deutschen Kleinstadt mit gezählten 90 Juden eine »Jüdische Rundschau« erscheint, noch dazu täglich; daß es dort einen jüdischen Kegelclub gibt; daß das Hebräisch der Synagogengebete spaniolisch ausgesprochen wird statt aschkenasisch; und so noch manches mehr. Das sind, bitte vielmals, keine Haarspaltereien. Wenn ein jüdischer Autor eine Konfrontation zwischen Nazi und Juden zum Thema eines Romans macht, dann habe ich den Anspruch darauf, daß er sich in jüdischen

Dingen halbwegs auskennt. Dann muß es auch mit scheinbaren Kleinigkeiten stimmen. Sonst stimmt das Ganze nicht.

Diese Angst, daß es nicht stimmen könnte, daß der Autor sich übernommen hätte, daß er seinem Vorhaben nicht gewachsen wäre, hat mich während der ganzen Exposition begleitet, während der ganzen Entwicklungsgeschichte der Knabenfreundschaft zwischen dem kleinen Itzig und dem kleinen Max Schulz, dessen Stiefvater einen andern, arg unter Finkelsteins übermächtiger Konkurrenz leidenden Friseurladen besitzt. Ich hatte sogar Mühe, mich mit der dichterischen Freiheit, auf die nun wiederum Hilsenrath Anspruch hat, abzufinden und zu akzeptieren, daß der kleine Max wie die »Stürmer«-Karikatur eines Judenbuben aussieht, indessen der kleine Itzig zur Traumfigur eines blonden, blauäugigen Ariers heranwächst. Hingegen leuchtete mir ohne weiteres ein, daß Klein-Max, als Lehrling im Salon Finkelstein beschäftigt, bald auch im Elternhaus seines Freundes lieb Kind ist, ihn manchmal in die Synagoge begleitet, am kulinarisch gesegneten Ritual der jüdischen Feiertage teilnimmt und sich insgesamt jene intern-jüdischen Kenntnisse aneignet, die ihm späterhin so infam zunutze kommen werden. Denn Hilsenrath läßt sich nicht zur naheliegenden Juxtaposition der wahrlich billigen Klischees verleiten, läßt nicht etwa den blonden Recken Itzig unterm Naziregime eine arisch getarnte Karriere machen. Er wählt die schwierigere, in ihrer abstrusen Originalität erst recht überzeugende Umkehrung: Max Schulz wird Jude. Er wird es, nachdem er zuvor ein wilder Nazi geworden war, der in Hitlers Uniform an der Ostfront viele Tausende von Juden liquidiert hat (vielleicht befand sich sein Freund Itzig unter ihnen) und dem nach Schluß des von den Juden gewonnenen Krieges die Flucht ins zerbombte Berlin glückt, wo er seinen geheimen Schatz, einen Sack voller Goldzähne, in Dollars verwandelt und auf dem schwarzen Markt zu großem Geld und großer Macht gelangt – nicht mehr als Max Schulz, sondern als Itzig Finkelstein. Die nötigen Papiere weiß er sich zu verschaffen, und die KZ-Nummer, die er sich auf den Unterarm tätowieren läßt, ebnet ihm alle weiteren Wege im Nachkriegsdeutschland eines grotesken Talmi-Philosemitismus.

Und dann überdreht Hilsenrath seinen bitterbösen Kunstgriff um eine Spirale, die ihn endgültig legitimiert: Als die Schwarzmarktherrlichkeit zusammenbricht und dem falschen Finkelstein der Boden unter den Plattfüßen zu brennen beginnt, geht er – der nicht müde wird, sich in seinen monologischen Berichten an den toten Itzig als »Massenmörder« Max Schulz zu bezeichnen – mit einem illegalen Einwanderertransport nach Palästina. Schon auf dem Schiff macht er sich als Friseur nützlich und als Kenner jüdischer Bräuche beliebt, arbeitet dann in einem Kibbuz, was ihn jedoch bei aller Bewunderung für den Idealismus der Pioniere nicht recht befriedigt, besinnt sich auf seinen erlernten Beruf, nimmt in einem städtischen Friseurladen eine Stellung an, führt patriotische Reden, wird Mitglied der damals aktiven Untergrund-Organisationen, beteiligt sich am Überfall auf eine englische Kaserne, jubelt wie alle anderen Juden über die Staatsgründung und kehrt als Held aus dem Befreiungskrieg zurück, der Massenmörder Max Schulz als jüdischer Freiheitsheld Itzig Finkelstein.

Happy-End? Triumph des Zynismus? Höhnisches Fazit der Austauschbarkeit so unaustauschbarer Grundphänomene wie »Jude« und »Arier« oder wie »Wahrheit« und »Lüge«? Nichts an alledem. Hilsenrath läßt seinen Nazi und Friseur weder zur Ruhe kommen noch unter wohlfeilen Gewissensbissen leiden (obgleich die Phantasiegespräche mit den Baumkronen im »Wald der sechs Millionen« nahe daran sind), sondern er erbringt den unwidersprechlichen, in zahllosen »Naziprozessen« unwidersprochenen Nachweis, daß Verbrechen, die ein bestimmtes Ausmaß überschreiten, sich eben dadurch der irdischen Gerichtsbarkeit entziehen. In einer gespenstischen Pseudogerichtsverhandlung, die der allseits als Itzig Finkelstein bekannte und beliebte Massenmörder im nächtlichen Friseurladen mit einem vergreisten, aus Deutschland stammenden Amtsgerichtsrat veranstaltet (»Nehmen sie an, ich wäre Max Schulz...«), wird der Freispruch gefällt, der keiner ist. Da der Tod keine Buße wäre für das, was Max Schulz getan hat, wird Max Schulz weiterleben. Nicht mit der Angst, entdeckt zu werden. Mit der Angst seiner Opfer, bevor sie starben. »Soll das die gerechte Strafe sein?« fragt er sich. Und die hoffnungslose Antwort lautet: »Nein.«

Das ist es, was Hilsenraths Roman dartut, das ist die aus amoralischen Voraussetzungen zutage tretende Moral. Die Entlarvung der klischierten Vorurteile, an denen unser Dasein krankt, erfolgt gewissermaßen nebenher und bedeutend schlüssiger, witziger, schauerlicher als in der mißglückten *Andorra*-Parabel des ideologisch blokkierten Max Frisch. Wie sich in diesem Buch denn überhaupt aus Witz und Schauer eine Schlüssigkeit ergibt, die in der mir bekannten Literatur von vergleichbarer Thematik kein Gegenstück hat.

## **Heinrich Böll** | *HANS IM GLÜCK IM BLUT*

Während sich die Auseinandersetzung mit Hitler in immer höheren und damit immer feineren Gefilden verliert, vergißt man jene denkwürdige Menschensorte, die man ohne Einschränkung Nazis nennen muß, eine deutsche Variante des *homo sapiens*, ohne die Hitler seine Karriere nicht hätte machen können. Wo soviel Grausiges geschehen ist, von dem kaum einer »etwas gewußt«, das keiner »gewollt« hat, fragt sich einer natürlich, wer hat denn getan, was kaum einer gewußt und gewollt hat? Wer etwa war »gewissenhaft« genug, die mörderischen Befehle auszuführen und »gewissenlos« genug, um mit einem Sack voller Goldzähne als Kriegsbeute heimzukehren? Die Rede ist von Edgar Hilsenrath: *Der Nazi & der Friseur*.

Hilsenrath nennt seinen Helden schlicht einen Nazi. Das ist wohltuend, wenn auch unakademisch. Denn, was *vulgo* Nazis waren (und sind), sind natürlich historisch-objektiv die Nationalsozialisten, damit, durchaus korrekt, auf eine Weise veredelt, über die man streiten kann.

Hilsenrath bedient sich nachweisbar historischer Fakten: des Antisemitismus, der Arisierung, der Morde in den Konzentrationslagern, des politischen und moralischen Wirrwarrs der Nachkriegsjahre. Seinen Helden, diesen grausigen Max Schulz, der einen abenteuerlichen Weg des Überlebens findet, könnte man sich vor den Schranken eines KZ-Prozesses vorstellen: gebrochen, grau, ein zittriger Pensionär, der nach dem Krieg wieder Haare schnitt und Bartstoppeln rasierte; vielleicht mitleiderregend, weil keiner ihm so recht zutrauen würde, daß er getan hat, was er getan hat. Kein Höss, kein Himmler, kein Heydrich, kein Eichmann – schweigen wir von Hitler, den man mal eine

Weile vergessen sollte, um sich der Nazis erinnern zu können – ein blutrünstiger, brutaler XY, den man am besten gar nicht soziologisch einordnet, weil sich die eine oder andere Gesellschaftsschicht zu sehr belastet oder entlastet fühlen könnte. Anfällig für verschwommene Parolen, auch für deren Opportunität, tausendfacher Mörder, der mit seinem Sack voller Goldzähne heimkehrt.

Ich gestehe, daß ich die Ekelschwellen in den ersten Kapiteln des Buches nur mühsam überwunden habe; erst später glaubte ich mir über deren Funktion klar zu sein. Ein Dickicht von Greueln und Abscheulichkeiten, durch die man hindurch muß, notwendigerweise; nein, nichts Edles, weder Edelnutten noch Edelnazis, keine Andeutung von Nachkriegsromantik. Die Vorkriegsnutte Minna Schulz, Max' Mutter, die einbeinige SS-Witwe Frau Holle, die sich um des lieben Fressens willen für einen Ami hinlegt; die polnische Hexe Veronja (kein »schönes Polenkind« und weder jung noch prüde); die Berliner Schwarzmarktgräfin; dieser Schulz, der von der Familie Finkelstein als Junge nur Gutes erfuhr, mit in die Synagoge ging, Hebräisch und Rituelles lernte, von Finkelstein zu einem guten Friseur ausgebildet wurde und doch seinen Jugendfreund Itzig und die ganze Familie Finkelstein umbrachte. Damit sind die düstersten Märchen mit zeitgeschichtlichem Material ausgestattet, der Nazi Schulz, der wie ein Jude, der Jude Itzig Finkelstein, der wie ein reiner Arier aussieht; der amerikanische Major, der's mit zweibeinigen Frauen nicht mehr kann, mit der einbeinigen Frau Holle aber ein bißchen zu ausgiebig der einbeinigen Venus opfert, stirbt, tagelang als Leiche im Keller liegt, bevor der routinierte Max Schulz, der neben ihm seinen Sack mit Goldzähnen abstellt, ihn »diskret beseitigt« – obszön das alles und grotesk, doch nicht einmal in Ansätzen pornographisch; brutal, »übertrieben« – und nirgendwo schlüpfrig; umgekippte Märchenfiguren, bis zum Äußersten unhold, in äußerst unholden Verhältnissen. Vielleicht ist das die einzig mögliche Antwort auf die penetrante Versachlichung, die so viele Sachen ausläßt: Goldzähne zum Beispiel, auf die man vielleicht den Dietrich-Song variieren könnte: Sagt mir, wo die Zähne sind, wo sind sie geblieben? Wer weiß schon, wieviele Nachkriegsvermögen und -karrieren auf so unholdem Besitz gegründet wurden? Wahrscheinlich ist es gut, daß Hilsenraths

Buch erst *jetzt* erscheint, wo die Versachlichung der Nazizeit an so vielen *Sachen* vorbeisieht.

Wenn man die Ekelschwelle überwunden hat, wird man Zeuge fast eines Wunders. Schulz, mit seinen Goldzähnen inzwischen in Berlin, glaubt, weil die Deutschen den Krieg verloren haben, die Juden hätten den Krieg gewonnen – er, der die Wehrlosen jahrelang ermordet hat; und er *macht* sich, um als unverbesserlicher Opportunist auf der Seite der Sieger zu sein, zum Juden, läßt sich, von einem Nazi, eine KZ-Nummer eintätowieren, läßt sich, von einem Naziarzt, beschneiden, nimmt die Identität seines Jugendfreundes Itzig Finkelstein an, und da er ja »jüdisch« aussieht, während Itzig »arisch« aussah, gelingt die Verwandlung.

Auf die grausamste Weise wird ihm im Milieu der Schwarzmarktgräfin klargemacht, daß die Juden keineswegs den Krieg gewonnen haben, daß er sich – wie es Opportunisten, besonders im Märchen, häufig geschieht – getäuscht hat. Illegal wandert er nach Palästina aus (oder ein), auf einem Schiff, das (überflüssigerweise) »Exitus« heißt. Er wird wieder Friseur, das hat er bei Finkelsteins gelernt, kämpft sogar im Untergrund gegen die britische Armee. Nach einer fast platonischen Liebesbeziehung zu der liebenswürdigen, aber gestörten Hanna Lewinsohn, die er auf dem Schiff kennengelernt hat (nichts mehr von dem wildwuchernden Genitalismus) heiratet er die dicke Mira Schmulewitsch, erwirbt den Salon, in dem er Gehilfe war, gründet, da er Nachforschungen über seine Herkunft natürlich zu fürchten hat, eine »Anti-Wiedergutmachungsliga«, eröffnet mit einem deutschen Richter einen Prozeß gegen sich selber und verbringt seinen Lebensabend in der Nähe des »Waldes der sechs Millionen«, einer Pflanzung zum Gedächtnis der von den Nazis ermordeten Juden.

Das könnte fast nach *Happy-End* klingen. Das könnte den Roman *Der Nazi & der Friseur* fast zu einem mit Tannenzweigen verpackten »Weihnachtsbuch« machen, das man beim »Klingelingeling« aufschlägt. Ich rate von dieser Vorstellung ab; ich habe kein fix und fertiges Urteil über dieses Buch, frage mich nicht nur, ob's »gelungen« ist, sondern auch, ob es überhaupt »gelingen« konnte, dieses heikle, waghalsige Unternehmen und denke, daß es angesichts der Waghalsigkeit nicht so ganz mißlungen ist, spricht für den Autor, seine Sprache, die wild wuchert und doch oft genug trifft, eine düstere und auch eine stille Poesie entfaltet.

Diesen blutbesudelten »Hans im Glück« mit seiner Goldlast durch die Zeiten zu bringen, diesen grauslichen Max Schulz als Itzig Finkelstein in Israel durch seiner Hände – nicht seiner Mörderhände – Arbeit zu bescheidenem Wohlstand, zu seiner dicken Mira zu bringen, da will das »und wenn sie nicht gestorben sind«, nicht so recht heraus. Das Gruselspiel war ja kein Spiel, es ist durch Hilsenrath wirklich geworden, und es hat sie ja wohl doch gegeben – oder? – diese Nazis, die getan haben, wovon keiner gewußt, was keiner gewollt, und wenn man alles vergessen sollte: die Goldzähne und die, die sie einmal getragen haben, vergißt man nicht, wenn Schulz-Finkelstein da im Wald der sechs Millionen spazieren geht.

# Bronskys Geständnis (1980)

## **Ingeborg Drewitz** | *ÜBERLEBEN IN NEW YORK*

Mit seinem neuen Roman *Bronskys Geständnis* hat Hilsenrath wieder zur autobiographischen Aufarbeitung gefunden. Der Waschzettel verheißt nicht völlig zu Unrecht das Gegenstück zu seinem Roman *Nacht*, der präzisen, krude realistischen Beschreibung des Lebens im rumänischen Ghetto während des Zweiten Weltkrieges. Jakob Bronsky, als Sohn eines jüdischen Möbelhändlers in Halle an der Saale geboren, ist in den frühen fünfziger Jahren endlich in den USA, in New York, und dabei, seinen ersten Roman zu schreiben, um sich von den brutalen Erinnerungen zu befreien. Aber er lebt nicht etwa in einem Zimmer mit Schreibtisch, sondern als ganz armer Hund, für den schon die Graupensuppe in der Emigrantencafeteria ein Luxus ist, der nachts, nachdem die meisten Gäste gegangen sind, dort am hintersten Tischchen Kapitel um Kapitel schreibt. Und der immer wieder jobben muß, um weiterschreiben, weiterleben zu können. Jobs, die eine Agentur für die Penner in der Warren-Street ihm vermittelt: Kellner für eine Nacht, Nachtportier-Urlaubsvertretung, Hunde reicher Leute aus der Park-Avenue ausführen. Oft muß sich Jakob, ohne Fahrgeld zu bezahlen, bis zur Agentur durchmogeln, und er lernt, die verschiedensten Penner-Tricks anzuwenden, um die Einkünfte aus den Jobs zu erhöhen. Seine sexuellen Bedürfnisse kann er aus Geldmangel nur mit den billigsten Nutten befriedigen.

Der grausame New Yorker Alltag für die Ärmsten, Verkommensten, Recht- und Hilflosesten, die Penner, die Schwarzen, die Puertoricaner – das ist Bronskys Arbeitsumgebung. Wahrhaftig ist auch die Tristesse der Emigrantenszenerie der Unberühmten, Mittellosen; Rechtsanwälte, die als Packer arbeiten, der Mann, der Abend für Abend Luftpostbriefe schreibt (seine Familie ist im Gas umgekommen), die alten Damen, die sich mit Zimmervermieten durchschlagen, aber nur in der Emigrantenzeitung inserieren, nur Emigranten nehmen und da schon mal ein Auge zudrücken, wenn die Miete nicht pünktlich gezahlt wird, weil sie sich mit Recht in New York fürchten. Elend und Mitmenschlichkeit – Hilsenrath gelingt es wieder wie im Roman *Nacht* darzustellen, wie nahe beides zusammengehört, wie intakt die Moral der Heruntergekommenen ist, auch wenn sie sich die hemmende Wohlanständigkeit nicht leisten können. Anders noch – und darum bemitleidenswerter – die armen Emigranten, die versuchen, ihre Lebensart noch im Elend zu bewahren und Bronsky auf hilflos rührende Weise zu unterstützen versuchen, ja, ihn bewundern, als sie erfahren haben, daß er an einem Roman schreibt.

Anders als im genannten ersten Roman hat Hilsenrath sich aber nun schon in der Satire erprobt (*Der Nazi & der Friseur*), und so hat er den neuen Roman als Satire angelegt. Er beginnt nämlich mit einem verzweifelten Brief von Bronsky an den amerikanischen Generalkonsul in Berlin nach den Ausschreitungen des 9. Novembers 1938, der sogenannten Kristallnacht, die die Familie Bronsky schwer getroffen hat, und der Bitte, den Bronskys möglichst rasch die Einreisepapiere für die USA zu übersenden. Nach Monaten kommt die Antwort aus Berlin mit dem Hinweis, daß die Aufnahmequoten für Einwanderungswillige festgesetzt seien und der Ansturm einwanderungswilliger Juden so groß, daß die Bronskys wohl erst in dreizehn Jahren mit der Einwanderung würden rechnen können, wenn sie die für die Befürwortung notwendigen Bürgen nennen könnten. Und richtig – nach dreizehn Jahren, nach Genozid und Weltkrieg, kommt der Überlebende Jakob Bronsky als Greenhorn in die USA und (erfundener Zufall) hat denn auch den Hund eines alten, fast erblindeten Konsuls auszuführen, an den sich für ihn die Geschichte der Vertröstung von 1939 anbinden läßt.

Hilsenrath schreibt zu Beginn seines Buches, daß er bewußt Dichtung und Wahrheit vermischen wolle, auch wenn er auf den Brief seines Vaters Bezug nehmen würde. Ich hätte es im Interesse der Wahrheitsfindung für richtiger gehalten, wenn Hilsenrath in diesem leider gar nicht besonderen Fall der Familie Bronsky dokumentarisch verfahren wäre, um ein noch unaufgearbeitetes Kapitel Vergangenheit zu erhellen, den Widerspruch von Humanität und Bürokratismus bloßzustellen und damit ein ganzes Stück Nachkriegsgeschichte neu zu definieren.

Nun, Hilsenrath hat sich für die Spielform der Satire entschieden, den verdeutlichenden Effekt der Satire aber nicht voll genutzt, sondern, motiviert vom Wunsch, die brutale Härte der Story aufzubrechen, seine Möglichkeiten als Autor ausgeschöpft. Er erzählt einer berühmten Fernsehpsychologin seine Überlebensgeschichte; er beschreibt seine Geburt aus der Sicht des Embryos im Mutterleib; er stellt sich den schriftstellerischen und den Erfolg bei der Chefsekretärin eines berühmten New Yorker Verlages vor; er erfindet eine vergnüglich-bittere Heiratsanzeigen-Episode. Dialogpartien wechseln mit erzählerischen Passagen, die Story wird bald unter die Lupe genommen, bald verfremdet. So entsteht eine Realität in der Realität, ungeschönt kraftmeierisch, aber gerade dadurch ohne Larmoyanz, ohne Elendsprotzerei. Trotz mancher Déjà-vu-Effekte in der Schilderung des Submilieus ein kräftiger Roman, wenn auch nicht die Anklage Amerikas – wie es im Waschzettel ein wenig saison-modisch heißt –, weil Hilsenrath aus erzählerischer Lust die Anlage des Buches nicht voll durchgehalten hat. Dennoch auffallend zwischen vielerlei selbstquälerischer Erfindungsarmut.

# Das Märchen vom letzten Gedanken (1989)

## **Karl-Heinz Götze** | *1001 NACHT DER LANGEN MESSER*

Märchen beginnen mit dem Satz »Es war einmal« und gehen gut aus: »Und wenn sie nicht gestorben sind, dann leben sie heute noch.« Also wäre Hilsenraths *Märchen* kein Märchen, denn sein epischer Moment ist der letzte. In diesem letzten Moment setzt die Erzählung ein: »Ich bin der Märchenerzähler in Deinem Kopf. Nenne mich Meddah. Und nun sei ganz stille, Thovma Khatisian. Ganz still. Denn es dauert nicht mehr lange. Bald ist es soweit. Und dann – wenn deine Lichter allmählich ausgehen – werde ich Dir ein Märchen erzählen.« »Was für ein Märchen, Meddah?« »Das Märchen vom letzten Gedanken. Ich werde zu Dir sagen: Es war einmal ein letzter Gedanke. Es saß im letzten Angstschrei und hatte sich dort versteckt.«

Für ein Märchen also fängt der Text falsch an. Er geht auch schlecht aus. Jedenfalls für die Armenier. Nicht für die Türken, nicht für die Kurden und auch nicht für die Russen, die Engländer, die Amerikaner und die Deutschen. Für die Armenier aber gilt: Da sie gestorben sind, leben sie heute nicht mehr. Vielmehr: es leben nur noch wenige. Die toten Armenier leben nur im Märchen weiter, immerhin – und womöglich in den Alpträumen ihrer Mörder. Wie der fiktive Augenblick, aus dem sich die Erzählung entfaltet, der letzte vor dem Tod ist, so ist der historische Augenblick, mit dem sie einsetzt, der Augenblick vor dem ersten Genozid dieses Jahrhunderts, der Ausrottung des armenischen Volkes im Jahre 1915: »Und bald fing das große Massaker an.« Von welchem Massaker sprichst Du?» «Von dem bevorstehenden... das ich Holocaust nenne.» «Holocaust?» «Holocaust.»

Thovma Khatisian und der Meddah in seinem Kopf sind Augenzeugen, Augenzeugen, die in ihrem letzten Augenblick vom letzten Augenblick des armenischen Volkes berichten. »Es war ihm also bestimmt, Augenzeuge zu sein?« »Es war ihm bestimmt.« »Und das nennst Du Glück?« »Ich nenne es Glück.« Wer sonst sollte berichten, wenn nicht der Märchenerzähler? Die Großmächte haben damals die Augen geschlossen. Und selbst Gott in seiner Allmacht hat nichts gesehen: »Und ich sage dir: Gott hat Glasaugen.« Und warum erzählt der Märchenerzähler gerade diese Geschichte, obgleich im Augenblick des Todes wahrlich Tröstlicheres denkbar wäre? »Ich erzähle dem Schweigen die Geschichte des Völkermords. Ich machte das Schweigen darauf aufmerksam, wie wichtig es sei, daß man offen darüber sprach.« Aber auch das ist nur eine Wahrheit, nur ein Motiv. Ein anderes ist der Impuls, die Totenstarre zu überwinden, die der Blick auf den Schrecken nach sich zu ziehen droht. Thovma Khatisian will nicht sterben wie Lots Weib, und er will nicht in Ungewißheit sterben: »Dann werde ich ohne Angst sterben?« »Du wirst nicht in Ungewißheit sterben.« »Ist das dasselbe?« »Das ist dasselbe.«

Thovma Khatisian will auch nicht ohne eine Familie sterben, nicht ohne Wurzeln und Tradition: »Ich habe mir 60 Jahre lang von Überlebenden des Massakers Geschichten erzählen lassen... und aus den vielen Geschichten habe ich mir dann meine eigene zurechtgebastelt. Und so hatte ich dann eines Tages eine echte Familiengeschichte. Ich kannte meine Wurzeln. Ich hatte wieder einen Vater und eine Mutter und hatte viele Verwandte. Ich hatte auch einen Namen und eine Tradition.« Den Vater finden Thovma Khatisian und sein allwissender Meddah im Gefängnis von Bakir, im Frühjahr 1915, an den Füßen aufgehängt, unter ihm der Hundekopf, den er nicht essen wollte, bis zur Bewußtlosigkeit gefoltert und in dieser Bewußtlosigkeit von einem Folterknecht in den Mund gefickt. Man hat noch Großes mit ihm vor, denn die moderne, fortschrittliche, gerechte, übrigens westlich orientierte Regierung des Jungtürken Enver Pascha braucht ihn, um die Fiktion einer armenischen Weltverschwörung den westlichen Zeitungen glaubhaft machen zu können.

Der Meddah führt uns gemächlich, wie es die Art der Märchenerzähler ist – aber niemals langweilig –, durch die Geschichte des armenischen Volkes um den Berg Ararat, wo die Arche Noah gelandet ist; des armenischen Volkes, das als erstes das Christentum als Staatsreligion annahm und darum von seinem Gott zum Leiden vorgesehen wurde. Als Wartan Khatisian, der Vater, von der Gefängnisdecke baumelt, leben noch fünf Millionen Armenier, vier Millionen auf der türkischen Seite, eine Million auf der russischen, obwohl ihnen die Türken und die Kurden in Allahs Namen bei gelegentlichen Massakern immer mal wieder die Bäuche aufschlitzen und die Schwänze abschneiden. Die Armenier überleben es immer wieder, sind tüchtig, schlau, geschickt. Sie zahlen Steuern an die Kurden und die Türken, dennoch bleibt den meisten von ihnen noch ein Goldstück, um es im Stiefelabsatz zu verstecken, als eiserne Ration, wenn man wieder einmal plötzlich fliehen muß. Kurz: sie sind wie die Juden. »Diese beiden Völker sind fast zum Verwechseln. Es ist unglaublich.« Der Meddah kennt auch die Familiengeschichte der Khatisians, er kennt sich aus mit den Sitten des Brautmästens und den fremdartigen Verhältnissen des Morgenlandes. Was erzählt wird, ist spannend, farbig und fremdartig wie die *Märchen aus 1001 Nacht*. Nur eines eben ist nicht fremdartig für uns: die Geschichte des Genozids, der »endgültigen Lösung des Armenierproblems«.

Es beginnt mit einem »getürkten« Waffenfund im armenischen »Ghetto«, und dann funktioniert der Plan mit (dort) nie gekannter Gründlichkeit. Die Männer werden erschossen und erschlagen, die Frauen und Kinder durch die Berge in die syrische Wüste geführt. Spezialeinheiten leiten die Angelegenheit, Polizisten tun das ihre, Mörder werden aus den Gefängnissen entlassen und stellen ihre Kenntnisse in den Dienst des Staates, die Kurden metzeln ab, was noch übrigbleibt. Bevor die Fastenzeit beginnt, ist das »internationale Armeniertum« ausgerottet, sind die Städte »armenierfrei«. Nur Wartan Khatisian, Thovmas' Vater, kommt noch eine Weile davon, überlebt die türkische Niederlage, kämpft auf der Seite der Roten Armee, kommt nach Sibirien und dann ins Schweizer Exil. Von dort aus läßt der Meddah ihn 1940 nach Polen aufbrechen, um mit seinem Schweizer Paß jüdisches Eigentum während des nächsten Genozids in Sicherheit zu bringen. Der Paß geht verloren, und Wartan endet in Auschwitz. Juden und Armenier sind eben leicht zu verwechseln.

Verbindet man auf der Landkarte Bakir, wo unser Märchen beginnt (falls Sie es aus den erwähnten Gründen nicht finden, helfen Sie sich mit dem Berg Ararat), in gerader Linie mit Auschwitz, wo das Märchen endet (und das übrigens wegen seiner geringen Größe auf deutschen Landkarten auch schwer zu finden ist), so berührt die Linie ungefähr in ihrer Mitte den russischen Fluß Dnjestr, unweit der ukrainischen Stadt Moghilev/Podolsk. Hier liegt das heimliche Erfahrungszentrum von Hilsenraths Märchen. In seinem Roman *Nacht*, der schon 1964 erschien und damals völlig unbeachtet blieb, um bei seinem zweiten Erscheinen 1978 wenigstens von der Kritik wahrgenommen zu werden, beschreibt Hilsenrath, wie er – 1926 in Leipzig als Kind jüdischer Eltern geboren, 1938 nach Rumänien, in die Heimat der Mutter geflüchtet, dann 1941 von den mit den Nazis verbündeten Rumänen für drei Jahre ins ukrainische Ghetto Moghilev/Podolsk verschleppt – das Inferno überlebte. Die gerade Linie vom ersten zum größten Genozid dieses Jahrhunderts schneidet die Lebenslinie Edgar Hilsenraths und bildet den blutroten Faden seines Erzählens von *Nacht* über den Welterfolg *Der Nazi & der Friseur* bis hin zum *Märchen vom letzten Gedanken*.

Erich Fried, gleichfalls von den Nazis zum Experten in Fragen des Genozids bestimmt, hat vor einigen Jahren bei einem Bremer Literaturgespräch über Fragen der epischen Darstellbarkeit des Völkermords den Namen von Hilsenrath neben dem von Peter Weiss genannt. Mir erschien der Hinweis damals abwegig. Zu weit liegen auf den ersten Blick die Texte des hemmungslosen Fabulierers und die des puristischen Sprachartisten auseinander. Dabei legen mindestens die Lebensläufe und die Rezeptionsgeschichte der Werke im deutschen Sprachraum den Vergleich nahe. Auch Weiss' Vater entstammt dem galizischen Judentum, auch er war Kaufmann. Weiss wuchs in Bremen und Berlin mit tschechischer, Hilsenrath in Leipzig mit polnischer Staatsangehörigkeit auf, heimatlos waren beide von Anfang an. Beide gehören später zu den Exilierten, waren aber auch unter denen noch randständig: Weiss fand seine Familie in Schweden wieder, Hilsenrath nach Etappen in Palästina und Frankreich die seine in New York. Beide kehren heim, aber die Heimkehr ist nur eine in die deutsche Sprache – auch die Übersiedlung nach Berlin, die Weiss immer wieder erwog, Hilsenrath tatsächlich vollzog, gab den Davongekommenen keine Heimat zurück. Weiss' Ortschaft hieß Auschwitz, Auschwitz, wo auch Wartan Khatisian ermordet wird. Über mehr als ein Jahrzehnt lehnten die deutschen Verlage Weiss' Texte ab, Hilsenraths grausamen, durch keinen Philosemitismus erträglich gemachten Roman *Nacht* wollten die deutschen Verlage und die deutschen Leser ebenfalls jahrzehntelang nicht haben. *Der Nazi & der Friseur*, ursprünglich auf Deutsch geschrieben, mußte erst in den USA ein Riesenerfolg werden, um hier einen (Klein-)Verleger zu finden. Das Volk, das soviel Spaß am Holocaust gehabt hatte, verübelte dem überlebenden Opfer, daß es sich des Massenmords nicht mit dem gebührenden Ernst und der gehörigen Pietät angenommen hatte. Wie Weiss, dem die Rolle des Opfers zugedacht war, sich literarisch zunächst in die Perspektive der Täter eindachte (*Die Ermittlung*), so spielte auch Hilsenrath mit dem Rollenwechsel: sein *Nazi* nimmt nach dem Krieg die Rolle des jüdischen Friseurs ein, den er (u. a.) ermordet hatte. Aber erst Hilsenraths *Märchen* bringt auch tiefgehende poetologische Gemeinsamkeiten zum Vorschein: Wie in Weiss' *Ästhetik des Widerstands* ist der Ausgangspunkt des Schreibens die Konfrontation mit dem äußersten Schrecken, hier wie dort entsteht alles aus Folter und Schmerz, hier wie dort geht es um das »Erschreiben« einer Lebensgeschichte gegen den Versuch ihrer Auslöschung, hier wie dort geht es darum, Unvorstellbares vorstellbar zu machen, hier wie dort geht es um Geschichte, die ihre letzte Wahrheit aber doch nur im fiktiven Genre preisgibt. Beide Autoren, schreibwütig der eine wie der andere, schreiben an gegen die Angst, angesichts des Schreckens zu versteinern wie Lots Weib. Ihre Schreibweise ist freilich völlig verschieden: Weiss schwankt zwischen manischem Benennenwollen und dem Versinken ins Unnennbare, von dem seine Notizbücher immer wieder zeugen. Hilsenrath hingegen spaltet sich in der Einsamkeit seines Selbstgesprächs und gewinnt im lakonischen Dialog der gespaltenen Hälften die charakteristische Form seines Schreibens: Er kann gefragt werden, und es sind Antworten möglich. Daß diese Form des Erzählens vom Antisemitismus gern als »jüdisch« attackiert wurde, sollte nicht zur gutgemeinten Ächtung der Fragestellung führen, ob nicht hier der fabulierenden osteuropäischen Literaturtradition eine Möglichkeit der Darstellung des Grauens erschrieben wurde, die sich Weiss bei vergleichbaren poetologischen Ausgangspunkten über die Aneignung der westeuropäischen Avantgardetradition erschloß.

Ein weiterer Unterschied zu Weiss ist unübersehbar: In Hilsenraths Romanen gibt es keinen Widerstand. Das ist auch die augenfälligste thematische erzählperspektivische Differenz zu Werfels (damals sehr erfolgreichem) Roman *Die vierzig Tage des Musa Dagh* aus dem Jahre 1933, der Hilsenraths *Märchen* in der literarischen Behandlung des Genozids an den Armeniern vorausging: Der Held des Romans, ein zunächst seinem Volk entfremdeter »europäisierter« Intellektueller, reift zum tatkräftigen Führer des bewaffneten Widerstands einiger armenischer Gemeinden gegen die jungtürkischen Mördergruppen. Bei Hilsenrath reift nichts, sondern schwärt allenfalls; die Tage, von denen er erzählt, sind Nächte.

Jedenfalls ist klar, daß sich Hilsenraths Fabuliertalent nicht zur Stützung der These eignet, überkommene »erzählende« Formen bis zu »erzählenden« Fernsehserien wie *Holocaust* seien eben doch – der theoretischen Intention von Adornos bekanntem Verdikt entgegen – geeignet zur Darstellung des Genozids. Man täusche sich nicht: Hilsenrath setzt auf Schock, statt auf Einfühlung; auf Wahrnehmung statt auf Sentimentalität (»Der letzte Gedanke hat versucht, die Angst seines Vaters nachzuempfinden, aber da er schon jenseits der Angst weilte, konnte er nichts empfinden«); er zielt aufs Äußerste statt aufs Innerste. Sein Märchen ist eine moderne Form. Sicher, was im Bereich der Literatur schnell Erfolg hat, hat selten Wirkung. Das ist schlecht für gute Autoren, aber gut für gute Literatur. Aber nach 25 Jahren (*Nacht* erschien zuerst 1964) wäre es an der Zeit, zu sagen, was ist: Edgar Hilsenrath gehört zu den wenigen bedeutenden deutschsprachigen Autoren der Gegenwart.

**Alexander von Bormann** | *DOKUMENTARISCHE PHANTASTIK*

Edgar Hilsenrath gehört zu unseren unberechenbarsten Autoren. Aber welch ein Schicksal hat er auch hinter sich! Und wie großartig, wenn es gelingt, seinen Lebensstoff, gerade wenn auch viel Leiden und Erleiden dazugehört, produktiv zu machen. Hilsenrath leistet das, indem er die krudesten Ton- und Stilmischungen sich zutraut und uns zumutet: Märchen, Satire, Bericht, Idylle, Schelmenroman/ »aventiure«, Pornographie, Parodie, Legende, »drübergetitelt« Roman.

1926 in Leipzig geboren, überlebte er ein rumänisch-jüdisches Ghetto in der Ukraine, entfloh der russischen Verhaftung, ging nach Palästina, nach Frankreich, in die USA und lebt seit Ende 1975 in Westberlin. Seine Romane, die diesen problematischen Erlebnisstoff grotesk-satirisch bearbeiten, wurden weltberühmt und in viele Sprachen übersetzt: *Nacht* (1978), und *Der Nazi & der Friseur* (1977). Auch im dritten Roman, *Bronskys Geständnis* (1980), beginnt die Vorbemerkung noch mit dem Satz: »Ich habe mit diesem Buch versucht, meine eigene Geschichte zu schreiben.« Um so gespannter war man, wie die Arbeit an einem zwar verwandten, aber doch etwas entlegenen Stoff – dem Völkermord, den die Türken 1915/16 an den Armeniern begangen haben – gelingen würde. Es ist, um mit der Tür, also dem Urteil, ins Haus zu fallen, ein ganz großer Roman geworden, ein Werk, wie es nicht alle Jahre vorkommt, eine Erzählung von sehr besonderem Rang. Mit Recht hat Hilsenrath den Döblin-Preis 1989 für dieses Werk bekommen.

Das Thema ist prekär. Es geht um die Lücke in den türkischen Geschichtsbüchern. Die bis heute bestehende Weigerung der türkischen Regierung, den organisierten Massenmord an den Armeniern zuzugeben, führte diese bekanntlich zu terroristischen Aktionen. Hilsenraths Roman setzt ein vergleichsweise friedliches Bild für die Leistung des Erzählens ein: das Entstauben. Da trifft der Held des Romans in einer grotesken Szene den ehemaligen türkischen Ministerpräsidenten, der nun Archivar beim Vereinten Völkergewissen ist: »Das Vergessen soll man nicht entstauben, sagte der Archivar. Es ist zu gefährlich.« Das ist eine Anspielung auf die Weigerung der UNO, das Thema zuzulassen, das so viele Bezüge auch zur eigenen Geschichte des Autors hat.

Der Titel *Das Märchen vom letzten Gedanken* erläutert sich aus der Erzählweise, die Hilsenrath gewählt hat. In jahrelangem Studium ist er so vertraut mit seinem Stoff geworden, daß er es wagen konnte, sozusagen auf armenisch zu erzählen. Die Hauptperson heißt

Thovma Khatisian. Nun ist es ganz unwahrscheinlich, daß es glücken könnte, einen so gewaltigen, auch gewalttätigen Stoff an eine Hauptperson zu binden. Doch wie das seinerzeit Werfel gelang, so schafft Hilsenrath das in seiner Weise, indem er die Figur öffnet, zur Vor- und Nachgeschichte hin, zum Mythos, zu anderen Vorstellungs- und Existenzweisen. Ein Meddah trägt die Erzählung: ein armenischer Märchenerzähler in Thovma Khatisians Kopf. Der erzählt ihm *Das Märchen vom letzten Gedanken*. Es ist der Moment von Thovmas Sterben, der letzte Gedanke sitzt im letzten Angstschrei und hält sich dort versteckt. Mit diesem wird er ins Freie segeln, nach Hayastan, dem Paradies der Armenier, das Hilsenrath schon in den ersten Sätzen aufklingen läßt. Sein Stoff wäre unerzählbar, nähme er nicht diese urtümlichen Glaubenselemente mit. Hilsenrath stuft sein Erzählen, wie es im Orient wohl üblich ist, und zieht jene Register, die wir vorher schon andeuteten. Das ist nicht Kunst um der Fertigkeit willen. Wenn ein Volk großteils ausgerottet ist, verliert es zugleich seine Geschichte. Wie wichtig werden dann die Erzählungen! Aber wie widersprüchlich fallen sie auch wiederum aus, die doch die Wahrheit bezeugen sollen! So gibt der Meddah mehrere Versionen von Thovma Khatisians Geburt, und wir begreifen: sie alle haben recht, Wahrscheinlichkeit ist mehr als Wahrheit, schließt sie doch die Geschichte der anderen mit ein. »Für die Welt der Vorstellung registrieren«, das begreift der Meddah als seine Aufgabe.

Hilsenraths Roman hat sich an diese Arbeit gemacht. Am Schicksal vor allem der Eltern Thovma Khatisians und deren großer Familie zeigt er, was das Massaker an den Armeniern bedeutete, einen Massenmord, den keiner begriff. Der Bezug auf die deutsche Geschichte ist überdeutlich, wenn auch nicht gesucht. – Ähnlich hatte auch Franz Werfels Roman *Die vierzig Tage des Musa Dagh*, der zum gleichen Thema 1933 erschien, eine Verbindung zum Zeitgeschehen gelegt. Im Vorwort wird als Absicht des Autors genannt, »das unfaßbare Schicksal des armenischen Volkes dem Totenreich alles Geschehenen zu entreißen«. Die Leser im Dritten Reich, die Juden zumal, haben Werfels Buch auf ihre Situation bezogen. Doch finde ich Hilsenraths Roman dem Werfels bedeutsam überlegen: er ist historischer und poetischer zugleich. Er ist im einzelnen auch schmutziger: es kommen alle jene Praktiken zur Sprache, die zur Unterdrückung, schließlich Ausmerzung gehören. Zwar in einer orientalischen Version, aber eine Abbildung auf die Judenverfolgungen hin liegt doch nahe, schon durch die planerische Intensität, die Hilsenrath mit aktualisierendem Vokabular hervorhebt; von einer »Sonderorganisation« ist die Rede, von »Rasse«, »Blut«, dem »internationalen Armeniertum« und »endgültigen Maßnahmen«.

Mit einer ganz und gar abenteuerlichen Volte, wie sie fast nur die Wirklichkeit erfinden kann, läßt Hilsenrath den Vater Thovmas, Wartan Khatisian, doch noch in einem deutschen KZ umkommen. Wartan wird im zweiten und dritten Teil des Romans fast die Hauptfigur, und auch das ist dem historisch-ästhetischen Takt des Erzählers geschuldet. Wo Thovma nach seiner Herkunft fahndet und sie sich mit Hilfe des Meddah erfinden muß, wird dem Vater, Wartan, als Erwachsener in jener Zeit lebend, die Aufgabe zugemessen, konkret und selber zu forschen. Zusammen mit der alten Amme Bülbül sucht er nach seiner verschollenen, vermutlich getöteten Frau Anahit. Thovma und der Meddah kommen schließlich, fast am Ende des Romans, auf die Spur des Wartan Khatisian: der war in der Schweiz gelandet, doch 1943 schon wieder verschwunden. Das ergibt eine letzte Erzählung mit geradezu grotesker Pointe. »Manchmal«, sagt der Märchenerzähler zu seinem Schatten, »bleibt einem nichts anderes übrig, als die letzte Wahrheit in der Vorstellung zu suchen.« Zugleich verweigert das auf Zeugenschaft gestellte Buch Hilsenraths eine Sinngebung (wie sie Werfel noch versuchte). Thovmas letzter Satz lautet: »Es muß ja nicht alles einen Sinn haben.« Dennoch hatte der Märchenerzähler vorher einen versöhnlichen Gedanken, in Märchenform eben, exponiert: die Unzerstörbarkeit eines Volkes, das an seinem Glauben festhält. Das ist von den Juden her gedacht. Hilsenrath hält sich an den armenischen Mythos vom Paradies Hayastan, wo alle vereint sind, in einer »anderen Wirklichkeit, die die Flammen nicht zerstören konnte«. Und sein Roman gehört vermutlich auch dazu.

# Jossel Wassermanns Heimkehr (1993)

**Ota Filip** | *ALS DIE SCHWARZEN WOLKEN ÜBER DAS DORF ZOGEN*

Im gelobten Land am Ufer des Flusses Pruth, wo die Stadt Czernowitz liegt, einst ein Klein-Wien und Klein-Jerusalem, geschah zur Zeit, als Jossel Wassermann, der jüngste Sohn von Schloime Wassermann, des belesenen Gastwirtes aus dem Schtetl Pohodna, lebte, Wunderbares: Kaiser Franz Joseph I. wäre in Wassermanns Schenke fast an einem Salzhering erstickt, wenn ihm Jente, Jossels Großmutter, mit ihren schmutzigen, runzligen Fingern nicht den Fisch aus seinem trefenen (verstehe: nicht koscheren), weil auch Schweinefleisch essenden kaiserlich-königlichen Mund herausgezogen hätte. Einige Jahre später zog eine schwarze Wolke über das Land der frommen Juden, die ihrem Kaiser, so gut es ging, untertänigst dienten, und brachte aus Rußland Heuschrecken, Typhus, Pogrome und Tod ins Dorf mit dem slawischen Namen Pohodna, was auf deutsch »Dorf der Behaglichkeit«, aber auch »Schinderdorf« bedeutet.

Mit dem Unheil, das 1866 aus Rußland und schließlich 1939 aus Deutschland auf die Juden in der Bukowina kam, waren auch die Macht und der Zauber des Rabbi von Sadagora am Ende; und der Thoraschreiber Eisik, der dreiundachtzig Jahre nach der schwarzen Wolke und kurz bevor die Öfen in Auschwitz angezündet wurden, im Auftrag des reichen Züricher Matze-Fabrikanten Jossel Wassermann die Geschichte des jüdischen Dorfes am Flusse Pruth und der ganzen Bukowina seit 1774 und des Wunderrabbis aufschreiben sollte, saß in einem Viehwaggon und fuhr westwärts dem Tod entgegen. Alle, der Viehhändler Schmul Jankovic, der Eierhändler Feiwel Bernstein, der Sägewerksbesitzer Mottel Silbermann, der Advokat Fischl Rosenkranz, der Kaffeehausbesitzer Moische Pipik, die

Schnorrer und die Betteljuden nicht ausgenommen, fuhren ins Feuer.

Eisik hatte keine Chance; und so konnte auch Jossel Wassermann, der es in der Schweiz nicht so sehr durch seinen Verdienst, sondern durch die Heirat mit der dicken Rosa, Tochter des Fabrikanten Rob Honigmann zu Reichtum gebracht hatte, die Geschichte seines Dorfes Pohodna nicht vor dem Vergessen retten. Kurz vor dem Beginn des Zweites Weltkrieges, einen Tag vor seinem Tod, hatte er sie in Zürich seinem Rechtsanwalt und dem Notar erzählt; beide hatten ihm versprechen müssen, daß sie seinen Leichnam und sein Geld zurück nach Pohodna bringen und dem Dorf als sein Erbe überreichen, damit er dort nicht als Joseph der Karge gelte. Und sie sollten seine Erinnerungen dem Thoraschreiber Eisik überliefern, auf daß sie, von ihm aufgeschrieben, ewig im Gedächtnis der Juden bleiben. Aber zum Schluß gibt es keinen, der diese nicht aufgeschriebene Geschichte hätte festhalten können; denn das Luder namens »große Geschichte« hat es zugelassen, daß alle frommen Juden in den westlichen Öfen verbrannt wurden. Nur der Wind kann die Geschichte noch erzählen: einem deutschen Soldaten, dem Deserteur Anton Krüger. Für ihn ist sie die letzte, die er zu hören bekommt. Er hat auf der Flucht in Pohodna einen vergessenen jüdischen Kaftan angezogen und wird von der polnischen Miliz verhaftet und in den Judenzug gesteckt, der ihn in den Tod transportiert.

So hat Edgar Hilsenrath, der jüdische Erzähler, dessen Großeltern aus der Bukowina stammen, ein wunderliches Buch voll von absurdrealistischem Humor und Witz mit bitterem Beigeschmack geschrieben. Unverkennbar in bester Tradition jüdischer Erzähler, betrachtet er die Geschichte seiner jüdischen Vorfahren ganz unbefangen, ja mit Selbstironie: »Meine Juden aus Pohodna sind keine edelmütigen Menschen, keine wunderbaren Märtyrer, bei mir sind sie nur Menschen, gute und böse«, hat er über sein Buch gesagt.

Dem aufmerksamen Leser gebe ich einen guten Rat: Lassen Sie sich viel Zeit für die Seiten 198 bis 202, für den Hausierer, den Zadik, einen richtigen Thora-Menschen namens Reb Feigenbaum – für mich die großartigste Gestalt des Romans überhaupt – und für dessen Gespräch mit Mottel über Gott, Christus und das Christentum der Gojim. Da spricht uns Edgar Hilsenrath mit einfach formulierten Sätzen die unbequemste Wahrheit ins Gewissen, ohne die große Philosophie zu strapazieren, ohne die in der zeitgenössischen deutschen Literatur übliche Rechthaberei.

Traurig macht das Buch in der Erkenntnis: Es handelt von Menschen, die es nicht mehr gibt und die es nie mehr geben wird. Es ist ein Abschied von der Bukowina, ein Abschied vom jüdischen Brauchtum, von alter Kultur und Sprache. Den Untergang des östlichen Judentums, das uns Westeuropäer mehr als zwei Jahrhunderte bereicherte, haben nicht Jossel Wassermann und nicht einmal der Wunderrabbi von Sadagora verhindern können. Doch eine Geschichte davon ist wundersam neu entstanden, dank Edgar Hilsenrath; von Beruf ein literarischer Tangotänzer, zuhause in Berlin.

## **Lothar Baier** | *LEGENDE VON DER SINNLOSEN TAT*

Dort am Fluß Pruth, in der Gegend von Czernowitz, wo Manès Sperber zur Welt kam und wo seine *Wasserträger Gottes* durchs seinerzeit habsburgisch administrierte Schtetl zogen, spielen die Geschichten, die Edgar Hilsenraths neuer Roman erzählt. Sie lassen sich, wenn man die Augen etwas zusammenkneift, als literarische Ergänzung zur Rekonstruktion des ostjüdischen Lebens lesen, wie Mark Zborowski und Elisabeth Herzog sie in ihrem ethnographischen Klassiker *Das Schtetl* festgehalten haben: Auch sie bringen auf ihre Weise bei, was unter einem »Luftmenschen« zu verstehen ist und was ihn vom gewöhnlichen Schnorrer unterscheidet, worauf die Tradition des Matzenessens in der Pessachwoche zurückgeht, welche Rolle die Frauen im Familienverband spielen. Hat sich der 1926 in Leipzig geborene Hilsenrath, der den Zweiten Weltkrieg in einem rumänischen Ghetto überlebte und sich danach durch mehrere Länder schlug, bevor er sich 1975 in Berlin niederließ, nun endlich auch dem galoppierenden Trend zur Wiederbelebung verschwundener »Lebenswelten« angeschlossen, unter Berufung auf den biographischen Umstand, daß ein Teil seiner Vorfahren aus der Bukowina stammt?

Ganz im Gegenteil. Der Roman *Jossel Wassermanns Heimkehr* vereitelt jegliche nostalgische Lesart seiner Geschichten. Indem er vom Schtetl namens Pohodna am Pruth erzählt, erzählt der Roman zugleich von etwas anderem, das eben nicht erzählbar ist und dennoch in der Art des Erzählens, die Hilsenrath gewählt hat, unerwartet gegenwärtig wird: die Vernichtung. Die Vernichtung inmitten all der Schnurren und Schwänke aus Kaiser Franz Josephs Zeiten, über die herzlich gelacht werden darf. Hilsenrath ist mit seinem neuen Roman ein ganz außergewöhnlicher Balanceakt gelungen.

Aber was heißt hier »Erzählen«? Auch in seinem frühen Roman *Nacht*, der zuerst in den USA erschien, bevor er 1978 einen deutschen Verleger fand, hatte der Autor erzählt, und zwar von den grauenhaften Lebensumständen des deportierten Jugendlichen im rumänisch verwalteten Ghetto von Moghilev-Podolsk, aus dem er schließlich von der Roten Armee befreit wurde. Aber es handelte sich dort um ein Erzählen, das auf die Evokationskraft der benannten Schrecken baute und sich daneben auf den Transport durch die konventionelle Romansprache verließ, die Formeln parat hatte wie: »Die Frau starrte ihn wortlos an« oder »In derartigen Situationen arbeitete sein Gehirn stets ruhig und logisch«. Von solchem auf bewährte Weise berichtenden Schreiben hat sich Hilsenrath inzwischen sehr weit entfernt. Sein 1989 erschienener, mit dem Döblin-Preis ausgezeichneter Roman *Das Märchen vom letzten Gedanken* ist das Wagnis eingegangen, vom Völkermord an den Armeniern mit dem Mittel der legendenartigen Stilisierung zu berichten, und hat diese Probe überzeugend bestanden. Gegenüber Franz Werfels berühmten Armenier-Epos *Die vierzig Tage des Musa Dagh*, das die armenische Tragödie in das Korsett der realistischen Abenteuergeschichte zwängt, gewinnt Hilsenraths Roman unerschlossene Dimensionen hinzu, und zwar dadurch, daß er die Abschweifung ins Phantastische zur Methode macht.

Dieses Erzählen ist eine höchst artistische Veranstaltung: Es bedient sich der scheinbaren Naivität der Märchenerzählerei als eines Kunstmittels, das es erlaubt, Zeit und Raum zu überspringen und die Differenz zwischen Wichtigem und Unwichtigem auf den Kopf zu stellen. In *Jossel Wassermanns Heimkehr* sind es chassidische Legenden und Schtetl-Geschichten, die sich in Hilsenrathsche Erzählsprache verwandelt haben: Nicht allein die gewichtigen Stimmen, »die nur aufbewahrten, was spätere Generationen für wichtig hielten«, wie es einmal heißt, sollen zu Gehör kommen, sondern auch die »kleinen Quasselstimmen«, die die Atemzüge zählten, »und zwar jedes einzelnen Juden«. Die fraglichen Juden sind immer noch auf dem Boden des Schtetl am Pruth, allerdings eingesperrt in einem Güterwagen, der hinterm Sägewerk auf dem Abstellgleis steht: Doch nicht von dem vorstellbaren Ende der Weiterfahrt handelt die Hauptsache des Romans.

Jener Jossel Wassermann aus Pohodna in der Bukowina, der als Erzähler das große Wort führt, sitzt in Erwartung eines friedlichen Lebensendes in einer Züricher Anwaltskanzlei und gibt sein Testament zu Protokoll, das verlangt, daß seine Leiche nicht am Zürichsee, sondern am Pruth begraben wird. Man schreibt September 1939, die Ausführung des letzten Willens erscheint ein wenig kompliziert, so daß Jossel Wassermann sich fragen lassen muß, was ihn, den erfolgreichen Matzenfabrikanten mit Wohnort Zürich, post mortem denn so machtvoll nach Osten zieht. Und so ergreift der Befragte die Gelegenheit, den Züricher Zuhörern zu erklären, wie es den Juden früher ergangen ist am Ostrand des Habsburgerreichs.

Den Namen Pohodna, so viel begreift die Zuhörerschaft gleich, muß man sich merken, weil damit der verkannte Mittelpunkt des Weltgeschehens bezeichnet wird. Der Gedanke, den Juden die gleichen Rechte zu gewähren wie den anderen Untertanen auch, ist Kaiser Franz Joseph demnach nirgendwo anders als in diesem Schtetl gekommen, und zwar in der jüdischen Kneipe, wo ihm erfolgreich ein in die Luftröhre geratener Salzhering herausgezogen wurde. Aus Dankbarkeit für den lebensrettenden Griff wurde den Juden die Emanzipation geschenkt. Überhaupt hat Österreich Jossel Wassermanns Geschichtsstunde zufolge den Juden sehr viel zu verdanken, den Umstand etwa, daß es 1866 nicht komplett von den Preußen überrannt wurde: Zwar hätten die Preußen das österreichische Land schon gern haben wollen, nicht aber ein Land voller Juden. Also haben die Juden das Land für Österreich gerettet.

Dem Notar und den Sekretärinnen in der Züricher Anwaltskanzlei wird nicht nur mit deftigen Worten ein nicht ganz museumsfähiges

Schtetl-Leben geschildert, sondern es wird ihnen auch eine Geschichtslektion über die Herkunft des bäuerlichen Judenhasses erteilt. Antisemitismus, wird dabei klargemacht, ist noch etwas anderes: »Wissen Sie, wenn ein Goi mit einer Betonung redet, die an die Betonung der Juden erinnert, dann ist er zweifelsohne ein Antisemit.«

Und doch gibt es Dinge, die auch Jossel Wassermann, der in der Welt herumgekommen ist, nicht erklären kann. Daß er sich völlig ausgeraubt am Ufer des Luganer Sees wiederfand, nachdem er den Schmugglern, die ihn aus Italien herüberruderten, unvorsichtigerweise die von der fürsorglichen Mutter eingenähten Goldstücke und Dollar gezeigt hatte, das kann er noch verstehen. Zur Not kann er auch begreifen, daß man dem bewußtlos Geschlagenen die Stiefel ausgezogen und die Kleider vom Leib gerissen hat, in der Hoffnung, auch die noch zu Geld zu machen. Ihm aber auch noch die Unterhosen wegzunehmen, die nicht nur voller Löcher, sondern auch nicht ganz sauber, also völlig unbrauchbar sind, das will ihm nicht in den Kopf. Ihm ist eine Welt untergegangen, »weil er die Sache mit den Unterhosen nicht begreift. Dieser Diebstahl war sinnlos... Es sind die Taten, die ein Jude nicht begreift, wo er am Ende ist mit seiner jüdischen Logik.«

Es gehört nicht nur eine außergewöhnliche historische Sensibilität, sondern auch ein beherztes Erzähltalent dazu, aus solchen Geschichten eine Art zweite Sprache sprechen zu lassen, die es dann ermöglicht, den unsagbaren Gedanken der sinnlosen Vernichtung auszusprechen, ohne ihn gleich wieder totzureden. Dieses Talent ist nicht vom Himmel gefallen, es ist das Resultat der von Buch zu Buch sichtbar fortentwickelten Arbeit des Schreibens. Edgar Hilsenrath darf sich zugute halten, daß er nicht durch ein Wunder, sondern durch harte Schreibart den Literaturtheoretikern ein Schnippchen geschlagen hat, die behaupten, daß die Literatur gegenüber der geschichtlichen Wirklichkeit sowieso ausgespielt habe und daß die Erinnerung an den Genozid mit der Suche nach neuen literarischen Formen erst recht nicht vereinbar sei. *Jossel Wassermanns Heimkehr* sei Leserinnen und Lesern, denen der Humor nicht vergangen ist, weil sie mit dem Verzweifeln nicht aufhören können, wärmstens ans Herz gelegt.

# *Skandalöses*

Die Augen des Publikums gefielen mir nicht. Ich hatte ähnliche Augen vor mehr als dreißig Jahren gesehen... unter der Mütze mit dem Totenkopf... und ich konnte sie nicht vergessen. Die Leute starrten mich an, weder wütend noch böse, bloß eiskalt.

Hier sitze ich und kann nicht anders: ein jüdischer Autor auf einem deutschen Thron.

Vor mir, auf dem kleinen Lesepult, liegt mein Buch *Der Nazi & der Friseur*.

»Wo bin ich eigentlich?« frage ich den Direktor. Er saß neben mir, aschfahl. Er sagte:

»In einer kleinen deutschen Provinzstadt. Wir haben sie eingeladen. Zu einer Dichterlesung. Sie sind der Dichter.«

Ich sagte: »Ach so.«

»Genauso«, sagte der Direktor.

»Und was für ein merkwürdiges Publikum ist das hier?«

»NPD«, sagte der Direktor. »Die gesamte NPD unserer kleinen deutschen Stadt und Umgebung.«

»NPD?« fragte ich.

»NPD«, sagte er.

»Das hätten Sie mir früher sagen sollen. Dann wär' ich gar nicht hergekommen.«

»Ich wußte es nicht«, sagte der Direktor. »Ich wußte nicht, daß die NPD zu Ihrer Lesung kommen würde. Die waren nämlich noch nie hier.«

»Wahrscheinlich bin ich eine ganz besondere Attraktion?«

»Ja«, sagte der Direktor. »Aber das ist nicht meine Schuld.«

»NPD«, sagte ich. »NPD ohne Hakenkreuzbinden!«

»Die haben Hakenkreuzbinden«, sagte der Direktor. »Aber sie haben sie versteckt. Vorläufig noch.«

»Und die braunen Uniformen? Und die schwarzen?«

»Auch versteckt. Bis es so weit ist.«

»Bis die Zeit reif ist?«

»Sehr richtig.«

»Die Leute haben zu Ihrer Lesung nur Fahrradketten mitgebracht«, sagte der Direktor. »Fahrradketten sind unpolitisch. Sie haben sie unter den kurzen Jacken.«

»Was noch?«

»Sie haben auch einen Schäferhund mitgebracht. Der hockt unterm Tisch. Einer von ihnen ... hält ihn straff an der Leine.«

Ich sagte: »Es knurrte vorhin so komisch. Wußte gar nicht, was das war.«

»Nur der Hund«, sagte der Direktor.

»Ich möchte am liebsten fortgehen«, sagte ich. »Zurück in mein Hotel.«

»Das geht nicht«, sagte der Direktor.

»Warum?«

»Weil drei Leute vor dem Ausgang stehen. Sie werden Sie niederschlagen, wenn Sie versuchen, zu entweichen.«

»Können Sie nicht die Polizei rufen?«

»Ich habe die Polizei schon angerufen«, sagte der Direktor. »Die wird bald da sein.«

»Sind Sie auch sicher?«

»Nicht ganz sicher«, sagte der Direktor.

»Warum?«

»Sehen Sie...«, sagte der Direktor. »Es handelt sich hier um Rechtsradikale! Nicht um Linksradikale!«

»Das versteh' ich nicht.«

»Bei linksradikalen Radaubrüdern kommt die Polizei sofort. Bei den rechtsradikalen läßt sie sich Zeit.«

»Ach so«, sagte ich.

»Ja«, sagte der Direktor.

»Sie brauchen keine Angst zu haben«, sagte der Direktor. »Man wird Sie nicht vor der Lesung niederschlagen. Die Leute haben zwei Mark gezahlt und wollen auf ihre Kosten kommen. Ich versichere Ihnen: Die Leute werden Sie lesen lassen.«

»Dann bin ich beruhigt«, sagte ich. »Wann wird man mich niederschlagen?«

»Erst nach der Lesung«, sagte der Direktor.

**Susann Möller**

## *ZUR REZEPTION: PHILOSEMITEN UND ANDERE – die Verlagsstationen Edgar Hilsenraths*

1954 schloß Edgar Hilsenrath seinen ersten Roman ab, den er 1950 mit Bleistift in einem Pariser Café kurz vor seiner Auswanderung nach Amerika begonnen hatte. Sieben weitere Jahre vergingen, bis der Roman getippt wurde. Auf der Suche nach einer deutschen Schreibmaschine wandte sich Hilsenrath an die »Deutsche Staatszeitung und Herold« in New York. Durch eine falsche Telefonverbindung kam er mit dem Chefredakteur Henry Marx ins Gespräch, der sich den Roman zur Ansicht erbat. Auf dessen Anraten sandte Hilsenrath 1963 dem damaligen Cheflektor des Kindler Verlages, Hans Geert Falkenberg, sein Manuskript mit dem Arbeitstitel *Nachtasyl*. Dieser Titel wurde bei der späteren Veröffentlichung aufgrund des gleichnamigen Romans des russischen Schriftstellers Maxim Gorkij in *Nacht* umgeändert. Noch im Dezember desselben Jahres erhielt Hilsenrath Antwort von Falkenberg, der den Roman als herausragend bewertete, da er »an keiner Stelle auf eine so gnadenlose, harte, dennoch sehr einfache Schilderung eines jüdischen Ghettos gestoßen«[1] sei. Drei Monate später lenkte Henry Marx mit seinem Empfehlungsschreiben aus Amerika die Aufmerksamkeit des Verlegers Helmut Kindler erneut auf den Roman. Er beendete seinen Brief mit den Worten: »Im Glauben, daß Sie der beste Verlag für dieses Buch sind.«[2] Seine Annahme bewahrheitete sich jedoch nicht. Zum besseren Verständnis der Publikationsgeschichte von *Nacht* wurde mit dem Einverständnis des Autors der Briefwechsel zwischen ihm, dem Verleger, dem Cheflektor, dem Werbeleiter und den verschiedenen Rezensenten herangezogen.

Nachdem Falkenberg den Druck des Romans empfohlen und Kindler seine Zustimmung gegeben hatte, kam es zwischen dem Verleger und seiner Frau, die »eine falsche Reaktion des deutschen Publikums«[3] fürchtete, zu Meinungsverschiedenheiten. Diese riefen eine verlagsinterne Kontroverse zwischen Cheflektor und Werbeleiter hervor. Kindler schrieb daraufhin ein Vorwort, das die Absicht des Autors, ein Gegenstück zu der von ihm als »durchweg melodramatisch« bezeichneten Holocaust-Literatur in Deutschland zu schaffen, mißachtete. Kindlers romantische Verzerrung der Liebe in *Nacht* verfälsche die Erwartungen der Leser wie folgt: »*Nacht* ist ein hartes, ein unsentimentales Buch. Daher berührt es umso tiefer, wenn der Autor zeigt, wie auch angesichts des erschütterndsten Elends die Liebe noch eine letzte zärtliche Blüte zu entfalten vermag.«[4] Um den Gültigkeitsanspruch von *Nacht* auf den Autor zu beschränken, verlangte Kindler ferner ein Nachwort von Hilsenrath, das dem Roman einen autobiographischen Charakter unterstellte. Der Leser, unwissend ob der an die Veröffentlichung geknüpften Konditionen, wurde wiederum fehlgeleitet. Erst Jahre später konnte Hilsenrath dieses Mißverständnis korrigieren: »Zu diesem Nachwort wurde ich von dem Kindler Verlag gezwungen. *Nacht* ist ein 100-prozentiger Roman und keine Autobiographie. Natürlich war ich im Ghetto, – aber das ist nicht meine Geschichte, es ist eine erfundene Wahrheit.«[5]

Trotz des Vor- und Nachwortes leitete Werbeleiter Ernest Landau eine schriftliche Umfrage bei verschiedenen Rezensenten ein. Mit Bitte um Stellungnahme deutete er in seinem Begleitschreiben zum jeweiligen Werbeexemplar an, daß das Buch antisemitische Tendenzen unterstütze. Doch lediglich B. Graubard (Landesverband der israelitischen Kultusgemeinden in Bayern) sowie Paul Arnsberg befürchteten eine antisemitische Wirkung des Romans. Ersterer begründete sein Urteil damit, daß die Juden in *Nacht* kein Mitgefühl, sondern das Gegenteil erregen würden. Letzterer war der Ansicht, es »könnten falsche Schlüsse gezogen werden«[6], wenn man die Verfallserscheinungen im Ghetto der Öffentlichkeit bekannt gibt. Doch die Mehrzahl der Rezensenten hielten Landaus Vorbehalte für ungerechtfertigt. Unter ihnen befanden sich Joseph Wulf (jüdischer Historiker und KZ-Überlebender), Ernst G. Lowenthal, die Nürnberger Buchhandlung Emil Jakob, das Dürer Haus in Bremen, Karl und Lilly Marx (Herausgeber der jüdischen Zeitung »Allgemeine«), Moses Lustig (Cheflektor der »Münchener jüdischen Nachrichten«), Hermann Kesten (späterer Präsident des deutschen PEN) und Peter Jokostra (Schriftsteller und Literaturkritiker). Wulf, Lowenthal und Jokostra machten keinen Hehl daraus, daß sie Landaus Vorurteil befremdete: »Ich kann nicht verstehen, warum die Veröffentlichung so eines Romans schädlich sein kann« oder »Ich habe mich bei dieser Lektüre nicht von Empfehlungen leiten lassen«[7].

Ungeachtet der überwiegend positiven Beurteilung von *Nacht*, teilte Landau im Sommer 1964 dem Verleger und seiner Frau mit, daß Hermann Lewy, Chefredakteur der »Allgemeinen Wochenzeitung der Juden in Deutschland«, »das Buch nicht positiv beurteilen könne«[8]. Entweder handelte es sich hier um eine Unterstellung des Werbeleiters, oder der besagte Chefredakteur hatte seine Meinung geändert. Fast ein Jahr später schrieb Lewy eine ausführliche Rezension zu *Nacht*[9], die Landaus Behauptung Lügen strafte. Eine Woche später hieß es in einer weiteren Notiz Landaus an Kindler: »Die jüdische Presse ist sich in ihrer Ablehnung dieses Buches einig.«[10] Der Werbeleiter berief sich auf Karl und Lilly Marx sowie Moses Lustig, die jedoch keine antisemitischen Folgen durch den Roman befürchtet hatten. Vielmehr nahmen sie Anstoß an der dargestellten Sexualität und hielten den Roman für »unecht«. Abgesehen davon, daß ihr Urteil nicht die Haltung der gesamten jüdischen Presse repräsentierte, wie Landau glauben zu machen suchte, war ihre Meinung dem Kindler Verlag lediglich intern bekannt. Zu diesem Zeitpunkt gab es nämlich noch keine veröffentlichten Rezensionen. Die ersten Buchbesprechungen erschienen gegen Jahresende 1964. Von den Zeitschriften der jüdischen Gemeinden kam neun Monate später im »Jedioth Chadashoth« der einzige Verriß. Zwischenzeitlich trafen aus dem Ausland nur positive Stimmen ein, wie die von Marion Gid (Korrespondentin vom »Forward« in New York und Chefredakteurin der »Neuen Jiddischen Zeitung« in München), Kurt Grossmann (früherer Generalsekretär der deutschen Liga für Menschenrechte), Hugh Elbot (Redakteur des »Radio Free Europe«) und Alfred Joachim Fischer (Journalist und Aulandskorrespondent in Kanada). Landau konnte diese Kommentare nicht ignorieren, und im März 1965 wandte er sich mit der Bitte um eine Rezension an die »dpa«-Korrespondentin Gerty Agoston in New York. Der Inhalt dieses Briefes legte nahe, daß der Werbeleiter zwar eine Veröffentlichung von *Nacht* in Deutschland, nicht aber in Amerika ablehnte[11].

Nach seiner Erstauflage Ende 1964 wurde der Roman nicht wieder neu verlegt, obwohl er in einer verblüffend niedrigen Auflage von

1250 Exemplaren erschienen war. *Nacht* war in wenigen Wochen vergriffen, da die meisten Bücher den Buchhandel gar nicht erreichten. Nach dem Verkauf von 791 Büchern zog Kindler die Restexemplare Mitte April 1965 aus dem Handel. Der Verlag betrieb erst auf Drängen des Autors öffentliche Werbung, als das Buch beim Verlag schon gar nicht mehr erhältlich war. Im April 1965 erschien im »Börsenblatt des deutschen Buchhandels« erstmalig eine ganzseitige Anzeige, eine »pro forma«-Reklame, da das Schicksal des Romans zu diesem Zeitpunkt bereits besiegelt war. Ursula Schiffels bezeichnet daher die erste deutsche Auflage von *Nacht* treffend als den Druck einiger »Plichtexemplare«[12].

In einem Schreiben an Hilsenrath am darauffolgenden Tage versuchte Landau die kulturpolitische Lage in Deutschland für den unterbliebenen Verkaufserfolg von *Nacht* verantwortlich zu machen. Er vermied es, den mangelnden Absatz des Buches mit seiner geringen Auflagenhöhe in Verbindung zu bringen. Er rechtfertigte die Verlagsmaßnahme, sämtliche Restexemplare aus dem Handel gezogen zu haben, damit, daß unter der bundesdeutschen Bevölkerung ein verkappt antisemitischer Trend bestünde. Verlage und Publizisten, die diesen Strömungen entgegenarbeiteten, argumentierte Landau, »bezahlen nicht selten mit empfindlichen wirtschaftlichen Einbußen«[13]. Fraglich bleibt, inwieweit ein Verlag von der Größenordnung Kindlers von dem »Risikodruck« eines einzelnen Romans betroffen wird. Im Rahmen des von konservativen jüdischen Kreisen gutgeheißenen deutschen Philosemitismus arrangierte Landau eine kulturpolitische Entscheidung zugunsten des »guten« Juden, auf den die Demoralisierungsmaschinerie Hitlers keinen Einfluß gehabt hatte. Seine Bemühungen, für Hilsenrath Kontakte zu maßgebenden Rezensenten in New York zu knüpfen und seine Empfehlungen an Kurt Grossmann und die Publizisten Paul Freedman und Samuel Gringhaus (United Restitution Organization), legen nahe, daß Landaus Vorbehalte weniger das Werk als den Publikationsort betrafen: für Amerika den Antihelden, aber in »Deutschland darf ein solches Buch nicht verbreitet werden«[14]. Diese Sachlage spiegelt sich auch in Hilsenraths Kommentar: »Kindler hatte Angst, das Buch herauszubringen, weil es eben mit einem Tabu brach, und ließ das Buch damals verschwinden.«[15]

Mitte April folgte Nina Raven-Kindlers abschließende Stellungnahme. In einem Brief an Hilsenrath zog sie die hypothetische Bilanz: »Ich weiß nicht, ob Sie sich darüber im Klaren sind, daß Sie wohl keinen Verleger in Deutschland gefunden hätten, der Ihr Buch herausgebracht hätte.«[16] Ihr Mann, Falkenberg, Landau und auch sie fürchteten die falsche Reaktion des deutschen Publikums. Sie versuchte damit den falschen Eindruck zu vermitteln, daß die Verlagsführung geschlossen dieser Ansicht war, denn Falkenberg hatte sich ausdrücklich für die Veröffentlichung von *Nacht* eingesetzt. Raven-Kindler schloß ihre Ausführungen mit dem Hinweis, daß es nicht an einem Verlag liege, wenn ein Buch kein Bestseller wird: »Das muß man als Buchverleger natürlich immer wieder hören und hinnehmen.«[17] Im Falle von *Nacht* entbehren ihre Äußerungen jeder Grundlage, da der Verlag dem Roman nie die Chance gab, eine größere Leserschaft zu erreichen: »250 Exemplare waren angeblich beim Druck kaputtgegangen, und mehr als ein Viertel der Auflage – einen ungewöhnlich hohen Anteil – will Kindler als Werbe- und Rezensionsexemplare verschickt haben.«[18]

Die Zahl der deutschen Rezensionen zum Erstdruck von *Nacht* war angesichts der geringen Auflagenhöhe dennoch erstaunlich groß gewesen. Im Februar 1965 lagen in Österreich eine und in Deutschland fünf Besprechungen vor. Dreizehn weitere Rezensionen, von denen wiederum eine in Österreich, zwei in Israel und eine in der Schweiz erschienen, folgten im April. Viele der Rezensenten nahmen Stellung zur Reaktion des Kindler Verlages und meinten, daß Hilsenraths Anti-Held für jene Deutschen problematisch sei, die glaubten, den ehemaligen Judenhaß durch besondere Judenliebe ausgleichen zu können, damit aber gleichzeitig die »Sonderstellung« der Juden fortsetzten[19]. »Frankfurter Rundschau«, »dpa«, »Freiheit und Recht«, »Allgemeine jüdische Wochenzeitung«, »Salzburger Nachrichten«, »Siegener Zeitung«, »Westfälische Rundschau«, »Kölnische Rundschau«, »Welt der Arbeit«, »Pforzheimer Kurier«, »Christ und Welt«, »Mühlheimer Tagesblatt«, »Israelitisches Wochenblatt«, »Neues Österreich«, »Echo der Zeit« und »Neue Zürcher Zeitung« stimmten alle überein, wie haltlos Kindlers Befürchtungen und die Mutmaßungen der Zensoren waren.

Das Tabu, das Hilsenrath brach, ist für die Art der Vergangenheitsbewältigung in Deutschland charakteristisch und erklärt die Kontroverse. Die jüdische Minderheit in Deutschland duldet die literarische Konzeption des »Beispieljuden,« weil sie Zurückhaltung übt, um Konfrontationen zu vermeiden[20]. In den USA hingegen bildet die Judenschaft eine Einheit, die »auf der Anerkennung des Pluralismus ihrer gestaltenden Gruppen beruht«[21]. Demzufolge konnte Hilsenraths New Yorker Agent Max Becker den damals größten amerikanischen Verlag, Doubleday, überzeugen, Übersetzung und Druck des Romans zu übernehmen. Trotz des 1960 unter dem Titel *Night* erschienen Werkes von Elie Wiesel sah Doubleday von einer Umbenennung von Hilsenraths Roman ab.

Die Diskussion, die bei Kindler um *Nacht* entstanden war, war in den USA schon 1941 um Budd Schulbergs Roman *What makes Sammy Run?* geführt worden. Die Meinungsverschiedenheiten bestanden weiterhin, doch ein ethnischer sowie literaturkritischer Pluralismus hatte sich hier entwickelt, der der Rezeption von Hilsenraths Werk zugute kam. Nur wenige amerikanische Kritiker betrachteten Hilsenraths anti-heroische Darstellung der Juden als Tabuverstoß. In zwanzig Staaten der USA wurde das Buch in den Zeitungen der Großstädte zwei Jahre lang rezensiert und auch in der kleineren Lokalpresse als lesenswerte Neuerscheinung angekündigt. Unter den vielen Rezensenten erwähnten jedoch nur vier Kritiker, daß es sich bei dem Werk um eine Übersetzung aus dem Deutschen ins Englische handelte. *Night* brachte es in Amerika zu einem derartigen Erfolg, daß sich der renommierte Londoner W. H. Allen Verlag um die Rechte im britischen Commonwealth bemühte. Als der Roman 1967 in England erschien, handelte die Verlagsführung wider besseres Wissen um ihren eigenen Markt, der laut Lektor L. L. Day von der Holocaustthematik bereits übersättigt war. Dennoch befürwortete auch er die Aufnahme von *Night* ins Verlagsprogramm, da er von Hilsenraths Behandlung des Stoffes tief beeindruckt war[22]. Days verlagspolitische Ausführungen liefern eine Erklärung für einen Großteil der in England erschienenen Rezensionen. Die britischen Kritiker legten vorwiegend Kopien der Buchbesprechungen ihrer amerikanischen Kollegen vor. Im Unterschied zur amerikanischen wie auch der deutschen Kritik verzichteten sie jedoch darauf, die Protagonisten als Anti-Helden zu betrachten. Vielmehr schienen sie ein weiter gefaßtes Heldenkonzept zugrunde zu legen, demnach nicht die Tat, sondern die Absicht, das heißt der Wille zu überleben, auch dort als Heldentum gilt, wo er von den Lebensumständen unterminiert wird.

Auch in Großbritannien fielen die Rezensionen zu *Night* positiv aus. Lediglich im »Northampton Evening Chronicle« wurde der Roman aus ähnlichen, bereits von Graubard angegebenen Gründen abgelehnt[23]. Die Verkaufszahlen bestätigten Days Befürchtungen, daß 1967 andere Themenkreise als der Holocaust im Interesse des britischen Publikums standen. *Night* verbuchte Erfolge weniger bei den Lesern als bei den Kritikern, wie der Verlag Hilsenrath später mitteilte. Der Roman sei so beeindruckend, schrieb Day, daß es umso bedauerlicher sei, daß er keinen größeren Absatz fände. Wäre das Buch jedoch zwei oder drei Jahre früher auf dem britischen Markt erschienen, so hätte die Bilanz seiner Meinung nach besser ausgesehen[24].

Bis zu seiner deutschen Neuauflage im Braun-Verlag wurde *Nacht* in französischer, italienischer und holländischer Übersetzung veröffentlicht und erreichte im Ausland eine Auflagenhöhe von 800000 Exemplaren. Davon wurden 500000 in den USA publiziert, einschließlich einer Taschenbuchausgabe von 175000 Exemplaren.

Zwischenzeitlich erschien im Ausland auch Hilsenraths zweiter Roman, den er 1968 beendet hatte. Obwohl das deutsche Manuskript in englischer Übersetzung mit den Titel *The Nazi and the Barber* 1971 bei Doubleday (insgesamt 500000 Exemplare) veröffentlicht wurde, erschien dieser Roman erst vier Jahre später in England. 1973 verkaufte Doubleday die Taschenbuchrechte für beide Werke an Manor Books. 1977 druckte der Verlag eine weitere Ausgabe des letzten Romans unter dem Titel *The Nazi Who Lived As A Jew*. Da Manor diese Titeländerung ohne Genehmigung vorgenommen hatte, war der Druck rechtswidrig, und Doubleday erhob Klage gegen Manor. Recherchen über den Ausgang des Verfahrens blieben erfolglos, denn Manor existiert nicht mehr. Hilsenrath erhielt keinerlei Verlagsabrechnungen zu dieser zweiten Taschenbuchausgabe, und es ist fraglich, ob sie je ausgeschrieben wurden. Bevor W. H. Allen 1975 auch

Hilsenraths zweiten Roman verlegte, erschien dieser 1973 in Italien und 1974 in Frankreich, wo er für den »Grand Prix de l' Humeur Noir« nominiert wurde. *Le Nazi et le Barbier* wurde von der literarischen Presse in der Schweiz, Belgien und in Frankreich, einschließlich des »Figaro«, positiv aufgenommen.

Während die amerikanischen Rezensenten sechs Jahre zuvor *Night* in eine literarische Tradition zu stellen suchten und Vergleiche zu amerikanischen Werken zogen, erschöpfen sich die komparatistischen Ansätze zu *The Nazi and the Barber* in Hinweisen auf Grass, Rabelais und Voltaire. Trotz vieler Rezensionen und hoher Verkaufszahlen in den USA wurde der Roman von der einflußreichsten Zeitschrift ignoriert. Auch Gerty Agostons Versuch, den Feuilletonchef der »New York Times«, Alfred Kazin, auf den Roman, den man als das literarische Ereignis des Jahres bezeichnete, aufmerksam zu machen, blieb erfolglos[25]. Weitere Schreiben an die dortigen Rezensenten Hardwicke, Lehmann-Haupt und John Leonard blieben ebenfalls ohne Resonanz. John Palcewski, Rezensent des »Olin Magazine« warf der »New York Times« daraufhin vor, daß sie ihre eigene Glaubwürdigkeit in Frage stellte, was ihr literarisches Urteil betreffe[26].

Auch wenn *Der Nazi & der Friseur* 1976 im Ausland eine Auflage von über einer Million Exemplare erreicht hatte, blieben die Versuche von Dagmar Henne, der Münchner Vertreterin Max Beckers, diesen Roman auch bei einem deutschen Verlag unterzubringen, erfolglos. Hilsenrath bemühte sich deshalb selbst darum und bekam über 25 Absagen, unter anderem von Hoffmann & Campe, Bertelsmann, Rowohlt und Scherz. Sie lauteten meist ähnlich wie die des C. Hanser Verlages, dessen damaliger Verlagslektor Peter von Becker eine umfangreiche Lektoratsarbeit für den Roman von Nöten hielt. Seiner Meinung nach mangelte es der Konzeption sowie der stilistischen Ausführung, dem Psychogramm des Erzählers als auch den sozialen Umfeldern und insbesondere den weiblichen Figuren an Details: »Der gelegentlich so reizvolle Ton, skurril, makaber, satirisch, verklingt einfach zu oft in einem kolportageähnlichen, manchmal ›journalistisch‹ dahingeschriebenen Parlando. Etwa die Palästinafahrt (...) erscheint fast als belangloses Gesprächszitat.«[27]

Dem Autor kam schließlich im Berliner Buchhändlerkeller der

glückliche Zufall in Gestalt des Jungverlegers Helmut Braun zu Hilfe. Braun, selbst noch ein Branchenneuling, versuchte unbekannten Autoren zum Durchbruch zu verhelfen. Sein Angebot folgte prompt nach Durchsicht des Manuskriptes, und Hilsenrath unterschrieb den Vertrag. Die Befürchtungen seiner Freunde, daß er bei einem solch kleinen Verlag untergehen würde, bewahrheiteten sich nicht. Norbert Schachtsiek-Freitag berichtete in einem Verlegerporträt, daß Braun sich für Autoren einsetze, »die für die großen Verlage unter marktwirtschaftlichen Gesichtspunkten uninteressant sind und bestenfalls als Alibifunktion in Programmnischen untergebracht werden«[28]. Letzteres Merkmal traf zwar auf Hilsenrath und die deutsche Erstauflage von *Nacht* zu, doch sein späterer Erfolg minimierte den Risikofaktor für Braun.

Zur Zeit von Brauns Verlagsgründung vollzog sich in Deutschland eine Tendenzwende und Reliteralisierung, die Brauns Verlagsprogramm und Hilsenraths Werken zugute kam. Das Jahr 1975 wurde in den Feuilletons als ein historischer Wendepunkt bezeichnet, mit dem »das Ende der Theoriephase innerhalb der Neuen Linken« ansetzte, indem man allgemein »ein ästhetisch literarisches Nachholbedürfnis«[29] nachwies. Als Braun *Der Nazi & der Friseur* verlegte, nutzte er die Enthüllungen der »Alibifunktion« von *Nacht* im Kindler Verlag, sowie ein öffentliches Klima in Deutschland, das als »Nazi-Renaissance in den Medien«[30] bezeichnet wurde. *Der Nazi & der Friseur* erschien mit 10000 Exemplaren, und schon in den nächsten beiden Monaten ließ Braun eine zweite und dritte Auflage in jeweils der gleichen Höhe nachdrucken. Nachdem Heinrich Böll den Roman für die »Zeit« rezensiert hatte, begann ein Medienwirbel um den in Deutschland bislang unbekannten Autor. Im September 1977 druckte der »Tagesspiegel« ein Interview mit Hilsenrath, in dem der Autor unter anderem über seine Erfahrungen mit dem Kindler Verlag berichtete. Ende des Monats erschien Helmut Kindlers Kommentar, in dem er Hilsenrath einer »verzerrten Darstellung des Sachverhaltes« bezichtigte und die damalige Rezeption der Erstauflage von *Nacht* verfälschte: »Leider blieb das Buch auch bei der Literaturkritik in Deutschland ohne Echo.« Im Widerspruch hierzu erhob Kindler noch den folgenden Anspruch: »Dazu möchte ich sagen, daß ich noch heute stolz darauf bin, Hilsenrath für das deutsche Sprachgebiet entdeckt zu haben.«[31] Diese Pressemitteilungen schufen sowohl eine erhöhte Erwartungshaltung des Lesepublikums gegenüber der geplanten Veröffentlichung von *Nacht* als auch ein gesteigertes Interesse an *Der Nazi & der Friseur*.

Der Erfolg von Hilsenraths zweitem Roman veranlaßte den Stahlindustriellen Ferdy Zinn zu einer Werbestiftung von 300000 DM für die Neuauflage von *Nacht*. Braun kalkulierte, daß nach Abzug der Grundkosten, der Werbekredit nach circa 40000 verkauften Exemplaren auf Null abgetragen sein würde. Laut Vertrag war Zinn, unabhängig vom Erfolg des Romans, nur bis zu 50000 DM prozentual am Gewinn des Buches beteiligt, während ein eventueller Verlust gänzlich zu seinen Lasten gehen sollte. Zinn, ein ehemaliges KPD-Mitglied, erklärte sich zur Unterstützung von *Nacht* bereit, nachdem er *Der Nazi & der Friseur* mit Begeisterung gelesen hatte. Den Roman *Nacht* kannte er damals noch nicht; nach der Lektüre änderte er seine Meinung über Hilsenrath und bezeichnete ihn als einen völlig unpolitischen Menschen. Während vierzehn Jahre zuvor für *Nacht* keinerlei Werbung betrieben worden war, erschien *Nacht* 1978 mit einem höheren Werbeaufwand als z. B. Günter Grass' *Der Butt*, dessen Reklamegelder bei etwa 20000 DM lagen. Der Werbeetat für Hildegard Knefs *Der geschenkte Gaul* wurde vergleichsweise mit 250000 DM, der für Alex Haleys *Roots* mit 280000 DM veranschlagt[32]. Braun ersetzte Vor- und Nachwort der Kindlerschen Erstausgabe, die schon seinerzeit von der Kritik als »große Worte des Klappentextes, (die) dem Roman unangemessen sind«[33], bemängelt worden waren. Statt dessen mit einem autobiographischen Text von Hilsenrath versehen, erschien *Nacht* mit einer Startauflage von 50000 Stück auf dem deutschen Buchmarkt.

Aufgrund der rapiden Entwicklung vom Kleinauflagenpublizisten zum Bestsellerverleger überstiegen die finanziellen Verpflichtungen Brauns wirtschaftliches Kalkül. Er versuchte, den Verlag vor einem unabwendbaren Bankrott zu retten, indem er mit *Nacht* einen noch größeren Erfolg zu erzielen hoffte. Seine Investitionen schlugen fehl, da Geldgeber Zinn wegen einer Liquiditätskrise die Zuschüsse für *Nacht* absagte. Braun begründete seinen Konkurs: »Wenn man seine

Bemühungen so auf einen einzelnen Autor konzentriert, kann die Sache leicht umkippen.«[34] Bis zur Verlagsauflösung im selben Jahr wurden 11 000 Exemplare von *Nacht* über den Buchhandel verkauft. Auch Hilsenrath war von Brauns Mißerfolg finanziell betroffen, da der Großteil seiner Honorare in der Konkursmasse verschwanden. Bertelsmann, der Hilsenrath ein Jahr zuvor mit einer Absage zum Manuskript von *Der Nazi & der Friseur* geantwortet hatte, nutzte die Situation und kaufte 35 000 Exemplare von *Nacht* unter Preis. Der S. Fischer Verlag erwarb die Taschenbuchrechte für beide Romane, *Nacht* sowie *Der Nazi & der Friseur*.

Viele deutsche Rezensionen von 1978 verglichen *Nacht* mit dem ein Jahr früher erschienenen *Der Nazi & der Friseur*. Abgesehen von diesen gegenüberstellenden Besprechungen werden in den Kritiken sowohl bekannte, den Rezensionen von 1965 ähnelnde Standpunkte als auch neue Ansichten vertreten. In den vierzehn Jahren, die zwischen der ersten und zweiten Veröffentlichung von *Nacht* lagen, waren neue Beiträge zur Holocaust-Literatur erschienen. Neue Rezensenten hatten alte Rezensenten abgelöst, und bei ihnen werden die Veränderungen im deutschen literarischen Bewußtsein seit 1964 deutlich. Gemeinsam mit Alfred Döblins *November 1918* stand *Nacht* an der Spitze der vom »Südwestfunk Baden-Baden« durch eine Umfrage bei Literaturkritikern erstellten Bestenliste von 1978.

Auf der Frankfurter Buchmesse 1978 unterzeichnete Hilsenrath gegen einen Vorschuß von 150 000 DM für zwei neue Bücher einen Vertrag mit dem Langen-Müller Verlag und überschrieb dem Verlag alle Rechte für seine bisherigen Romane. Finanziell ging es Hilsenrath besser denn je, doch die mangelnde Werbung des Verlages enttäuschte ihn. Heute ist er der Meinung, daß der Vertrag von beiden Seiten übereilt abgeschlossen wurde, da seine Bücher nicht in das Verlagsprogramm von Langen-Müller paßten. Der Erfolg für das erste in Auftrag gegebene Buch *Gib acht, Genosse Mandelbaum*, das später im R. Piper Verlag unter seinem Originaltitel *Moskauer Orgasmus* neu aufgelegt wurde, sowie für sein nächstes Manuskript, *Bronskys Geständnis*, blieb aus. Nachdem der Ullstein Verlag die Taschenbuchrechte für Hilsenraths Werke erwarb, trennten sich Autor und Langen-Müller in gegenseitigem Einverständnis. Drei Jahre später fand der Autor für sein neues Manuskript *Zibulsky oder Antenne im Bauch* mit Claassen einen neuen Verleger, erlebte aber, als das Buch 1983 auf den Markt kam, eine erneute Enttäuschung. Das Buch wurde kaum beworben und zur Rezension verschickt. Daraufhin trennte sich Hilsenrath vom Claassen Verlag und begab sich während der folgenden sechs Jahre auf ausgedehnte Lesereisen ins In- und Ausland. Helmut Braun, der nach dem Bankrott seines literarischen Verlages den Filmverlag Rubicon gegründet hatte, finanzierte Hilsenraths Recherchen für ein neues Romanprojekt gegen die Gewährung der Filmrechte. Hilsenraths Verlagssuche für *Das Märchen vom letzten Gedanken*, so der Titel des neuen Romans, verlief zunächst erfolglos. Die Psychologin und Sachbuchautorin Eva Jaeggi, eine Bekannte seiner Freundin, empfahl das Manuskript Ralf Peter Märtin, dem damaligen Verlagsleiter des R. Piper Verlages. Dieser teilte ihren Enthusiasmus, und wenig später bot der Verlag an, diesen Roman sowie Hilsenraths Gesamtwerk zu verlegen.

Noch vor seiner Veröffentlichung erhielt *Das Märchen vom letzten Gedanken* im März 1989 den Alfred-Döblin-Preis. Hilsenrath ist sich darüber im unklaren, wie die Preisverleihung zustande kam. Er erinnert sich, daß Henry Marx 1976 nach einer Fernsehdiskussion mit Walter Höllerer, dem Vorsitzenden des Literarischen Colloquiums in Berlin, an diesen herantrat, um ihn auf den damals in Deutschland noch unveröffentlichten Roman *Der Nazi & der Friseur* aufmerksam zu machen. Hilsenrath schickte Höllerer einen Brief und das gleichnamige Manuskript, erhielt aber nie eine Antwort. Auch nachdem der Roman in Deutschland erschienen war, wurde Hilsenrath nie zu einer Lesung, ausgenommen einer Marathonlesung von 100 Autoren, in das Literarische Colloquium eingeladen. Erst nachdem ihm der Döblin-Preis von der Jury verliehen worden war, lud man ihn ins Literarische Colloquium ein, das die Grass-Stiftung verwaltet. Auch die Akademie der Künste, wo Günter Grass den mit 15 000 DM dotierten Preis an Hilsenrath übergab, hatte ihn nie zu einer Lesung gebeten.

*Das Märchen vom letzten Gedanken* wurde, wie auch Hilsenraths andere Werke, in viele Sprachen übersetzt. In englischer Übertragung aber ist es nur in Großbritannien erhältlich. Für die Verbreitung dieses Romans hat sich in den USA noch kein Verlag gefunden. Einer Kategorisierung der Werke Hilsenraths steht auch Amerika verunsichert gegenüber. Katharine Monk stellte entsprechend fest, daß selbst »The Library of Congress« sich nicht entscheiden kann, ob Hilsenrath nun ein deutscher, amerikanischer oder jüdischer Schriftsteller ist, und so findet man seine Werke isoliert in einer Abteilung für sich[35].

ANMERKUNGEN

1 Falkenberg, Hans Geert: Brief an Edgar Hilsenrath, München 9. 12. 1963
2 Marx, Henry: Brief an Helmut Kindler, New York 2. 3. 1965
3 Raven-Kindler, Nina: Brief an Edgar Hilsenrath, München 14. 4. 1965
4 Hilsenrath, Edgar: Nacht, München 1964
5 Autoscooter. Aufzeichnung der 9. Live-Übertragung 23. 10. 1978 mit Peter Wapnewski, Sender Freies Berlin
6 Graubard, B.: Brief an Ernest Landau, München 14. 8. 1964, und Arnsberg, Paul: Brief an Ernest Landau, Frankfurt/M. 8. 9. 1964
7 Wulf, Joseph: Brief an Ernest Landau, Berlin 4. 8. 1964, und Jokostra, Peter: Brief an Ernest Landau, Linz 24. 3. 1965
8 Landau, Ernest: Hausmitteilung des Kindler Verlages, München 20. 8. 1964
9 Lewy, Hermann: Der Wille zu überleben. Zu Edgar Hilsenraths Roman *Nacht*. In: Allgemeine jüdische Wochenzeitung, 23. 7. 1965
10 Landau, Ernest: Hausmitteilung des Kindler Verlages, München 28. 8. 1964
11 Landau, Ernest: Brief an Gerty Agoston, München 31. 3. 1965
12 Schiffels, Ursula: Wie geht's? Man schreibt! In: Saarbrücker Zeitung, Nr. 259, 7. 11. 1986
13 Landau, Ernest: Brief an Edgar Hilsenrath, München 1. 4. 1965
14 Nachtsheim, Hubert: Buch der Woche – Edgar Hilsenraths *Nacht*. In: Kölnische Rundschau, 26. 9. 1965
15 Mytze, Andreas W.: Die Henkersatire. Gespräch mit dem jüdischen Autor Edgar Hilsenrath. In: Nürnberger Nachrichten, 29. 8. 1977
16 Raven-Kindler, Nina: Brief an Edgar Hilsenrath, München 14. 4. 1965
17 Ebd.
18 Nagel, Wolfgang: Schon mal von diesem Hilsenrath gehört? In: Zeit-Magazin, Nr. 40, 29. 9. 1978
19 Paulsen, Wolfgang: Theodor Fontane – The Philosemitic Antisemite. In: Leo Baeck Year Book 26, London 1981
20 Gilman, Sander: Jüdische Literaten und deutsche Literatur: Antisemitismus und die verborgene Sprache der Juden am Beispiel von Jurek Becker und Edgar Hilsenrath. In: Zeitschrift für deutsche Philologie, Nr. 107, 1988, S. 272
21 Trepp, Leo: Die Juden. Volk, Geschichte, Religion, Reinbek 1978, S. 242
22 Day, L.L.: Editor At Large. In: Sid-Rosenlight M 3, London 3. 12. 1966
23 Anonym: *Night* by Edgar Hilsenrath. In: Northhampton Evening Chronicle, 11. 3. 1967

24 Hartridge, Jon: Can this be St. Hilda's? Fighting Compatriots. In: Oxford Mail, 23. 3. 1967
25 Agoston, Gerty: Brief an Alfred Kazin, New York 15. 5. 1971
26 Palcewski, John: Brief an John Leonard, New York 2. 6. 1971
27 Becker, Peter von: Brief an Edgar Hilsenrath, München 27. 8. 1976
28 Schachtsiek-Freitag, Norbert: Innerhalb von drei Jahren der Geheimtip unter Verlegern. In: Kölnische Rundschau 9. 9. 1977
29 Roos, Peter: Eine Rakete auf dem Buchmarkt. Größter unter den Kleinen. Der Literarische Verlag Helmut Braun. In: Die Zeit, 14. 10. 1977
30 Schachtsiek-Freitag, ebd.
31 Kindler, Helmut: Hilsenrath-Buch. In: Der Tagesspiegel, 25. 9. 1977
32 Engels, Günther: Stählerne Finanzspritze für Hilsenraths *Nacht*. In: Kölnische Rundschau, 21. 10. 1978
33 Fense, Wilhelm: Die Endlösung in Rumänien. In: Pforzheimer Kurier, 2. 6. 1965
34 Anonym: Knopflos ins Paradies? Wie Helmut Braun sich aus der Klemme ziehen und einen neuen Verlag finanzieren will. In: Buchmarkt 2/1979
35 Monk, Katherine: Edgar Hilsenrath. West Germany's Cult Crusader. In: The Ubyssey, Vancouver/Canada 4. 12. 1978

# *Wissenschaftliches*

## **Sander Gilman** | *HILSENRATH UND GRASS REDIVIVUS*

Edgar Hilsenrath wurde 1926 in Leipzig geboren und ist damit ein Jahrzehnt älter als Jurek Becker. 1938 floh Hilsenrath mit seiner Mutter und seinem Bruder nach Rumänien, wo sie 1943 in das Ghetto von Moghilev-Podolsk geschickt wurden. Er überlebte und emigrierte 1945 mit seiner Familie nach Palästina und von dort 1951 in die Vereinigten Staaten. 1976 kehrte er in die Bundesrepublik zurück. Hilsenrath ist der Autor einer Reihe »jüdischer Bücher«. Sein erstes Buch waren seine Erinnerungen an das Leben in den Lagern, *Nacht*, 1978 auf Deutsch veröffentlicht (in englischer Übersetzung bereits im Jahr 1967). Die beiden Romane, mit denen ich mich befassen werde, sind seine beiden letzten: *Bronskys Geständnis* (1980) und sein bekanntestes und am meisten verkauftes Werk *Der Nazi & der Friseur* (1977, bereits 1971 auf Englisch).

Hilsenrath wird in Deutschland als jüdischer Autor rezipiert, als ein Autor, der über spezifische Einsichten in das »Dilemma« der »jüdischen Frage« verfügt. Der »Spiegel« konnte in einer Rezension von *Der Nazi & der Friseur* einfach kommentieren: »Der Autor weiß, wovon er handelt: Edgar Hilsenrath, 51, ist Jude«.[1] Nicht als Deutscher jüdischer Abstammung, nicht als jüdischer Schriftsteller deutscher Sprache, bloß als Jude. Diese Qualifizierungsmerkmal wurde auch auf Becker in einer Reihe von Rezensionen seines ersten Romans *Jakob der Lügner* angewandt, womit Beckers und Hilsenraths Identität als Juden und als Schriftsteller parallel gesetzt wird. In seinen beiden wichtigsten Romanen spielt Hilsenrath mit diesem Thema, der Frage von deutsch-jüdischer Identität im heutigen Deutschland, wobei er die Frage der Definition von »Jude« als Problem ansieht, als Problem nicht für die Juden in Deutschland und in den Vereinigten Staaten, sondern auch für ihre Peiniger. Aus dieser Kritik am Bild des Juden erwuchs einer der erfolgreichsten Romane der letzten Jahre, *Der Nazi & der Friseur.*

*Bronskys Geständnis* ist ein stark autobiographischer Roman, ein Werk, das die Lebensgeschichte des erzählenden Ich, die in den Konzentrationslagern des früheren *Nacht* begonnen worden war, vollendet. Jakob Bronsky, ein deutscher Jude, kommt nach dem Krieg als *displaced person* in den Vereinigten Staaten an, oder zumindest in Yorkville, oder zumindest »Ecke Broadway 86.«, einer Gegend, die scheinbar nur von deutschen Emigranten oder von amerikanischen sozialen Außenseitern bevölkert wird. Der Roman beginnt mit einem ironischen Briefwechsel aus dem Jahr 1938 zwischen Bronskys Vater Nathan, einem polnischen Juden, und dem amerikanischen Konsul in Berlin: Der Vater versucht, ein Visum zu bekommen, das ihm und seiner Familie ermöglichen würde, dem Nazi-Antisemitismus zu entfliehen. Der Konsul stellt fest, daß es die Quoten für polnische Juden nicht vor den fünfziger Jahren erlauben würden, der Familie ein Visum für die Vereinigten Staaten auszustellen. Nathan Bronskys Antwort, abgefaßt in dem einzigen englischen Satz des Romans, lautet: »Fuck America!«

Nach den Schrecken des Krieges kommen Jakob Bronsky und seine Eltern in den Fünfzigern nach Amerika. Diese Nabokovsche Welt deutsch-jüdischer Emigranten dreht sich um die Titelperson und dessen zwanghaftes Bedürfnis, seine Erfahrungen in Form eines Romanes aufzuschreiben, zu dem ihm ein Bekannter den perfekten Titel verschafft.

»Der Held ist ein Mann.«

»Was für ein Mann?«

»Ein einsamer Mann.«

»Ein Wichser?«

»... Nennen Sie Ihr Buch: DER WICHSER.«

»DER WICHSER?«

»DER WICHSER.«[2]

Die Vorstellung vom Autor als auf sich selbst bezogenes Subjekt, als Masturbator, ist zentral für Hilsenraths Darstellung des Juden in Amerika. Isoliert, ohne normale menschliche Kontakte, sprachlos, deutschsprechend in einer englischsprechenden Welt, lebt Bronsky am Rande der Gesellschaft, so wie der Picaro. Es sind Sprache, für Bronsky ist es Deutsch, und der (für ihn) dazugehörige Kontext, »Kultur« und der Roman als kulturelles Kunstprodukt, die seine Welt definieren. Bronsky ist so stark an das Deutsche gebunden als sein Medium, um seine Erfahrung der Welt, sein Erleben des Holocaust auszudrücken, daß er unfähig ist, sich selbst in einem nichtdeutschen Kontext zu begreifen, nicht einmal dann, wenn dies notwendig wäre, um den von ihm angestrebten Status eines Schriftstellers zu erlangen. Schriftsteller zu sein bedeutet für Bronsky, in deutscher Sprache zu schreiben, und dies hat eine ganz spezifische Begründung:

»Wissen Sie, es ist nicht leicht, in einer Sprache zu schreiben, die keiner mit mir reden will.«

»Keiner?«

»Mit Ausnahme der paar Emigranten, die ich zufällig kenne.«

»Warum schreiben Sie dann nicht englisch, eine Sprache, die jeder versteht?«

»Das geht nicht.«

»Sie hängen an der deutschen Sprache?«

»Ja.«

»Das versteh' ich nicht.«

»Ich auch nicht.«

»Sind Sie nicht Jude?«

»Natürlich.«

»Na also.«[3]

Für Hilsenrath ist das Problem der Sprache des Juden das Problem der Sprache des Exilierten, ein Problem, das deutsch-jüdische Schriftsteller nach 1933 im nicht deutschsprechenden Exil verfolgte (besonders nach dem Anschluß Österreichs). Die verborgene Sprache des »Juden« ist Deutsch, und zwar nicht, weil eine notwendige Verbindung bestünde zwischen Juden und der deutschen Sprache, sondern weil es sowohl die Sprache der Kindheit ist als auch die Sprache seiner prägenden Erfahrung, der Konzentrationslager.

Bronsky: »Den Jungen möchte ich sagen, daß sie mein Buch lesen sollen.«

Interviewer: »Ihr Buch über das jüdische Ghetto?«

Bronsky: »Mein Buch gegen Gewalt und Unmenschlichkeit!«

Bronskys Buch bleibt ein »Buch der Juden« in Deutschland, und die Vorstellung, daß eine gemeinsame Sprache ein gewisses Verstehen bewirken könnte, verschwindet. Bronskys Erlebnisse im Ghetto und in Amerika sind zu extrem, um von Deutschen verstanden werden zu können, nicht einmal dort, wo die Sprachbrücke besteht. Dieses letzte Kapitel ist nur eine Phantasievorstellung, ausgesponnen wie alle Kinderphantasien vom eigenen Tod und der Auferstehung aus einem Gefühl der Machtlosigkeit heraus. Bronsky bleibt in New York, während Hilsenrath nach Deutschland zurückkehrt, um das Gefühl von Distanz in die Kreativität umzuwandeln, die eine Reihe von wichtigen Romanen hervorgebracht hat, die sich mit der deutschen Vorstellung von der zerstörten Sprache des Juden und der kreativen Antwort des Juden befassen.

Die jüdische Antwort auf den Mythos, der sich in der Literatur Nachkriegsdeutschlands um die Natur der Sprache des Juden rankt, findet ihren Höhepunkt in dem mit Evelyn Waugh zu vergleichenden Roman des schwarzen Humors *Der Nazi & der Friseur*. Die Handlung ist eine eindeutige Antwort auf Günter Grass' *Hundejahre*. Wie Grass stellt auch Hilsenrath zwei Kinder dar, wenige Minuten auseinander geboren, die Freunde und Rivalen sind während ihrer Kindheit. Itzig Finkelstein und Max Schulz, Jude und Nichtjude, werden – ähnlich wie die beiden Kinder in Twains *Puddinhead Wilson* – als scheinbar bei der Geburt vertauscht beschrieben. Der Jude ist blond und blauäugig mit einer geraden Nase und guten Zähnen; der Nichtjude ist klein, dunkel, wulstlippig, froschäugig, hakennasig und hat schlechte Zähne. Max wird im Finkelsteinschen Haushalt aufgezogen und entflieht damit seiner Mutter, der Stadthure. Dort lernt er Jiddisch, die Sprache von Itzigs Vater Chaim und dessen Frau Sara. Für Chaim ist Deutsch nur »ein verhunztes, zersetztes hochgestochenes Jiddisch«, womit er die traditionelle deutsche Vorstellung von Jiddisch als der Sprache der Juden und Diebe in ihr Gegenteil verkehrt. Max, der Erzähler, stellt fest, daß nur wenige Familien in Wieshalle Jiddisch sprachen. Die meisten Juden sprachen Deutsch, da sie seit Generationen in der Stadt gelebt hatten. So geht der Nichtjude mit seinen Freunden in die Synagoge, lernt das hebräische Alphabet scheinbar durch Osmose und lernt die Sabbatgebete auswendig.

In dieser sprachlichen Umkehrung liegt die Ironie, auf die Becker in *Bronsteins Kinder* hinweist, die Ironie der Zufälligkeit aller menschlichen Charakteristika, sogar solcher wie Beschneidung, die traditionell den Juden zugeschrieben wird. Max Schulz wird Nazi, schließlich sogar Aufseher und Henker im Konzentrationslager Laubwalde und ermordet seinen Kindheitsfreund im Jahre 1942. Nach dem Zusammenbruch des Tausendjährigen Reichs flieht Schulz in den Westen und nimmt Finkelsteins Identität an. Obwohl er aussieht wie ein Jude, obwohl er die versteckte Sprache der Juden spricht, fehlen ihm doch zwei Kennzeichen jüdischer Identität – Kennzeichen jedenfalls nach Ansicht der Nichtjuden im Jahre 1945. Er hat keine Lageridentifikationsnummer, und er ist nicht beschnitten. Beides verschafft er sich in den Ruinen von Nachkriegsberlin, wonach er in ein DP-Lager verschwindet als der Meisterfriseur Itzig Finkelstein. Der frischbeschnittene emigriert nach Palästina, wo er die Rolle des aktivistischen Juden annimmt und als Mitglied der revisionistischen »Sterngruppe« im Befreiungskrieg kämpft. Schulz/Finkelsteins Identität ist die eines deutschen Juden, der aber die Sprachfähigkeiten des Ostjuden hat. Die Frau seines Arbeitgebers, »eine preußische Jüdin, die Preußen nicht vergessen kann«, um Schulz/Finkelsteins Formulierung zu gebrauchen, »guckt zwar manchmal ein bißchen krumm, jedesmal wenn (er) mit den Kunden jiddisch rede(t)«. Während viele der »Yekes« große Schwierigkeiten haben, Hebräisch zu lernen (einer der wichtigsten Aspekte des komischen Stereotyps des deutschen Juden in Israel), hat Schulz/Finkelstein keine. Er kauft sich eine hebräische Grammatik und lernt die Sprache mit Eifer. Zur Sicherheit fügt er Englisch hinzu, die Sprache der britischen Besatzungsmacht (»eine Sprache, die der deutschen verwandt ist«). Diese neue hebräisch- und jiddischsprechende Figur heiratet eine von zwei Überlebenden eines Massakers in der Ukraine, eine Frau, die in die Sprachlosigkeit geschockt worden ist. Dieses Motiv, das so kunstfertig von Jerzy Kosinski in *The Painted Bird* verwendet worden ist, stellt den Verlust der kommunikativen Fähigkeiten dar in einer Welt, in der zwischenmenschliche Beziehungen absolut keine Bedeutung haben. Sprachfähigkeit, so wie die von Schulz/Finkelstein, ist ein Kennzeichen des Feindes, nicht des Opfers. Schulz/Finkelsteins Frau gewinnt ihre Sprache wieder, und Schulz/Finkelstein stirbt schließlich an einem Schlaganfall, als er versucht, seine Freunde davon zu überzeugen, daß er in Wirklichkeit der Mörder Schulz und nicht das Opfer Finkelstein ist. Im Augenblick des Todes steht er jenseits von Sprache. Seine

Sprache besteht darin, die Angst der sechs Millionen, die er zu ermorden geholfen hat, auf ewig zu durchleiden.

Die Zeichen, von denen in der deutschen Nachkriegsliteratur angenommen wurde, daß sie eine permanente Bedeutung als Zeichen des Juden hätten – Beschneidung und die versteckte Sprache der Juden – werden für Schriftsteller wie Hilsenrath und Becker zu Zeichen der falschen Vorstellungen, die Deutsche über Juden haben. Was Hilsenrath und Becker bei allen Unterschieden verbindet, ist ihre Übertragung besonderer Eigenarten der Sprache des Juden auf ein bestimmtes Bild des Juden, des Juden als Überlebenden. In einigen Fällen wird dieses Alter ego glorifiziert, in anderen wird es verdammt. In allen Fällen wird dieser fiktionale Diskurs von der Welt des Autors getrennt, getrennt von der Wahl, die er getroffen hat, sich von einer mit Bildern seiner Unfähigkeit verseuchten Sprache in eine Welt zu begeben, in der er eben diese Sprache kreativ nutzen kann. Hilsenrath und Becker kehren das Bild von der zerstörten Sprache des Juden erfolgreich gegen dieses Bild selbst, indem sie diesen Mythos thematisieren und zur Satire machen.

Wie kommt es, daß ihre äußerst erfolgreichen Werke – erfolgreich im ästhetischen wie im populären Sinn – nicht im Zusammenhang mit der Konzeption des jüdischen Schriftstellers in Deutschland reflektiert worden sind? Warum spricht die zeitgenössische Kritik nicht von einer deutsch-jüdischen Literatur, während man ohne weiteres vom ›Zeitalter des großen amerikanisch-jüdischen Romans» spricht? Ich nehme an, daß Grass in den fünfziger und sechziger Jahren Darstellungen des Juden benutzen konnte, und es auch tat, die auf den ersten Blick mitfühlend zu sein schienen und Erinnerungen wachriefen, weil es sich um positive Stereotypen handelte. Nur durch eine detaillierte Analyse (und vielleicht mit historischem Abstand) kann man erkennen, daß die Gründe, warum solche Darstellungen sich als erfolgreich erwiesen (und dies trifft auch auf das Porträt des Juden bei anderen «liberalen» Autoren der fünfziger und sechziger Jahre zu) genau darin bestehen, daß sie wenigstens teilweise auf einer Umkehrung der negativen Darstellungen beruhten, die ihnen vorausgegangen waren. Das soll nicht heißen, daß Grass in seinem Werk *Stürmer*-Karikaturen benutzt. Aber er benutzt ihr genaues Gegenbild und erhält damit zumindest einen der wichtigsten Mythen über die Juden aufrecht, den von der versteckten und geheimen Sprache.

Als Schriftsteller wie Hilsenrath und Becker (und diese Reihe läßt sich erheblich erweitern) begannen, Juden in der Literatur zu porträtieren, mußten sie zunächst dem akzeptierten Bild des Juden, wie es z. B. in den Werken von Grass vorkommt, entgegenwirken, einem Bild, das weder ihrer Selbstauffassung entsprach noch ihrem Verständnis eines angemessenen Umgangs mit ihrer scheinbar widersprüchlichen Identität als Juden, Deutsche und Literaten. Sie taten mehr als nur ihre Realität zu trennen von der Literatur über Juden. Das wäre zu einfach gewesen. Denn welcher Schriftsteller verwechselt seine Persönlichkeit mit der Literatur, die diese Persönlichkeit hervorbringen kann? Sie sahen sich vielmehr damit konfrontiert, daß die philosemitische Welt deutscher liberaler politischer Meinungen, die Welt von Schriftstellern, die nach ihrer Selbsteinschätzung und in ihren öffentlichen Aktionen ein idealisiertes Bild des deutschen Literaten in der »direkten Kontinuität des Liberalismus« (lies: Jüdischsein) der zwanziger Jahre (und sogar früher) repräsentierten, in der Lage war, Abbilder des Juden zu verwenden, die vergiftet waren. Wo Juden (wie auch immer definiert) sich in Abbilder des Juden verwandelten, stießen sie auf ein Empfinden unheimlichen Wiedererkennens der Kräfte des Bösen sowie der Kräfte des Guten. Und wenn man die radikale Umkehrung des Bildes vom Juden durch das Aufkommen des linken Antizionismus (lies: Antisemitismus) in den siebziger Jahren betrachtet, ist ihre Lesart nicht falsch.

Schriftsteller in der anglo-amerikanischen Welt, die sich als Juden verstehen – Literaten wie der amerikanisch-jüdische Autor Philip Roth in den Zuckerman-Romanen (1979–1986) und der britisch-jüdische Autor Clive Sinclair in seinem außergewöhnlichen Roman *Blood Libels* (1985) und besonders in seinen Memoiren *Diaspora Blues* von 1987 –, waren in der Lage, die Vorstellung von der versteckten Sprache des Juden zu thematisieren[4]. Sie waren fähig, mit der Annahme umzugehen, daß sie als Juden die Welt anders sähen als alle anderen und daß folglich ihre Texte mit versteckten »jüdischen« Botschaften kodiert wären. Was diese Schriftsteller taten, war, diese Unterstellung in den Stoff zu ihren Werken umzuformen. Durch das

Schreiben widerlegten sie die Existenz einer besonderen Natur der Sprache des Juden. Kritiker, sowohl der Rechten wie der Linken, haben diesen Ruf nach Universalismus jedoch oft nicht erkannt in so deutlichen Darstellungen von Partikularismus. Anders als im angloamerikanischen Zusammenhang, in dem Roth und Sinclair als jüdische Schriftsteller angesehen werden – als »selbsthaßende« Juden zwar, aber immerhin als Juden in einer zentralen Stelle in ihrer kulturellen Bedeutung –, wird Hilsenrath und Becker in Deutschland innerhalb ihrer kulturellen Welt jeglicher Status als Jude einfach verweigert. Denn zuzugeben, daß Juden über jüdische Themen schreiben können und dennoch diese Inhalte transzendieren und damit »richtige« Schriftsteller – was in der Terminologie des Liberalismus Schriftsteller mit »universellen« Themen bedeutet – sein können, würde die liberale Ansicht in Frage stellen, daß jeder Partikularismus schlecht sei. Ein »jüdischer Schriftsteller« zu sein, stellt für die meisten heutigen Deutschen eine unakzeptable, sogar rassistische Kategorie dar. Und diese Einstellung führt schnell zu der Ansicht, daß »Zionismus« »Rassismus« sei. Um solchen »Rassismus« zu zerstören, hat man die Kategorie des »jüdischen« Schriftstellers zerstört. Für die meisten Kritiker existiert die Kategorie des »jüdischen Schriftstellers« nur für die Vorkriegszeit. Auf diese Weise stellen sie eine Verbindung zwischen dem Holocaust und dem identifizierbaren Ort des Juden in Weimar-Deutschland her. Wenn es aber keine Juden in der heutigen deutschen Kultur gibt, nur Deutsche, dann war der Holocaust mit seinem Versuch, jeden Sinn für Unterschiede zu zerstören durch die Vernichtung des anderen, erfolgreich. Der neue liberale Aufschrei, der das Empfinden für die Position des deutsch-jüdischen Schriftstellers in der deutschen Kultur mit dem Stempel des Andersseins, den die Nazis den jüdischen Literaten aufgedrückt haben, verwechselt, zielt dahin, die Kategorie des Juden völlig aufzuheben. Sie haben heutigen deutsch-jüdischen Schriftstellern, die mit den Komplexitäten der Thematik von zeitgenössischem deutschen Judentum in einer kreativen und wertvollen Weise umgehen, ihre Identität verweigert, eine Identität, die diesen zu einem nicht geringen Teil durch ihr Jüdischsein im heutigen Deutschland auferlegt wird. Daher kehren Schriftsteller wie Hilsenrath und Becker zu diesen Themen zurück, um zu zeigen, daß sie wirklich existieren, als Deutsche, als Juden, als Literaten. Ihr Aufschrei besteht darin, daß sie als jüdische Autoren in Deutschland existieren, wo sie das Vorhandensein der unsichtbarsten aller Kategorien ausdrücken, der des kulturellen Juden.

ANMERKUNGEN

1 Rumler, Fritz: Max & Itzig. In: Der Spiegel, Jg. 31, Nr. 35, 22. 8. 1977, S. 137–139
2 Hilsenrath, Edgar: Bronskys Geständnis, München 1980, S. 68/70
3 Hilsenrath, Bronskys Geständnis, S. 156/157
4 Dies wird am deutlichsten in Philip Roths Darstellung vom britischen Antisemitismus in *The Counterlife* (New York 1986) und Clive Sinclairs komplexem Verhältnis zur »authentischen« (d. h. israelischen) und »inauthentischen« (d. h. europäisch-jüdischen) Sprache in *Diaspora Blues. A View of Israel* (London 1987).

**Marika Kreutz**

## *TÄTER UND OPFER*
## *Das Bild des Juden in den Romanen* Nacht *und* Der Nazi & der Friseur

Die Figurenkonstellation in *Nacht* ist gekennzeichnet durch die Opposition von Tätern und Opfern, die sich im Ghetto von Prokow gegenüberstehen. Innerhalb dieser beider Figurengruppen ist wiederum eine Zweiteilung nach Merkmalsgegensätzen auszumachen. Zum Beispiel bei den Opfern nach sozialem Stand, also Menschen mit einem Schlafplatz gegenüber Obdachlosen, Satten gegenüber Hungernden. Oder nach dem Grad der Charakterisierung: Individuen gegenüber der gesichtslosen Masse. Zur Gruppe der Täter gehören sowohl Nichtjuden wie rumänische Soldaten und ukrainische Miliz als auch die jüdische Polizei.

Die Gefangenen von Prokow sind zumeist deportierte rumänische Juden wie Ranek oder Sara, aber auch ein paar der alten jüdischen Gemeinde von Prokow oder Kinder aus der Ukraine befinden sich unter den Bewohnern des Ghettos. Die Juden, die hier unter den erbärmlichsten Bedingungen ums nackte Überleben kämpfen müssen, kommen aus (klein-)bürgerlichen Verhältnissen. Raneks Vater zum Beispiel, ein nach Rumänien eingewanderter Pole, besaß eine kleine Bäckerei ohne Angestellte; Ranek selbst arbeitete als kleiner Angestellter. Das Leben war mühsam, aber gesichert. Jüdische Riten wurden zwar eingehalten, die Familie war jedoch assimiliert und der jüdischen Tradition mehr aus Gewohnheit als aus tiefer Religiosität verbunden. Zum Zeitpunkt der Handlung hatte Ranek seinen Glauben bereits verloren und betete auch nicht mehr. Auch von anderen Figuren erfährt man ihren früheren Beruf: Dvorski war Kutscher, der Nachtasylbewohner Axelrad ein sehr wohlhabender Kaufmann, Saras Mann Volksschullehrer, Dr. Hofer und Dr. Blum – die einzigen, die ihrem ehemaligen Beruf auch teilweise im Ghetto nachgehen – sind Ärzte. Die Zuordnung zu den diversen Berufsgruppen ergibt einen Querschnitt durch die Bevölkerung und soll zeigen, daß niemand vor der Deportation sicher war. Obwohl sie alle mehr oder weniger assimiliert lebten – viele sprechen kein Jiddisch –, wurden sie völlig unerwartet aus ihrer gesicherten Welt herausgerissen, was die jetzigen Lebensumstände um so grausamer erscheinen läßt. Bis auf wenige wie Dvorski, der sich durch seine dunklen Geschäfte als Schieber sozial verbessert hat, kämpfen nun alle ums nackte Überleben, egal, welchen Beruf oder sozialen Status sie vorher gehabt hatten. Vielmehr führt der Autor vor, wie sich wieder eine neue hierarchische Ordnung herausgebildet hat, diesmal allerdings ohne jene früher gültigen Gesetze des sozialen Zusammenlebens. Sie haben sich nun in ihr Gegenteil verkehrt. Die Privilegierten sind diejenigen, die ein Schlafquartier haben wie die Bewohner des Nachtasyls. Diesen gegenüber stehen die vielen Obdachlosen, die den anderen ihr Dach über dem Kopf neiden.

Die Bewacher des Ghettos bleiben schemenhaft im Hintergrund und treten nur als nächtlicher, anonymer Trupp in Erscheinung, der bei den Razzien die Obdachlosen zusammentreibt und abtransportiert. Kein Mord durch die Täter wird geschildert, eine offene Verurteilung durch den Erzähler findet nicht statt. Quantitativ fällt diese Figurengruppe, verglichen mit den jüdischen Häftlingen, kaum ins Gewicht: Nur ein Vertreter der Unterdrücker, nämlich Daniel, wird etwas näher charakterisiert, indem sein Aussehen und seine Handlungen geschildert werden. Der Terror bleibt dadurch gesichtslos, und das Hauptaugenmerk des Lesers wird nicht auf die Täter und deren Unmenschlichkeit, sondern auf das Verhalten der Opfer gelenkt. Wie diese einst nach gesellschaftlichen Regeln lebenden Juden um das Überleben kämpfen und dabei tierische Verhaltensweisen annehmen und wie sie sich unter extremsten Bedingungen verhalten – dies zu beschreiben, ist das eigentliche Anliegen des Autors. Viele von ihnen werden, getrieben vom Hunger, ebenfalls zu »Tätern«, wie zum Beispiel Ranek, der einem Sterbenden die Schuhe stiehlt oder einem Kind die Suppe entreißt. Umgekehrt trägt die Figur des Daniel nicht nur negative Züge, denn er versucht, Ranek zu helfen. Eine klare Trennung in Täter und Opfer wird dadurch fast unmöglich. Ein schmaler Grat wird erkennbar, wenn dargestellt wird, daß den im Ghetto Gefangenen keine andere Wahl bleibt, als selbst unmenschlich zu handeln, wenn sie überleben wollen.

Nur ein Teil der Figuren – sowohl innerhalb als auch außerhalb des Nachtasyls – hat noch einen individuellen Namen und wird auch näher charakterisiert. Die anderen tragen keine Eigennamen mehr, sondern sind nur durch auffällige Körpermerkmale oder ihre »Berufsbezeichnung« näher gekennzeichnet: der Rote, der Krüppel, die Alte, Schieber, Portier. Mit den vielen typisierten Namenlosen im Ghetto verleiht Hilsenrath der Entindividualisierung der Menschen Ausdruck, ausgelöst durch den fortschreitenden Verfall sämtlicher früher gültigen sozialen Regeln und Normen. Mit der Vergangenheit wurden die Namen und damit auch das Recht auf Menschsein ausgelöscht. Dies gilt übrigens auch für den Raum, in dem die Opfer leben: Die meisten Straßen besitzen ebenfalls keinen Namen mehr. Die Ghettobewohner – vor allem die Obdachlosen als unterste Stufe der hier gefangengehaltenen Juden – erscheinen somit als namenloses Kollektiv, ausgestattet nur mit wenigen Merkmalen.

Die Hauptfigur Ranek gehört hingegen zu jenen, die einen Namen besitzen und näher charakterisiert sind und dadurch noch als Individuen erscheinen. An ihm wird exemplarisch vorgeführt, wie die egoistische Mehrzahl im Ghetto rücksichtslos um ihr Leben kämpft. Wie die meisten hat er seinen Glauben verloren, ist gemein und verwahrlost. Nur in einer Situation scheint Ranek sich von den anderen – vor allem von Daniel – abzuheben. Er erzählt seinem Freund Sigi, daß er das Angebot Daniels, ihm einen Posten bei der jüdischen Polizei zu verschaffen, abgelehnt habe, obwohl ihm diese Stellung ausreichend Nahrungsmittel und eine relative Sicherheit garantiert hätte.[1] Sigi glaubt ihm jedoch nicht, da er keine Erklärung dafür findet, wieso Ranek eine Ausnahme sein sollte, und gibt damit die Meinung der anderen Ghettobewohner wieder: Niemand kann moralisch einwandfrei handeln, wenn es um das nackte Überleben geht. Raneks Ablehnung ist ein Indiz dafür, daß er sich trotz der Bedingungen im Ghetto noch einen Rest an moralischen Skrupeln bewahrt hat. Allerdings erfährt der Leser diese Begebenheit nur aus Raneks Mund, ohne Bestätigung des Erzählers. Das Einleuchtende an Sigis Argumentation läßt auch den Leser an Raneks Behauptungen zweifeln. Er kann sich also nicht ganz sicher sein, daß Raneks Geschichte der Wahrheit entspricht, und erkennt, daß diese Wahl keine einfache Entscheidung ist. Damit weckt der Autor Verständnis für diejenigen, die einer solchen Möglichkeit, das Überleben für eine Zeitlang zu sichern, nicht widerstehen konnten und zu Gehilfen der Mörder wurden. Ranek ist ambivalent gestaltet: Manchmal wird deutlich, daß er trotz seiner Abgebrühtheit noch nicht alle Gefühle verloren hat. Immer wieder kommen kurze, eingeschobene Sätze vor wie »Etwas wie Sehnsucht überkam ihn«[2] bei dem Blick auf ein bewohntes Haus in der Nacht oder »Man gewöhnt sich nicht daran«[3] bei der Konfrontation mit Obdachlosen, die von der Deportation bedroht sind. Er macht insofern eine Entwicklung durch, als er sich vom zynischen und harten Menschen zu einem Liebenden entwickelt, seinen Egoismus überwindet und sich um Debora kümmert.

Raneks Schwägerin Debora steht in klarer Opposition zu allen anderen Figuren, denn sie hat sich menschliches Mitgefühl und ihren Glauben, aus dem sie Kraft und Zuversicht schöpft, noch bewahrt. An ihr wird somit ein alternatives Verhalten unter diesen menschenunwürdigen Zuständen vorgeführt, motiviert durch eine andere religiöse Einstellung. Aber auch Debora verfällt zusehends und wird den anderen zumindest rein äußerlich immer ähnlicher. Trotzdem ist die Figur der Debora keine Aufforderung, unter allen Umständen am

Glauben festzuhalten. Beide Möglichkeiten, der Verlust des Gottvertrauens und das Bewahren der Gläubigkeit, werden ohne Wertung des Autors gleichberechtigt nebeneinander stehengelassen. Die durch die Figuren verkörperten verschiedenen Einstellungen zum jüdischen Glauben stehen für die ambivalente Einstellung des Autors zur Gottesfrage, da Hilsenrath in diesem Roman autobiographische Erlebnisse und Erfahrungen verarbeitet hat und hier selbst empfundene Glaubenszweifel artikuliert.

In der Gruppe der Täter bleibt die jüdische Polizei nicht so anonym wie die rumänischen oder ukrainischen Soldaten. Sie erscheinen wohlgenährt und tragen ordentliche, wärmende Kleidung. An Daniel zeigt Hilsenrath, daß Juden nicht nur Leidtragende, sondern auch zu der grausamen Paradoxie fähig waren, zu Handlangern der Unterdrückungsmacht, zu Tätern zu werden.

Selten werden Merkmale der Figuren wie ihr Aussehen oder ihre Eigenschaften direkt benannt. Vielmehr werden sie indirekt charakterisiert durch ihre Handlungen, Dialoge und die Darstellung ihrer Gedanken. Neben der Beschreibung von Figuren erfolgt auch die Schilderung von Ereignissen im Ghetto oder aus der Vergangenheit hauptsächlich aus der Sicht der Figuren selbst. Teilweise entsteht durch die fast ausschließliche Innenperspektive der Figuren eine ironische Brechung, wenn zum Beispiel viele Figuren Ranek für einen anständigen Menschen halten, obwohl er sie bestiehlt und belügt. Der Leser weiß durch die vorangegangenen Handlungen einfach mehr, auch wenn sich der Erzähler jeglichen Kommentars enthält. Die Präsenz des Erzählers rückt durch die personengebundene Perspektive stark in den Hintergrund. Der Leser kann sich nicht immer auf die Glaubwürdigkeit der Sichtweise der Figuren verlassen, zum Beispiel, wenn Aussagen wie die Raneks, er habe das Angebot, zur jüdischen Polizei zu gehen, abgelehnt, nicht von einem auktorialen Erzähler bestätigt werden. Indem der Autor nur zeigt, was seine Figuren sehen, baut er die Illusion einer unmittelbaren Wahrnehmung auf, betont die Authentizität des Dargebotenen. Dem Leser werden keine Interpretationen der Geschehnisse und Handlungen gegeben, die dadurch um so stärker wirken. Gezeigt werden nur die menschenunwürdigen Zustände im Ghetto und die Verhaltensweisen der unter diesen Bedingungen lebenden Bewohner, während die Allwissenheit des Erzählers eingeschränkt scheint.

Die im Ghetto lebenden Juden werden nicht nur als bemitleidenswerte Opfer der faschistischen Unterdrücker dargestellt, sondern sind auch gekennzeichnet vom Überlebenskampf, der brutal und rücksichtslos macht. Negative Charakterzüge werden aber aus der Situation des Ghettos heraus verständlich gemacht und verleiten so den Leser nicht zur Verurteilung der dort lebenden Juden. Mit seiner Darstellung jüdischer Figuren bricht Hilsenrath ungeschriebene Tabus der deutschen Nachkriegsliteratur: Juden sind in *Nacht* eben nicht nur unschuldige oder heldenhafte Leidtragende, sondern haben tierische Instinkte für den Überlebenskampf entwickelt. Dennoch wird sichtbar, daß die Akzeptanz der Gesetze des Ghettos nicht sämtliche Gedanken an frühere Normen und Gefühle verdrängen kann. Dieses Schwanken zwischen dem Willen zum Überleben und einem Rest bewahrter Menschlichkeit wird an vielen Figuren vorgeführt. Das Buch ist also nicht als Denunzierung der jüdischen Ghettobewohner zu verstehen, sondern als Anklage gegen diejenigen, die ihren Opfern jegliche Individualität und Menschenwürde abgesprochen und sie zu solchen Reaktionen getrieben haben.

Auch die Figuren in *Der Nazi & der Friseur* lassen sich in Täter und Opfer einteilen. Da Hilsenrath aber in diesem Roman – im krassen Gegensatz zu *Nacht* – aus der Sicht eines Massenmörders erzählt, stehen diesmal die Denk- und Verhaltensweisen der Täter im Mittelpunkt. Das kleinbürgerliche Milieu, in dem Max Schulz aufwächst, wird dabei als besonders anfällig für die Ideologie des Nationalsozialismus geschildert. Bildung oder soziale Verhältnisse machen dabei keinen Unterschied: Sowohl der in ärmlichen Verhältnissen lebende, verwahrloste Friseur Slavitzky als auch der Rektor Salzstange sind begeisterte Nazis. Es sind die Unzufriedenen, die es trotz allen Kriechertums nie zu etwas gebracht haben, und die Gedemütigten und Geschlagenen wie Max Schulz, die in Hitler ihren Erlöser sehen. Max Schulz ist dabei ein Mitläufer, der nicht aus Judenhaß, sondern aus Opportunismus zum Massenmörder wird.

Die Opfer sind Juden Deutschlands, Polens und Rußlands. Es sind die Unzähligen, die während des Krieges ermordet wurden wie die

Familie Finkelstein, und die Überlebenden, die jedoch für den Rest ihres Lebens unter den Folgen des Geschehenen zu leiden haben wie Hanna Lewisohn oder Mira. An den Finkelsteins wird das Schicksal der deutschen Juden aufgezeigt. Sie werden zwar als gläubig, aber – ursprünglich aus Galizien stammend – inzwischen assimiliert dargestellt. Der Vater ist ein angesehener Geschäftsmann, die Familie hat ihren Platz in der deutschen Gesellschaft gefunden. Als Hitler an die Macht kommt, vertrauen sie auf ihre Zugehörigkeit zu Deutschland; sie wollen und können nicht glauben, daß sie nun aus der Gesellschaft ausgestoßen sein sollen und Flucht ihre einzige Rettung wäre.

Bis auf den Friseur Slavitzky – er ist eigentlich polnischer Abstammung, aber nach Hitlers Machtergreifung fühlt er sich auch als Deutscher – tragen alle Figuren aus der Gruppe der Täter einen »urdeutschen« Namen: Max Schulz allen voran, aber auch Siegfried von Salzstange, Frau Holle, Lagerkommandant Hans Müller, Gräfin Kriemhild von Hohenhausen usw. Durch diese Überspitzung wirken die Figuren nicht als Individuen, sondern als Karikaturen. Auch nach Kriegsende ändern die Täter – bis auf Max Schulz, der ja zum »Opfer« mutiert und sich mit seiner neuen Rolle total identifiziert – im Grunde ihre Einstellung nicht, bleiben ihren Überzeugungen verhaftet. Sie werden als unverbesserlich dargestellt, als unfähig zur Einsicht. Zudem wird keiner der Nazis für seine Verbrechen zur Rechenschaft gezogen. Hilsenrath stellt damit das Weiterwirken antisemitischer Einstellungen und den nur aufgesetzten Philosemitismus im Nachkriegsdeutschland bloß. Der Täter Max Schulz wird von allen Figuren am genauesten charakterisiert, aber obwohl er sozusagen eine »Entwicklung« durchläuft – vom Freund der Juden zum Nationalsozialisten, vom Massenmörder zum angeblichen Opfer – und seine Denk- und Verhaltensweisen ausführlich geschildert werden, erscheint er, wie auch die anderen Figuren, nicht als Individuum. Er ist vielmehr die groteske Personifikation des Mitläufers und Mörders auf Befehl, Spießbürger durch und durch, den der Autor dazu benutzt, das Innenleben eines Täters aufzudecken.

Unter den Opfern werden zwar mehrere Figuren näher dargestellt, aber auch sie sind nur mit wenigen Merkmalen ausgestattet. Sie tragen fast ausschließlich typisch jüdische Namen wie Chaim oder Sara, auch hier teilweise bis zur Karikatur verzerrt: Schmuel Schmulevitch, ostjüdischer Herkunft. Dies gilt nicht für diejenigen, die sich mehr als Deutsche fühlen wie Wolfgang Richter und einen entsprechenden Namen besitzen. Daß wie er auch andere Juden Deutschland als ihre Heimat ansehen und sich nach dem Krieg entwurzelt fühlen oder daß Max Schulz in Israel heimisch wird, thematisiert die Problematik der deutsch-jüdischen Identitätsfindung nach dem Zweiten Weltkrieg. Die Wahl eines so traditionellen Namens wie »Chaim« für den zwar gläubigen, aber akkulturierten Juden Finkelstein ist als satirische Überspitzung zu sehen. Dasselbe gilt für »Itzig«: Dies ist kein richtiger Vorname, sondern nur die Rufform von »Israel«, aber Hilsenrath dürfte sich des antisemitisch aufgeladenen und spöttischen Untertons des Rufnamens »Itzig«, der während des Dritten Reiches zur Diffamierung der jüdischen Bevölkerung benutzt wurde, bewußt gewesen sein und ihn gerade deshalb gewählt haben.

Sind fast alle Figuren durch ihre Namensgebung eindeutig den Nazis oder den Juden zugeordnet, gilt dies für die körperliche Ausstattung nicht mehr. So werden der Arier Max Schulz und sein jüdischer Freund Itzig Finkelstein mit den jeweils gängigen Klischees der Gegenseite versehen. Max Schulz' Identitätswechsel stellt die klare Zugehörigkeit zu den Tätern oder zu den Opfern an sich in Frage. Als Jude – auch wenn er ein Massenmörder ist und bleibt – sieht sich Max/Itzig nach dem Krieg mit antisemitischen Äußerungen konfrontiert und wird damit zum Opfer. Aber auch die jüdischen Protagonisten sind nicht nur mit positiven Charakterzügen ausgestattet. Manche von ihnen glauben ebenfalls an die Stereotypen der Antisemiten: Frau Schmulevitch – so argwöhnt Max – hat Hitler gewählt und führt im Friseursalon eine Rangordnung für Juden ein. Neben der Feststellung, daß auch Juden rassistische Vorurteile hegen, bilden deren Militäreinsätze beim Kampf für einen unabhängigen Staat Israel Hilsenraths Hauptkritikpunkt. Diese Aspekte erschweren – wie auch schon in *Nacht* – eine eindeutige Zuordnung zur Gruppe der Täter oder der der Opfer.

Eine klare Einteilung der Figuren in verschiedene Typen wie »Held«, »Opfer« oder »Täter« funktioniert in Hilsenraths Romanen nicht mehr – und dies irritiert. Indem er seine Figuren mit positiven und negativen Zügen gleichermaßen ausstattet, ohne auf traditionelle Vorstellungen zurückzugreifen, gelingt es ihm, eine stereotype Charakterisierung seiner Figuren zu vermeiden. In seinem zweiten Roman ironisiert er diese gerade durch bewußte Verzerrung und Vertauschung. Edgar Hilsenrath durchbricht die Tabuisierung, mit der das »Bild des Juden« nach 1945 belegt war, und ihm gelingt die Vermittlung eines vielschichtigen Bildes jüdischer Erfahrungen, womit er zu einem besseren Verständnis jüdischer Vergangenheit und Gegenwart beiträgt. Seine Erkundungen der Vorurteile über Juden sind wichtige Beiträge zur Beseitigung festgefahrener Denkmuster über den »Anderen«.

ANMERKUNGEN

1 Hilsenrath, Edgar: Nacht, München 1964, S. 75 ff.
2 Ebd., S. 13
3 Ebd., S. 14

**Andreas Graf**

## *MÖRDERISCHES ICH*
## *Zur Pathologie der Erzählperspektive in Edgar Hilsenraths Roman* Der Nazi & der Friseur

»Was ist das – eine andere Identität?«
›Wenn sich einer verwandelt‹, sagte Max Schulz.«[1]

Die ersten beiden publizierten Romane Edgar Hilsenraths haben nicht nur eine in manchem vergleichbare Veröffentlichungsgeschichte, sondern sie sind auch inhaltlich deutlich aufeinander bezogen. *Nacht* wurde in den fünfziger Jahren begonnen und später in den USA veröffentlicht. Der Roman sollte 1964 auch in Deutschland erscheinen, doch der Verlag bekam während der Drucklegung kalte Füße und das Buch wurde, obwohl es sich in den USA zu einem Bestseller zu entwickeln begann, »mit der lächerlichen Startauflage von etwa 1200 Exemplaren gedruckt und damit indirekt unterdrückt«[2]. Erst 1978 gab es eine nennenswerte deutsche Ausgabe. Auch *Der Nazi & der Friseur,* den Hilsenrath, der zu der Zeit noch in New York lebte, bei einem Aufenthalt in München 1968 geschrieben hatte, erschien zunächst in englischer Sprache und erst 1977 in Deutschland. Die Publikationsgeschichte beider Romane gleicht damit für Deutschland über weite Strecken eher der Historie ihrer Verhinderung.

Die Bedenken der Verlage gründeten sich in beiden Fällen offensichtlich auf die vom Autor vorgetragene Erzählperspektive: Das Publikum könne, hieß es im ersten Fall, den Roman falsch verstehen und in antisemitischen Haltungen bestärkt werden, und außerdem dürfe man – beim zweiten Roman – über Nazigreuel und den Staat Israel keinesfalls satirisch schreiben. Und tatsächlich liegt die Provokation beider Romane in der gewählten Perspektive. *Nacht* wird zwar von einem allwissenden Erzähler geschildert, der die Gedanken aller handelnden Personen und sogar die Zukunft kennt, der beispielsweise auch die treibenden Leichen im Fluß, die sonst von allen unbemerkt bleiben, beschreibt. Doch der objektive Blick auf die Geschehnisse, der durch diesen auktorialen Gestus angedeutet ist, wird von zwei Faktoren wesentlich eingeschränkt. Zunächst durch die Tatsache, daß der Erzähler der Hauptperson Ranek, solange dieser sich im Ghetto befindet, stets auf den Fersen folgt und sich über weite Strecken dessen Perspektive zueigen macht; der Leser befindet sich vom ersten Satz an »in medias res« und wird vom Handlungsverlauf mitgerissen, ohne daß eine Distanz zum Erzählten entstehen könnte oder sollte. Dieses Ausgeliefertsein des Lesers an den Text wird zudem verstärkt durch die fast gänzliche Beschränkung auf die Opferperspektive. Denn auch bei den anderen Gestalten, deren Subjektivität gelegentlich vorgestellt wird, handelt es sich ausschließlich um Ghettobewohner, also um Opfer. Hilsenrath beschreibt den rücksichtslosen Überlebenskampf innerhalb der (jüdischen) Ghettogesellschaft, Hunger und Elend sind die Triebkräfte von Menschen, die einzig zu existieren scheinen, um sich gegenseitig zu übervorteilen. Freundschaft gibt es kaum, verwandtschaftliche Beziehungen spielen eine extrem untergeordnete Rolle. Die faschistischen Täter, deren Handlungsweise die Extremsituation überhaupt erst geschaffen hat, werden so gut wie überhaupt nicht als aktiv Eingreifende dargestellt. Sie verbleiben in einer schemenhaften Distanz, die mit den unmittelbaren Lebensbedingungen der Ghettobewohner kaum zu tun zu haben scheint. »In dem personenreichen Roman kommt kein einziger Deutscher vor, auch nicht als Randfigur. Die Deutschen werden nur zwei-dreimal beiläufig erwähnt, als unfaßbarer, anonymer Schrecken irgendwo in der Ferne.«[3] Das Buch ist in gewisser Weise ein ebensolches Monstrum wie die Menschen, die es beschreibt. Es zieht den Leser suggestiv in die Abstumpfung; er ertappt sich dabei, wie er dem Unfaßbaren zunehmend gleichgültiger gegenübersteht. Die Perspektive der Opfer ist damit auf ihn übergegangen.

In *Der Nazi & der Friseur* spielt der Autor die entgegengesetzte Möglichkeit durch. Der Roman ist ausschließlich aus der Täterperspektive erzählt. Er schildert, unter weitgehender Beschränkung auf dessen Sichtweise, die verschiedenen Metamorphosen des Massenmörders Max Schulz, der sich vom antisemitischen Spießer nach einem Identitätswechsel zum vorbildlichen Bürger des Staates Israel wandelt. Im Gegensatz zu *Nacht,* wo eine persönliche Entwicklung der Hauptgestalten nicht zu erkennen ist und auch Hoffnung auf eine grundsätzliche Änderung der Umstände kaum besteht (einzige Ausnahme: Debora), belebt in *Der Nazi & der Friseur* das Moment des Wandels die Romanhandlung. Die eigentliche Herausforderung dieses Textes besteht in der Kombination von beidem: radikale Täterperspektive bei Annahme einer Opferidentität.

Hatte *Nacht* noch eine gelegentlich ungefüge Form, die dem Erstlingscharakter des Werkes vielleicht ebenso zu verdanken war wie der Notwendigkeit für den Autor, sich von den der Handlung unterliegenden Realerlebnissen freizuschreiben, so erweist sich *Der Nazi & der Friseur* als wesentlich durchkomponierter. *Nacht* war episodisch strukturiert. Wie sich das Streben der Handelnden nur auf den nächsten Tag richtet, so ist die Spannung zunächst am jeweiligen Kapitelende orientiert; Ereignisse werden iterativ gereiht und ohne kausalen Zusammenhang erzählt, Effekte jagen sich, oft schließen Kapitel mit epigrammatischer Zuspitzung. *Der Nazi & der Friseur* dagegen ist von Anfang bis Ende durchgestaltet; jedes der sechs Bücher, in die der Roman aufgeteilt ist, hat eine eigene Funktion im Gesamtgefüge, und auch die wichtigsten der verschiedenen Unterkapitel sind – häufig leitmotivisch – aufeinander bezogen. Da ist zunächst die deutliche

Mittelzäsur der Handlung, die die schon im Titel signalisierte personale Gegenüberstellung auch in einen räumlichen Kontrast verwandelt. Die sechs Bücher sind nämlich, bezogen auf Handlungsorte und -zeit, symmetrisch angeordnet (1. 1907–1941, Wieshalle / Schlesien; 2. 1943–1945, Warthenau / Polen; 3. 1946/47, Berlin; 4. 1947, An Bord der »Exitus«; 5. 1947–1949, Israel; 6. 1950–1968, Israel) und legen ein Verständnis des Romans als Doppelgeschichte nahe. Zwischen dem dritten und vierten Buch besteht, bei fortlaufender Chronologie und gleichem Handlungsträger, ein Einschnitt, der die gesamte Romanhandlung vom deutschsprachigen bzw. europäischen Raum nach Israel verlagert. Diese Verlagerung des Handlungsraums spiegelt zunächst die reale Bewegung tausender Überlebender der nazistischen Massenmorde, die eine neue Existenz in Israel fanden. Die Brisanz der Ortsverlagerung bzw. des damit verbundenen Identitätswechsels der Hauptfigur besteht für den Roman aber darin, daß sie erstens von einem deutschen Judenmörder vorgenommen wird, und zweitens während der gesamten Romanhandlung unbeanstandet bleibt.[4]

Der Roman wird zusammengehalten von der Person des Ich-Erzählers Max Schulz alias Itzig Finkelstein, dessen ausschließliche Perspektive das Buch präsentiert. Neben dieser extrem eingeschränkten Sicht wird nur an ganz wenigen Stellen des Romans auch eine Außensicht auf den Protagonisten und das Geschehen deutlich, die aber kaum eine objektiviertere Einschätzung des dreihundert Seiten langen Erzählermonologs ermöglicht. Der Leser ist den Bekenntnissen des Mörders uneingeschränkt ausgeliefert. Für Verunsicherung sorgt zudem die gänzliche Unkenntnis darüber, warum der Ich-Erzähler seine mörderische Geschichte, die er fast dreißig Jahre als tiefes Geheimnis bewahrt hat, mit dem vorliegenden Text der Öffentlichkeit übergibt. Keine Herausgeberfiktion, kein Manuskriptfund, keinerlei editorisches Drumherum (unter noch zu nennenden Einschränkungen) »erklärt« dem Leser den Anlaß oder die näheren Umstände dieser doch ebenso sensationellen wie prekären Lebensbeichte. Dadurch transportiert der Roman über die längste Strecke ein gezieltes Moment rätselhafter Unschärfe, des Ungefähren und Unglaublichen, das über den reinen Lesevorgang hinaus einen (teils analytischen) Motor ständig abwägender Selbstbeteiligung und -abklärung beim Leser in

Gang hält. Der Leser bleibt nicht ein Aufnehmender, sondern wird von Anfang an zu einem aktiv Teilnehmenden und Fragenden. Der sich treuherzig gebende Ton beispielsweise, den der Erzähler von Beginn an anschlägt und »cum grano salis« bis zum Ende durchhält, könnte den Leser dieser »confessions monstreuse« in einer trügerischen Sicherheit wiegen, störten nicht sogleich die eingebauten Widerhaken.

Schon der erste Satz bildet die im Roman durchgängig zu beobachtende Technik eines unvermittelten Nebeneinanders widersprüchlicher Bedingungen in seiner Struktur ab. »Ich bin Max Schulz, unehelicher, wenn auch rein arischer Sohn der Minna Schulz.« Was als freimütiges Bekenntnis sozialer Deklassiertheit zu beginnen scheint, gleitet sofort hinüber in groteske Überheblichkeit. In ähnlicher Weise wird später die emotionale Unterversorgung des Protagonisten kompensiert durch die Grandiosität seiner verschiedenen Abwertungshaltungen, die er einzig noch zur Stabilisierung seiner Existenz zu mobilisieren in der Lage ist. Das kleinbürgerliche Milieu, für das stellvertretend die Berufsstruktur der als Erzeuger von Max in Frage kommenden Herren steht (Fleischer, Schlossermeister, Maurergehilfe, Kutscher, Hausdiener), erfährt dagegen von Beginn an eine geradezu dramatische Überhöhung, indem der miefigen Realität mittels Verweis auf Stammbäume bis zum Alten Fritz und ins Mittelalter ein Anstrich des Heroischen verliehen wird. Zudem klingen mit dem Verweis auf Hagen den Schlüsselträger, dem der ruhmreiche Ritter Siegismund den Schlüssel zum goldenen Keuschheitsgürtel seiner Frau anvertraut, Sagenmotive an, die in der Rechtfertigungssuada des Erzählers gleichfalls das reale Elend mit einem glänzenden Schein versehen sollen, durch den hindurch den Leser jedoch stets die antimärchenhaften Abgründe dieser Existenz angähnen.

Die Identität des Max Schulz wird also nicht erst durch den Identitätswechsel im Verlauf des Romans zweifelhaft, sondern sie ist zwiespältig von Anfang an. Der Erzähler schwankt unvermittelt zwischen Selbstüberschätzung und Weinerlichkeit, Autoritätsgläubigkeit und trotziger Widerborstigkeit. Stanzel hat unter Hinweis auf Melville, Frisch u. a. gezeigt, daß eine solche Unsicherheit in bezug auf Erzählerstatus und -qualifikation geradezu als ein Kennzeichen des modernen Ich-Romans gelten kann und typischerweise oft im ersten Satz bereits anklingt.[5] Eines der bekanntesten Beispiele hierfür ist die ironische Selbstdistanzierung am Beginn der *Blechtrommel*, mit der Oskar sein Erzählen in Frage stellt, bevor es richtig begonnen hat: »Zugegeben: Ich bin Insasse einer Heil- und Pflegeanstalt.«[6] Tatsächlich ist der illegitime Max Schulz literarisch ein legitimes Reis vom Stamme Oskar Matzeraths (dessen Vater gleichfalls unbestimmt ist).

Zwischen den Autoren Grass und Hilsenrath herrscht eine enge Verwandtschaft, die sich nicht nur in der gegenseitigen Anverwandlung von Motiven ausdrückt.[7] War Grass bei der Gestaltung einer zentralen Szene von *Das Treffen in Telgte* in Hilsenraths *Nacht* auf ein Vorbild gestoßen[8], so hatte zuvor schon Hilsenrath für den hier in Rede stehenden Roman zahlreiche Anleihen bei der *Blechtrommel* bzw. der *Danziger Trilogie* gemacht, etwa bei Funktion und Zuschnitt der kleinbürgerlichen Lebenswelt. Die Väter der fünf Erzähler in den drei Grass-Romanen stammen aus demselben Milieu wie die fünf Väter des Max Schulz (Händler, [Sekretär], Kaufmann, Tischler, Müller); wie Oskar zwischen einem Kolonialwarengeschäft, einer Bäckerei und einer Gemüsehandlung aufwächst, so Max Schulz zwischen den beiden Friseurgeschäften Slavitzki und Finkelstein. Das Kleinbürgertum ist bei beiden Autoren die den Nationalsozialismus tragende Schicht, ohne daß jedoch der *Blechtrommel* oder dem *Nazi* eine der gängigen Faschismustheorien unterläge, die etwa den Handelnden in Form soziologischer Erklärungsmuster eine exkulpierende Hintertür offen ließe.[9] Beide Autoren betonen vielmehr die individuelle Verantwortlichkeit ihrer Figuren, indem sie konkrete Taten beschreiben. Weder Grass' SA-Mann Greff oder sein Musiker Meyn, der eine Synagoge in Brand steckt, noch Hilsenraths Massenmörder Schulz werden zu Tätern, weil sie Opfer ihrer Verhältnisse wären. Jedem Verbrechen geht stets eine Entscheidung zu Inhumanität voraus. Ohne die individuellen und sozialen Verhältnisse jedoch, daran lassen Grass wie Hilsenrath ebenfalls keinen Zweifel, wäre das Handeln im Einzelfall möglicherweise anders ausgefallen.

Wie schon Oskar seine eigene Geburt zu beschreiben vermochte, so ist dies auch Hilsenraths Protagonist möglich.[10] Oskars berühmter Satz »Ich erblickte das Lichte dieser Welt in Gestalt zweier Sechzig-

Watt-Glühbirnen«[11], vielfach zitiert und parodiert, dient auch dem gleichzeitigen Welteintritt des Max Schulz und seines jüdischen Freundes als literarische Vorlage: »Itzig Finkelstein erblickte das Licht der Welt genau zwei Minuten und zweiundzwanzig Sekunden, nachdem mich die Hebamme Gretchen Fettwanst mit einem kräftigen Ruck aus dem dunklen Schoß meiner Mutter befreite.«[12] In diesem Satz finden sich zudem, neben der Ironisierung der Erzählperspektive, weitere Parallelen zu Grass angedeutet: etwa die barocke, gelegentlich grotesk übersteigerte Gegenüberstellung unvermittelter Gegensätze oder die manchmal etwas merkwürdige »dreckige« Konnotierung der sexuellen Sphäre. Weitere Parallelen zwischen Hilsenrath und Grass' *Blechtrommel* bzw. dessen Danzig-Romanen kommen im Verlauf des Romans zum Tragen, beispielsweise die Vorliebe beider Autoren, mit dem Entsetzen Spott zu treiben bzw. das Grauen im Tragikomischen sichtbar zu machen, ihr gelegentlicher Hang zu Elipsen und Aufzählungen, die bewußte Verwendung von Leitmotiven sowie der bereits angedeutete gebrochene Bezug auf die deutsche Märchentradition. Beide Romane sind zudem parodistisch-groteske Überwältigungen der deutschen Entwicklungs- und Bildungsromantradition: Die *Blechtrommel* fügt dieser die pikareske Perspektive des kleinwüchsig-empfindsamen Oskar hinzu[13], während Hilsenraths Roman die Bedeutung des Begriffes Bildung in entlarvender Absicht blasphemisch umkehrt, indem er ihn auf die Entwicklung eines Massenmörders überträgt. Auch die Handlungszeit beider Romane ist weitgehend identisch. Die *Blechtrommel* beginnt im Jahr 1899, der *Nazi* im Jahr 1907, doch legen beide einen deutlichen Schwerpunkt auf Weimarer Republik und Nazizeit, und nur die letzten Seiten in Hilsenraths Roman weisen über den Zeitrahmen der *Blechtrommel* (das Jahr 1954) hinaus. Auch die außerliterarische Tatsache, daß beide Autoren fast gleichaltrig sind, die Entstehung ihrer Romane jedoch über ein Jahrzehnt auseinander liegt, läßt eine gewisse zwangsläufige Abhängigkeit Hilsenraths von dem längst berühmten Vorgänger vermuten.

Warum Max Schulz seine Bekenntnisse verfaßt und damit das lang gehütete Geheimnis, dem er sein weiteres Leben verdankt, der Öffentlichkeit preisgibt, wird, wie angedeutet, nirgends ausdrücklich gesagt. Man kann es am Ende nur vermuten. Doch wie Oskar Matzerath, dem Künstler, der sich mit seiner Blechtrommel und dem nach dieser benannten Lebensbericht selbst verwirklicht, sind auch Max Schulz künstlerische Beweggründe nicht ganz fremd. Immerhin hat er in früher Jugend Gedichte verfaßt. Und wie schon Oskar als armer Irrer verstanden werden kann, der sich, nachdem er in der Heil- und Pflegeanstalt gelandet ist, ein überlegenes Leben zurechtphantasiert[14], so treibt der »Dachschaden«, auf den sich Hilsenraths Protagonist bei Bedarf beruft, diesen schließlich irgendwann dazu, die eigene Eitelkeit über den Selbsterhaltungstrieb siegen zu lassen und sich zu offenbaren. Solchermaßen verstehbar als letzter Akt einer grotesken Mischung aus Selbstgefälligkeit und erwachtem Gewissen werden die Bekenntnisse des Max Schulz allerdings erst durch die Andeutungen auf den letzten zwanzig Seiten des Romans. »Das Gespräch fing an, mir Spaß zu machen«[15], sagt Max Schulz, bevor er mit dem Richter, einem alten Bekannten vom Auswandererschiff, in ein vorgebliches Rollenspiel eintritt, das für diesen nur ein frivoles Spiel ist, dem Ich-Erzähler aber – nach einem bereits dreiundzwanzig Jahre währenden Leben unter falschem Namen – erstmals die Möglichkeit bietet, das mörderische Ich hinter dem friedlichen durchscheinen zu lassen.

Die Frage nach den Beweggründen der literarischen Bekenntnisse des Erzählers ist von eminenter Bedeutung für die Einschätzung des Gesamttextes. Sie läßt sich allerdings nur klären aus der Erzählweise selbst und der schlichten Tatsache, daß deren Ergebnis als Buch vorliegt. Die Schlüsselbegriffe hierzu heißen Erinnerung und Gewissen. »Ich, Max Schulz, bin im Winter 1945 im polnischen Wald erfroren!«[16] Die diesem Satz zugrunde liegende Falschmeldung ermöglicht am Ende das Rollenspiel, bei dem der Mörder seine Erinnerungen nicht mehr zurückhalten muß. Einige frühere Schlüsselszenen des Romans weisen bereits in diese Richtung. Etwa die dumpfe Lakonie, mit der der Ich-Erzähler am Schluß des ersten Buches auf knapp drei Seiten erstmals seine mörderische Tätigkeit im KZ Laubwalde schildert: »Obwohl ich mich heute nicht mehr genau erinnern kann, wie viele Gefangene ich damals erschossen, erschlagen oder erhängt habe.«[17] Noch nennt er sich »Max Schulz, später Itzig Finkelstein«; zu Beginn des dritten Buches wird es dann heißen »Ich bin Itzig Finkelstein« oder »ich, Itzig Finkelstein, früher: Max Schulz«. Zwischen diesem Identitätswechsel liegt das zweite Buch und damit der einzige Abschnitt des Romans, der auktorial erzählt ist. Hier erhält der Leser Einblick in die Gedankenwelt anderer Beteiligter und das einzige Mal eine Außensicht auf den bisherigen Ich-Erzähler: »ein Fremder. Einer mit Froschaugen.«[18] Allerdings ist der auktoriale Erzähler dieses zweiten Buches aller Wahrscheinlichkeit nach mit dem Ich-Erzähler der übrigen Bücher identisch. Doch sein Ich, die selbstbewußte Redeweise, ist ihm vorübergehend abhanden gekommen. Die Episode bei »Frau Holle«, kurz nach Kriegsende, ist für Max Schulz eine Art Purgatorium, eine Stunde Null im Verlauf seiner Persönlichkeitsumwandlung. Er befindet sich in einem Wartezustand (Warthenau heißt die Stadt!) zwischen altem und neuem Ich, den er durch Erzählen überbrückt. Max Schulz kann Max Schulz nicht mehr sein und ist Itzig Finkelstein noch nicht. Er erzählt Frau Holle seine Erlebnisse auf der Flucht, vor allem bei der alten Veronja, und auf diesem Umweg hält nun doch wieder die Ich-Erzählung Einzug in den Text und relativiert damit die auktoriale Haltung, die zum Erzählrahmen degradiert wird, ganz erheblich. Nur daß es sich nunmehr um eine Erzählung in der Erzählung handelt, die als solche durch die gelegentlichen Inquit-Formeln gekennzeichnet ist und den Anlaß ihrer Entstehung deutlich macht. Das Kapitel 10 des zweiten Buches, das diese Erzählung enthält und das längste des gesamten Romans ist, unterscheidet sich somit in seiner Erzählhaltung ganz wesentlich von der Ich-Erzählung in den Büchern 1, 3, 5 und 6 und ist nur vergleichbar mit Buch 4, das ebenfalls einen Begründungsrahmen für das Erzählen mitliefert.

Die Vorhölle, die Max Schulz zu durchlaufen hat und die seiner Identitätsumwandlung nicht nur zeitlich vorangeht, sondern diese auch inhaltlich bedingt, lebt literarisch von einem starken Bezug auf deutsche Märchen- und Romantiktradition[19]; gestaltet ist sie als ein erzählerisches Ineinander von Rettungsinsel und Ausgeliefertsein, körperlicher Erfüllung und Erniedrigung, verhaltener Zärtlichkeit und rohem Sadismus. Personifikationen dieser Kontraste sind Frau Holle, die Witwe des SS-Rottenführers Günter Holle, und die »Hexe« Veronja, in deren schwarzer Kate der flüchtende Mörder ein sadistisch zugespitztes Hänsel-Schicksal erleidet. Frau Holle bietet die

Hülle, die Hexe den Kern. Der besondere Sinn des Autors Hilsenrath für dialektische Erzählraffinessen, den schon die Gesamtkonstruktion des Romans trefflich belegt (und den er offenbar schon in sehr jungen Jahren ausgeprägt hat[20]), zeigt sich auch in dieser Binnenerzählung. Ein einfaches Gut-Böse-Schema wird unterlaufen und auf höherer Ebene ganz neu etabliert, indem die Witwe eines Täters dem Flüchtling ein Refugium bietet, das nach Lage der Dinge geradezu als kriegsbeschädigter »locus amoenus« bezeichnet werden kann, während die Polin Veronja, ein Nazi-Opfer, zur brutalen Täterin wird. Nur die Tatsache, daß der einerseits wohlwollend Aufgenommene und andererseits Gequälte selbst zu den Tätern gehört, kehrt die moralischen Vorzeichen dieser Szenen wieder um. Der Leseschock jedoch bleibt und wirkt – wie auch die Behandlung bei Veronja, die er am Ende tötet, in Max Schulz nachwirkt. Der Mörder findet, indem er sich der verdrängten Erinnerung stellen muß, sein Gewissen.

Eine besondere Station in diesem Prozeß bildet das vierte Buch. Ihm ist als einzigem ein fragmentarischer Rahmen mitgegeben, der Anhaltspunkte über den Erzählanlaß des Gesamtromans bietet. Das vierte Buch besteht nämlich aus einer Art fiktivem Brief, den Max Schulz auf dem Weg nach Israel an Bord der »Exitus« (hinter der unschwer die berühmte »Exodus« zu erkennen ist) in Gedanken an seinen ehemaligen Jugendfreund Itzig Finkelstein schreibt, dessen Identität er seit zwei Jahren angenommen hat. Dieser Brief stellt im Zusammenhang einer mehrschrittig ablaufenden analytisch erzählten Aufklärungshandlung, die sich mit dem konkreten Anteil des Erzählers am Schicksal seines Jugendfreundes und dessen Familie befaßt, den zweiten Schritt dar. Bislang hatte der mörderische Ich-Erzähler den Leser wie seine immanenten Zuhörer zwar mit der relativen Freimütigkeit seiner Geständnisse beeindrucken können, sich aber um Berichte über das Schicksal der Familie Finkelstein herumgedrückt. Als sei dies eine Nebensächlichkeit, hatte er Frau Holle erst ganz am Ende seines Aufenthaltes bei dieser erzählt, daß sein Jugendfreund in dasselbe KZ Laubwalde eingeliefert worden war, in dem er seiner Vernichtungstätigkeit nachging. Spätestens seit diesem Zeitpunkt muß man ahnen, daß der Ich-Erzähler auch am weiteren Schicksal der Familie Finkelstein konkret beteiligt war. Zwar heißt es zunächst noch: »Lieber Itzig. Du weißt nicht, wer dich erschossen hat. (...) Ich verrate das Geheimnis nicht.«[21] Doch schon bald wird die Ahnung zur schrecklichen Gewißheit: »Vater! Mutter! Ich glaube, ›Er‹ hat mich von hinten erschossen!«[22] Eine endgültige Auflösung erfährt dieses Rätsel erst im Verlauf des erwähnten finalen Rollenspieles, das alle noch offenen Fragen klärt: »Max Schulz erschießt Itzig Finkelstein! Aber nicht von vorne, sondern von hinten!«[23] Der Brief an Itzig zeigt zuvor, daß sich das Gewissen des Mörders zu melden beginnt. Der Identitätswechsel, der zunächst als äußerliche Maskierung gemeint war, beginnt eine innere Verwandlung in Gang zu setzen.

Die Begegnung mit Mira setzt diese Entwicklung fort. Bei Miriam, die als »ein Knochengerippe mit Augen« aus dem KZ kam und zu einer stummen »Freßmaschine«[24] geworden ist, begreift Max Schulz erstmals, daß seine aus einer dumpfen Rachsucht gespeiste Zerstörungslust Ausdruck eines tiefen Zärtlichkeitsbedürfnisses ist. »Wenn ich an sie denke, dann kriege ich Lust, zuzustoßen, zu zertrümmern, aufzufressen (...) da möchte ich alles wieder (...) streicheln, versöhnen.«[25] Diese Erkenntnis verändert ihn und weckt den Wunsch, noch einmal geboren zu werden und alles neu und anders zu erleben. Er erlebt die Liebe, muß aber einsehen, daß die Vergangenheit nicht revidierbar ist. Der gemeinsame Sohn, dem Mira später das Leben schenkt, ist die Krüppelgeburt eines schwerst belasteten Gewissens: er hat »keinen Körper und kein Gesicht. Der hatte nur Augen. Riesige Froschaugen. Und die guckten mich einmal an und schlossen sich dann für immer.«[26] Die persönliche Heilung, für die seine Nachkriegslaufbahn zahlreiche Anhaltspunkte liefert, versagt, als sie sich fortzeugen will.

Nun handelt es sich bei *Der Nazi & der Friseur* natürlich nicht in erster Linie um einen psychologisch oder realistisch orientierten Roman, sondern um eine zeitpolitische Satire mit denkbar schwärzestem Gegenstand. Seine Vorbilder sind, außer bei Grass, vor allem im filmischen Bereich zu suchen. Chaplins *Großer Diktator* und besonders Ernst Lubitschs *Sein oder Nichtsein*, aber auch Billy Wilders *Eins, Zwei, Drei*, und die Verkleidungskomödien der Marx Brothers können Hilsenrath als Inspirationsquellen gedient haben[27]. Alle seine Gestalten und vor allem der Hauptdarsteller unterliegen einer literarischen Typisierung, die einen Großteil der bitter-obszönen Komik des Buches erst ermöglicht. Der Identitätswechsel wird Max vor allem deshalb möglich, weil er exakt so aussieht, wie sich die kleinbürgerliche Welt einen »typischen Juden« vorstellt, während sein Freund Itzig blond und blauäugig war. Fortan gilt er im Nachkriegs-Berlin als jüdischer Schwarzmarkthändler, und die Prüfungskommission im DP-Lager nimmt ihm sein Judentum ebenso selbstverständlich ab wie seine israelischen Freunde ihn an seinem »Seelengeruch«[28] zu erkennen glauben. Der böse Witz besteht darin, daß seine Verkleidung die Universalität des bestehenden Rassismus erst sichtbar macht.

Diese verallgemeinernde Funktion der Personentypisierung wird auch in den beiden Spiegelszenen am Anfang und Ende des Romans deutlich, die zwei durchgängige Motive der Selbst- bzw. Fremdwahrnehmung (Augen, Spiegel) miteinander verbinden. Der Spiegelblick ist seit je die Möglichkeit der Ich-Erzählung, eine Außensicht auf den Protagonisten relativ unangestrengt zu motivieren. Im Spiegel wird das Subjekt sich selbst zum Objekt. Schon der halbwüchsige Max Schulz vermag im Taschenspiegel seiner Mutter »das Gesicht eines Perversen (...) das Gesicht eines Normalen (...) das Gesicht eines Mörders!«[29] zu erkennen – die Augen als Spiegel der Seele. Er sieht in den vielen Gesichtern »zugleich die Züge aller Sterblichen«, vermag sich aber die Frage »Wer bist du eigentlich?« nicht zu beantworten. Die Möglichkeiten zu Menschlichkeit wie zu Inhumanität sind angelegt, ohne daß das Ich eine verantwortliche Entscheidung fällt. Vielfache Gespaltenheit blickt ihn an, zusammengehalten nur von emotionalem Furor (»wütend«, »Grimassen«) und einer frühen Selbstverachtung. Die drei Herzinfarkte, die er erlebt, sind Versagen jenes Organs, das nicht nur nach deutscher Märchentradition Mut und Mitgefühl trägt. Daß er daran stirbt, ist folgerichtig. Im Showdown am Schluß jedoch, jener fiktiven Gerichtsverhandlung, die ebenso psychologisches Rollenspiel wie juristisches Streitgespräch ist, werden durch die kalte »Richtigkeit« der Schuld-und-Sühne-Erörterung hindurch Gewissen und Schmerz spürbar. »Es gibt keine Strafe für mich, die meine Opfer versöhnen könnte. (...) der Nachklang unserer Worte sauste im Raum herum, schwirrte verzweifelt gegen die blanken Spiegel und traf unsere Augen, die Augen im Spiegel suchten, was sie nicht finden konnten.«[30] Der Mörder bleibt allein mit sich und seinem erwachten Gewissen.

Die »Umprägung«[31] hatte für Max mit der Übersiedelung nach Israel begonnen, als er sich zunehmend mit jüdischem Schicksal und jüdischer Geschichte identifiziert. Der Judenmörder wird zum Philosemit und überlebt dadurch. Kaum in Israel angekommen, ist er erstmals in der Lage, von sich selbst in der distanzierten Haltung der dritten Person zu reden. Es findet eine Verwandlung statt, so daß auch mit dem Geständnis am Ende nicht einfach das alte Ich wieder restauriert wird und das vorgebliche ersetzt; vielmehr verschmelzen sie zu einem neuen, das sich, in einer endgültigen Weise »identisch« geworden, im Tod auflöst. Ohne Möglichkeit einer zufriedenstellenden Buße gibt es erzählerisch keine Notwendigkeit zu einer mechanischen Ablösung des Alibi-Ichs. Max Schulz alias Itzig Finkelstein ist nicht mehr früherer deutscher »Nazi« und/oder jetziger israelischer »Friseur«, sondern es gelingt ihm mit einer grotesken innerfiktiven Fiktion, sein »alias«, das mechanische Scharnier beider Identitäten, erzählend aufzulösen und damit seine auseinanderdriftenden Existenzen als identisch vorzustellen. Die Umgebung hält diese Wahrheit für fiktiv. Am Ende der gespielten Gerichtsverhandlung, die mit einem Freispruch endet, weil es für den Täter keine Strafe geben kann, die die Opfer versöhnen könnte, bleiben »zwei ratlose Männer« zurück. »Sie haben ein Spiel gespielt.«[32]

In welcher Weise schließlich Buße allein noch möglich ist, belegt die Existenz des Romans, der das Ergebnis einer Bekenntnisentscheidung des Max Schulz ist. »Als ich das erste Kapitel meines Ghettobuches fertig hatte, war ich gesund. Alles, was sich da aufgestaut hatte, floß plötzlich aus mir heraus.«[33] Wie Hilsenraths Nazi-Opfer Bronsky, so nutzt auch der Nazi-Täter Schulz die therapeutische Funktion des Schreibens. Die einzige Stelle, an der das erlebende Ich nicht dominiert, sondern auch etwas über die Umstände des erzählenden Ich zu erfahren ist, verdeutlicht dies: »Ich sitze im Speisesaal. (...) Ich schreibe. Mache ab und zu Unterstreichungen.«[34] Daß das Ergebnis dieses Schreibens u. a. der vorliegende Text ist, läßt sich aus einer späteren Stelle erschließen. Max sammelt Zeitungsberichte über sich selbst und hat zahlreiche Mappen angelegt, in denen sich allerdings »auch Briefe (...) die wichtigen in Geheimschrift«[35] befinden. Da der einzige Brief, den der Roman mitteilt, jener fiktive ist, den Max an Itzig geschrieben hat, wird klar, daß nur der Roman das Produkt jenes Schreibens sein kann. Auch die beiden letzten Szenen des Romans legen diese Deutung nahe. Max geht in den Wald der sechs Millionen und redet dort mit den Bäumen. Da es keine Gerechtigkeit gibt (»Die meisten Massenmörder leben auf freiem Fuß«[36]), kann auf Erden nur ein freies Bekenntnis vorbereiten, worüber einer göttlichen Instanz zu richten übrigbleibt. »Ich habe dich dem lieben Gott überantwortet, Max«[37], heißt es im finalen »Wachtraum«, in dem der Ich-Erzähler seinen eigenen Infarkt-Tod imaginiert. Doch auch die nun aufsteigende Angst, die die Angst seiner vielen Opfer ist, kann nicht eine gerechte Strafe sein. Das vorliegende Buch, die lebendige Erinnerung des Täters, bleibt die einzige materiell greifbare Buße. Die Erinnerung gibt keinem seiner Opfer das Leben zurück, bewahrt aber ihre Würde. Mehr vermag Literatur nicht, weniger sollte sie nicht anstreben.

ANMERKUNGEN

1 Hilsenrath, Edgar: Der Nazi & der Friseur, Köln 1977, S. 107
2 Kraft, Thomas: [Artikel] Edgar Hilsenrath. In: Dietz-Rüdiger Moser (Hg.), Neues Handbuch der deutschsprachigen Gegenwartsliteratur seit 1945. München 1990, S. 295
3 Rieger, Manfred: [Rezension zu] Edgar Hilsenrath: Nacht. In: Neue deutsche Hefte, 25 Jg., 1978, H. 4, S. 820
4 Die literarische Brisanz eines solchen Motivs (Nazi-Mörder rettet sich mittels jüdischer Identität) ist offenbar bis heute ungebrochen. Auch Maxim Biller verwendet es in seiner Erzählung »Aus Dresden ein Brief« (In: Maxim Biller, Land der Väter und Verräter, Köln 1994, S. 281–294)
5 Stanzel, Franz K.: Typische Formen des Romans, Göttingen 1981[10], S. 35–37, vgl. z. B. auch den Anfang von Thomas Manns »Felix Krull«.
6 Grass, Günter: Die Blechtrommel (Werkausgabe Bd. 2, hg. v. Volker Neuhaus), Darmstadt, Neuwied 1987, S. 6
7 »Machen Sie mir einen Mund voller Goldzähne. Ich will, daß man das Gold sieht. Es soll glänzen, wenn ich lache.« (181); vgl. hierzu Goldmäulchen in »Hundejahre«. Auch das Motiv des lebendig Gekreuzigten findet sich bei Grass.
8 Vgl. Graf, Andreas: ein leises ›dennoch‹. Zum ironischen Wechselbezug von Literatur und Wirklichkeit in Günter Grass' Erzählung »Das Treffen in Telgte«. In: DVjs, 1989, H. 2, S. 282–294
9 Vgl. Neuhaus, Volker: Günter Grass, Stuttgart 1979, S. 28

10 Auch der Held in Hilsenraths »Bronskys Geständnis« (Albert Langen – Georg Müller Verlag, München 1980) erzählt seine eigene Geburt (S. 240 ff.)
11 Grass: Blechtrommel, S. 46
12 Hilsenrath: Nazi, S. 8
13 Vgl. die Äußerung Hilsenraths zu seinem Exil-Leben in den USA: »Ich habe Amerika aus der Frosch-Perspektive kennengelernt.« (Kölner Stadtanzeiger v. 19. 1. 1980)
14 Neuhaus: Grass, S. 33
15 Hilsenrath: Nazi, S. 598
16 Ebd., S. 403
17 Ebd., S. 70
18 Ebd., S. 79
19 So zum Beispiel C. D. Friedrich auf S. 128/129, die Brüder Grimm auf S. 124
20 »Mit vierzehn Jahren habe ich meinen ersten Roman geschrieben. (...) Es war ein Roman über einen weißen Neger und hatte irgendwo mit dem Judenproblem zu tun. (...) Ich hatte ihn fast fertig, aber dann wurden wir deportiert.« (Hilsenrath im Kölner Stadtanzeiger v. 19. 1. 1980)
21 Hilsenrath: Nazi, S. 221
22 Ebd., S. 237
23 Ebd., S. 401
24 Ebd., S. 344
25 Ebd., S. 345
26 Ebd., S. 394
27 In seinem autobiographischen Roman »Bronskys Geständnis«, der die Situation jüdischer Emigranten in New York schildert, erwähnt Hilsenrath gelegentlich das Kino als Fluchtmöglichkeit vor der tristen Wirklichkeit.
28 Hilsenrath: Nazi, S. 246
29 Ebd., S. 38
30 Ebd., S. 415
31 Diesen Begriff verwendete Thomas Mann in seiner 1940 erschienenen Erzählung »Die vertauschten Köpfe«, die ebenfalls einen Identitätswechsel beschreibt.
32 Hilsenrath: Nazi, S. 415
33 Hilsenrath: Bronskys Geständnis, S. 294
34 Ebd., S. 296
35 Hilsenrath, Nazi, S. 396
36 Ebd., S. 418
37 Ebd., S. 422

**Bettina Hey'l**

# *HILSENRATHS ZAUBERFORMELN*
## *Narration und Geschichte in* Das Märchen vom letzten Gedanken

Im Jahre 1995 waren im wiedervereinigten Deutschland alle Vertreter von Kultur und Gesellschaft aufgerufen, im Geiste von Versöhnung, Frieden und Verantwortung des Kriegsendes vor fünfzig Jahren zu gedenken. Seltsam fern und gegenstandslos schienen da zwei Debatten, die kurz vor und unmittelbar nach der Wende monatelang mit erstaunlicher Hartnäckigkeit und großer Wirkung in der Öffentlichkeit ausgetragen wurden: der »Historikerstreit« vom Herbst 1986, und dann, vier Jahre später, der »Literaturstreit«, dessen eher zufälliger Anlaß ein neues Buch von Christa Wolf war. Im einen Fall wurde die Unvergleichbarkeit des Holocaust zur Diskussion gestellt und dabei von den Zeitgeschichtlern gefordert, sie sollten sich auf die sachliche Rekonstruktion dieses einen wie jeden anderen Datums beschränken; dagegen sollten sie sich nicht, so hieß es, als verantwortliche Erben einer Schuld betrachten, die jede wissenschaftliche Darstellung zugleich zur ethischen und pädagogischen Aufgabe an den Deutschen, an diesen vor allen mache. Es fällt nicht schwer, gewisse Parallelen zu diesen Forderungen in dem Streit zu sehen, der einige Jahre später um Rechte und Pflichten guter deutscher Literatur ausgetragen wurde. Zwar ging es nun nicht mehr um den Holocaust. Aber die Denunziation engagierter Literatur unter dem Namen einer »Gesinnungsästhetik«, die Ablehnung eines großen Feldes sogenannter »außerliterarischer Themen«[1], wie es verräterisch genug hieß, die schon deswegen, weil die Autoren mit ihnen vielleicht eine »Botschaft« formulieren wollen, nicht künstlerisch sein können, zeugt von der Verwandtschaft der Empfindlichkeiten, die im einen wie im anderen »Streit« laut wurden. Zugespitzt könnte man sagen, daß Historiker auf die Objektivität und den Positivismus ihrer Expertenrede verpflichtet werden sollten, Schriftsteller dagegen auf die Subjektivität und Formalität der »Kunst«. Wenn beide sich aber an diese Grenzen nicht hielten, sondern auf dem Zusammenhang von sachlicher Dokumentation und subjektiver Verantwortung, auf der Vereinbarkeit von Ästhetik und Engagiertheit bestanden, dann überschritten sie ihre

Kompetenzen, dann war das, was sie schrieben, nicht legitim unter dem Begriff Geschichtswissenschaft oder Literatur zu verbuchen. So behaupteten einige vehement, wenn auch nicht unwidersprochen.

Ein Autor, der in allen seinen Büchern den Holocaust zum Haupt- oder Nebenthema macht, der stets ausdrücklich historisch Dokumentiertes in Literatur verwandelt, der beim Leser Parteilichkeit und Anteilnahme wecken will – ein solcher Autor konnte in den Jahren des »Historiker-« und des »Literaturstreits« also alles falsch machen – oder aber er machte es wie Edgar Hilsenrath, veröffentlichte 1989 *Das Märchen vom letzten Gedanken* und zeigte, wie sich die Souveränität des Erzählers über alle Zumutungen von Fachleuten und Kritikern hinwegsetzt.

Es war nicht das erste Mal, daß ein überzeugender Geschichtsroman Vorurteile, Bedenklichkeiten und strenge Maßstäbe von Historikern und Kritikern, die auf der säuberlichen Trennung von geschichtlichem Inhalt, Kunst und Ethos bestehen, ad absurdum führt. In einem ähnlichen Klima wandte sich Alfred Döblin historischen Gegenständen zu; und so steril und humorlos die Fronten im Streit um die »Historische Belletristik« der zwanziger Jahre abgesteckt waren, so klug, witzig und inspiriert sind Döblins verstreute Äußerungen zur Legitimität einer eigenständigen und engagierten historischen Erzählkunst: Wenn er sich lustig macht über jene Schriftsteller, die stolz von sich sagen, sie hätten alles Historische vollkommen »richtig« dargestellt[2]; wenn er pointiert formuliert, der historische Roman sei »erstens ein Roman und zweitens keine Historie«[3]; wenn er nicht im Widerspruch dazu, sondern deswegen erst recht darauf besteht: »Mit Geschichte will man etwas«[4]. Alles läuft darauf hinaus: Der Romanautor darf nicht nur, er soll sich auch mit Geschichte beschäftigen, er kann es sogar um so besser, als er Künstler ist; und keinen Augenblick stellt Engagement und Parteilichkeit ein Risiko für die Kunst dar, sofern sie nur Kunst ist.

Wenn *Das Märchen vom letzten Gedanken* 1989 mit dem Alfred-Döblin-Preis ausgezeichnet wurde, so ist das nicht nur erfreulich, weil eine enge Verwandtschaft im Geiste zwischen dem, der dem Preis den Namen gab, und dem belobten Autor auf der Hand liegt. Gleichzeitig wurde ein deutlicher und nötiger, aber leider zu wenig wahrgenommener Akzent gesetzt: Denn wieder glaubte man der Literatur Vorschriften machen zu können im Blick auf die Wahl von Themen und die angemessene Art, in der sie »ästhetisch« zu behandeln seien. Was sich 1990 zu einer Grundsatzdiskussion bündelte, war schon lange vorher mehr oder weniger ausgesprochen in den Feuilletons gegenwärtig. Mit welchen Maßstäben, um nicht zu sagen Anmaßungen, sich ein jüdischer Autor deutscher Sprache konfrontiert sieht, der den Holocaust selber erlebt hat und ihn kritisch, differenziert, engagiert und dann auch noch eigenwillig fabulierend zu seinem Thema macht, zeigt die Geschichte der Publikationen Hilsenraths in Deutschland. Dazu gehört nicht nur, daß die beiden großen Romane *Nacht* und *Der Nazi & der Friseur* im Ausland, vor allem in den Vereinigten Staaten, aber auch in Italien, England und Frankreich hervorragend besprochen waren und viele Leser fanden, bevor sie hierzulande in der Originalsprache erscheinen konnten oder einem breiteren Publikum bekannt wurden. Dazu gehören auch die offenen oder verdeckten Gründe für Ablehnungen und Vermeidungen: Man dürfe zwar über den Holocaust schreiben, aber doch Juden dabei auf keinen Fall negativ zeichnen; die Geschichte eines Massenmörders sei zwar erlaubt, aber nicht so, daß man bei der Lektüre auch noch etwas zu lachen habe; der Völkermord an den Armeniern als Gegenstand eines Romans – ja, aber die Märchenform gehe doch wohl am Ernst der Sache vorbei; und schon 1978, wie ein Präludium des »Historikerstreits« so gut wie des »Literaturstreits«: Fritz J. Raddatz' Verriß von Hilsenraths Roman *Nacht*: »Aus miserablem Gewissen kehrt die deutsche Literaturkritik ihre Kriterien beiseite«.[5] Hilsenrath, so erfährt der staunende Leser, sei gar kein Schriftsteller.

Die unterschiedliche Aufnahme der Romane Hilsenraths im Ausland und in Deutschland gibt zu denken. Offenbar sind andernorts Publikum und Kritik in ihrer spontanen Zustimmung einig. In Deutschland dagegen liegen die Sympathien der Leser und jener Rezensenten, die sich vom hervorragend Erzählten gewinnen lassen, seltsam abseits von den Gefilden eines hohen Diskurses, der von Experten auf dem Gebiet der Geschichte und der Literatur beherrscht wird. Es ist merkwürdig, aber wahr: Der mit Anspruch, Witz und Engagement erzählte Geschichtsroman fällt in Deutschland immer noch durch ein unmerkliches Raster, mit dem die große, wahre Kunst vom Rest der Literatur abgehoben wird. Nicht bei den Kritikern der Tageszeitungen, nicht bei den Lesern, wohl aber bei denen, die von jenen ganz unbeeindruckt an einem speziellen Vorverständnis literarischer Ästhetik festhalten, mindert es wohl sogar die Qualitäten eines Autors wie Hilsenrath, daß er so eingängig, so zupackend und lesbar erzählt und daß man aus seinen Romanen so manches lernen kann, was man im Geschichtsbuch bestimmt nicht nachschlagen würde.

Tatsächlich findet man unter deutschen Autoren der Gegenwart nur wenige, die mit Hilsenrath in dieser Begabung, die gewaltigsten Themen so gegenständlich, scheinbar naiv, manchmal plaudernd, dann wieder ätzend satirisch zu erzählen, übereinkommen. Diese Künste sind zum einen der jüdischen Erzähltradition verpflichtet, wie zuletzt noch *Jossel Wassermanns Heimkehr* aufs schönste gezeigt hat. Ein solches Erzählen ist aber offenbar auch ein Mittel der Wahl, wenn ausweglose Konfrontationen zwischen ethnischen, religiösen, politischen Gruppen Welt und Wirklichkeit des Autors unhintergehbar beherrschen und deswegen zur Sprache kommen müssen. In beiden Hinsichten ist Deutschlands Literatur der Nachkriegszeit eher unterbelichtet. Und will man Verwandte von Hilsenraths Romanen benennen, so findet man sie denn auch unter den Großen der gegenwärtigen Weltliteratur. *Bronskys Geständnis* erinnert an Philip Roth, *Nacht* an Louis Begley – womit angedeutet ist, daß es in den Vereinigten Staaten eine jüdische Literatur gibt, in Deutschland aber höchstens jüdische Autoren, von denen man vielleicht noch nie gehört hat, daß sie es sind. Die zwischen Historie und Märchen pendelnde Erzählung in *Das Märchen vom letzten Gedanken* aber erinnert an die großen Lateinamerikaner, an Salman Rushdie, an Autoren, die die Konstellationen tödlich verfeindeter religiöser, ethnischer, sozialer Gruppen nicht mehr »realistisch«, sondern nur noch mit Hilfe von Märchen, Legenden oder Phantastik in entlarvende, utopische, versöhnende Beweglichkeit versetzen können.

Als Überlebender des Holocaust und auf seiner Odyssee von Deutschland über Rumänien, Rußland, Frankreich, Israel und USA zurück nach Deutschland hat Hilsenrath diese Erzählkunst gelernt und vielleicht lernen müssen. Zur selbstverständlichen und notwendigen Verkoppelung von dokumentierbarer Geschichte, blühender Erzählung und prononciertem Engagement haben ihn die Wahrnehmungen und Erfahrungen seiner Realität geführt: der Realität eines verfolgten Juden, des Angehörigen einer Minderheit, des Immigranten im fremd oder gar feindlich empfundenen Gastland, des Bürgers einer multikulturellen Gesellschaft. Könnte es sein, daß die Strenge der Maßstäbe, die in Deutschland an die Verbindung von Erzählliteratur und Geschichte herangetragen werden und die allen anderen Kulturen mit einer großen Literatur völlig fremd sind, mit einem Mangel an einschlägigen Erfahrungen zu tun hat? Bestehen exponierte Vertreter der deutschen Geschichtswissenschaft deswegen so sehr auf »Objektivität« und Impartialität der Darstellung und namhafte Literaturkritiker auf dem ausschließlichen Kunstcharakter der narrativen Prosa, weil es an der Anschauung jener schwierigen Realität fehlt, in der Subjekte der Geschichte notwendig unterschiedliche Sprachen sprechen und sich nicht in der offiziellen Expertenrede wiederfinden können?

Wie dem auch sei – der Anspruch, daß Geschichte vor allem »richtig« und Literatur vor allem »schön« zu sein habe, beides sich aber nicht in ein und demselben Werk ereignen könne, dieser Anspruch, der zuletzt noch im »Historikerstreit« und im »Literaturstreit« allen Ernstes vertreten wurde, verkürzt sowohl die Geschichtsschreibung als auch die Literatur um entscheidende Möglichkeiten. Hier steht nicht nur die Autonomie der Kunst zur Debatte, zu der es doch wohl auch gehört, daß sie sich zum Beispiel eine pädagogische Aufgabe stellen darf, wie der Autor des *Märchen vom letzten Gedanken*, hier geht es tatsächlich auch um die Methoden der Geschichtsschreibung, zu denen Hilsenrath Gewichtiges zu sagen hat. Längst nämlich ist die Narration als unhintergehbare Voraussetzung aller Geschichtsschreibung erkannt, die Logik erzählender Sätze als Gerüst historischer Erkenntnis beschrieben worden, etwa in den Untersuchungen Arthur C. Dantos und Hayden Whites (wohl nicht zufällig amerikanische Theoretiker). Gewiß führt kein Weg mehr zurück in die Welt des Mythos, die Welt Homers, in der Geschichtsschreibung, Literatur und Religion in der Tat identisch waren. Vorbei sind aber auch die

Zeiten, in denen Wissenschaftler und Künstler guten Gewissens behaupten können, ihre Kompetenzbereiche hätten nichts miteinander zu tun. Methoden der Ethnologie, der Soziologie, der Linguistik müssen zunehmend die herkömmlichen Verfahren der Geschichtswissenschaftler ergänzen. Da geht es um schriftlose Überlieferung, die Anerkennung subjektiver Wahrnehmungen von Geschichte, die Untersuchung spezifischer Sprachformen, in denen sich diese Erfahrung artikuliert – kurz, die traditionelle Historiographie erscheint inzwischen als eine von verschiedenen Möglichkeiten, wenn es um die Darstellung von Geschichte geht, und zunehmend setzt sie sich dem Verdacht aus, ihre Expertenrede sei der Ausdruck von Herrschaft. In diesem Prozeß von Ergänzungen und Umwertungen der Ergebnisse bisheriger Forschung und Dokumentation spielt die Erzählliteratur eine wichtige Rolle. Der historische Roman, der hier gemeint ist, ist nicht mehr nur Illustration der großen Ereignisgeschichte durch Beispiele aus dem Alltagsleben, noch weniger umgibt er eine beliebige Handlung mit historischem »Kolorit«. Auch geht es nicht allein um die populäre Darstellung von Ereignisgeschichte, in unterhaltender Form solchen Lesern zur Belehrung nachgereicht, die »seriösere« Wege zur Bildung nicht finden. Der historische Roman der Weltliteratur der Gegenwart thematisiert vielmehr auf kluge und kritische Weise genau jenen Pluralismus von Sichtweisen und Beschreibungsmöglichkeiten, die zusammen erst das labile Gebilde entstehen lassen, das man Geschichte nennt. Während die Wissenschaft sich mit der Integration unterschiedlicher historischer Disziplinen außerordentlich schwer tut, sind es weltweit Erzähler höchsten Ranges, die im Blick auf ihren geschichtlichen Gegenstand erstaunliche Synthesen leisten, und es ist nicht der kleinste unter den Vorteilen dieser Erzählkunst, daß sie sich oft aktueller und populärer darstellt als die Wissenschaft. Die Freiheit des Erzählers, objektive Daten mit fiktiven Ereignissen zu verknüpfen, und seine Souveränität bei der Gestaltung von subjektiver Rede und Erfahrung werden in Bezug auf die Geschichte zum methodischen Vorteil. Tatsächlich läßt sich die Kunst des Erzählers historischer Romane als »Methode« geschichtlicher Erkenntnis beschreiben, insofern sie nämlich die Kriterien, nach denen Wahrnehmung, Erfahrung und Darstellung von Geschichte erfolgen, offenlegt und zur Diskussion stellt. An Hilsenraths Romanen läßt sich das hervorragend zeigen: Was in literaturwissenschaftlicher Sicht als Erzählstrategie zu beschreiben wäre, stellt in diesen Werken zugleich eine Methodenreflexion historischer Erkenntnis dar.

Natürlich ist Hilsenrath so wenig wie jeder andere Autor fiktionaler Texte verpflichtet, sich strikt an das Dokumentierte zu halten. Trotzdem ist *Das Märchen vom letzten Gedanken* ein in hohem Maße informativer Roman. Das Buch setzt sorgfältige und extensive Recherchen voraus, das sieht man ihm an. Doch tut das seinem literarischen Anspruch nicht nur keinen Abbruch, es liegt auch völlig in der Absicht des Autors. Das Thema ist der Völkermord an den Armeniern, und Hilsenrath geht es um Aufklärung und Belehrung: »Ich erzählte dem Schweigen die Geschichte des Völkermords. Ich machte das Schweigen darauf aufmerksam, wie wichtig es sei, daß man offen darüber sprach. Ich sagte: Jeder müsse es wissen! Denn wie sollte in Zukunft der Völkermord verhindert werden, wenn jeder behauptet, er habe nichts gewußt und habe auch nichts verhindert, weil er sich so was gar nicht vorstellen konnte.«[6] Das Wissen, das hier vermittelt werden soll, ist demnach bislang nicht angemessen aufgearbeitet und präsentiert worden. Hinter dem »Schweigen« steht ein massives Versagen der offiziellen, akademischen Geschichtswissenschaft. In ihr kommen die Opfer des Völkermords nicht zu Wort; den Nachkommen der Überlebenden enthält sie somit ihre Vergangenheit und ihre Identität vor. Daher erzwingt das Anliegen der Erzählung eine »Methodendiskussion«, die zu einer Aufwertung der ethnologischen und soziologischen Feldforschung gegenüber der lückenhaften und einseitigen politischen und militärischen Geschichte führt: »Ich habe mir 60 Jahre lang von Überlebenden des Massakers Geschichten erzählen lassen, Geschichten aus Hayastan, das auch Türkisch-Armenien oder Anatolien genannt wird – wie Sie wollen –, und aus den vielen Geschichten habe ich mir dann meine eigene zurechtgebastelt. Und so hatte ich dann eines Tages eine echte Familiengeschichte.«[7] Scheinbar entfernt sich der subjektive Akt, in dem sich ein Individuum seine Vergangenheit willkürlich zuspricht, von allen Konventionen der wissenschaftlichen Erkenntnis. Das synthetische Gebilde der eigenen

Vorgeschichte ist aber nichts anderes als eine Abstraktion von den erhobenen Einzeldaten, die schließlich zur Formierung eines Kollektivindividuums führt. Es entsteht gewissermaßen aus der Auswertung einer repräsentativen Umfrage. Freilich wären die beeindruckendsten Ergebnisse von Hilsenraths narrativer Historiographie übersehen, wenn man bei dieser Beschreibung der Erzählung in Termini der soziologischen und ethnologischen Forschung haltmachte. Das Material sind Einzelrecherchen, und der Roman kombiniert sie oder verwendet sie zu Konjekturen. Alles, was überliefert ist, wird aber zugleich im Modus des Märchens erprobt. Mit Absicht ist von Erprobung die Rede, denn Hilsenrath ist so klug, sich niemals in das Märchen als Gegenwelt oder völlig andere Version zu flüchten. Es ist vielmehr so, daß alle auf die Geschichte bezogenen Redeweisen in ihrer Realität präsent bleiben – die verzerrende Darstellung der Machthaber, die halbherzige Objektivität des Journalismus, der Habitus der Diplomatie, die Sachlichkeit der Historiker. Sie alle werden aber mit der formelhaften Sprache der Märchenerzählung konfrontiert. Diese allgegenwärtigen Formeln, die das Märchenerzählen begleiten, werden in den Händen Hilsenraths zum Instrument kritischer Überprüfung jeder Methode historischer Darstellung.

»Es war einmal« – mit diesen Worten stellt sich der Leser gerne auf das Schwebende, Unbestimmte, Entrückte, Zauberhafte der Märchenerzählung ein. Im Kontext der Geschichte, die Hilsenrath erzählt, wird diese Formel zugleich zum Warnsignal. Sie zeugt zwar einerseits für die ruhige Autarkie des Erzählers, andererseits kann sie aber auch die Situation fundamentalen Zweifels bezeichnen. Denn der erklärten Fiktionalität des Märchens, die mit dem »Es war einmal« zum Ausdruck gebracht wird, stehen die haltlosen Anschuldigungen und Unterstellungen der Akteure gegenüber, die Unschuldige denunzieren, inhaftieren, foltern, vergewaltigen, deportieren, berauben, ermorden. »Es war einmal« stößt den Leser auf die Paradoxie, daß erfundene Geschichten ihre Wahrheit haben, die Anschaulichkeit der Fakten dagegen ein Lügengebäude sein kann. »›Alles, was im Kopf eines Menschen passiert, ist wahr‹, sagte der Märchenerzähler, ›obwohl es eine andere Wirklichkeit ist, als die wirkliche Wirklichkeit, die uns oft unwirklich erscheint.‹«[8] Das frei Erfundene, das mit der Märchenformel eingeleitet ist, stellt sich entlarvend neben die deformierende Sprache im Umfeld von Terror und Ideologie. Die Märchenformel ist ein Merkmal der Rede, die sich ihrer Gewalt zu entziehen sucht. Frei erfunden sind die Märchen in diesem Buch aber oft auch deswegen, weil dort, wo sie stehen, sonst gar nichts wäre, nur das Loch, das eine zum Schweigen gebrachte Überlieferung hinterläßt. Daß man diese Leere als solche überhaupt wahrnimmt, wird erst durch den Versuch, sie nachträglich fiktiv zu füllen, bewirkt: Thovma Khatisian rekonstruiert die Geschichte seiner Eltern, ohne auch nur ein einziges gültiges Zeugnis für ihre Identität zu besitzen. Die unerträgliche Ungewißheit der Überlieferung verwandelt Hilsenrath in die entlastende Unbestimmtheit des Märchens. Dieses Märchen ist aber nicht ein einziger, festgeschriebener Text, der in sich uneindeutig formuliert wäre; vielmehr vollziehen sich vor dem Leser die unterschiedlichsten Anläufe zum Erzählen und vielfältige Varianten der einen Geschichte, wodurch sich die bewegliche Praxis mündlicher Erzählung gegenüber den Festschreibungen der Wissenschaft in Vorteil setzt. Das Märchen steht jenseits der dokumentierbaren Geschichte dennoch mitten in einem Kontext von Historizität. An diesem Ort verweist es auf die schmale Grenze zwischen Leben und Tod, bezeugter und ausgelöschter Existenz.

Die Formel des »Es war einmal«, die im gleichen Atemzug hervorbringt und entrückt, zieht die Schwelle zwischen Sein und Nicht-Sein, zwischen Bezeugen und Verschweigen auch in der Historie vor das Auge des Lesers. Daß dies beabsichtigt ist, bezeugt Hilsenraths Wahl einer besonderen, einer türkischen Variante der altvertrauten Märchenformel: »Es war einmal einer, es war einmal keiner, es war einmal...«[9] Deutlich wird hier das geistreiche Spiel mit der Fiktionalität des Märchens der lückenhaften und retuschierenden Historiographie übergeblendet: Der Unterschied zwischen »Einer« und »Keiner« ist aus der Verantwortung des Erzählers auf die Verantwortung mörderisch handelnder Personen übertragen, aber eben auch zur Angelegenheit einer wählerisch und einseitig verfahrenden Historiographie gemacht. Denn beim Völkermord an den Armeniern reichen sich die Haltlosigkeit der Denunziation und die Skrupellosigkeit des Verschweigens die Hand: »Was für einen Fall meinen Sie denn? Etwa den Fall Khatisian? Und ich werde ihnen ins Gesicht lachen und sagen: Efendiler. Dieser Fall war wie ein türkisches Märchen, von dem man sagt: Es war einmal einer, und es war einmal keiner. – Diesen Fall, Efendiler, den gibt es gar nicht. Und es gab ihn nicht, und es hat ihn auch nie gegeben.«[10] Aber eben darum, weil es eine Gewalt der Rede oder des Verschweigens von realen Ereignissen und Personen gibt, nehmen sich die Erzähler ein Recht auf die Freiheit des Erfindens von Ereignissen, die nicht eindeutig dokumentiert sind: »Und ich wette mit dir, mein Lämmchen, daß die historischen Schnüffler von Zeit zu Zeit ihre gewichtigen Häupter schütteln werden, besonders dann, wenn ich, der Märchenerzähler, ihnen zufällig mal im Ohr sitze. Sie werden zu mir sagen: Nein, von diesem Fall Khatisian haben wir noch nie etwas gehört. [...] Ich aber werde sagen: Natürlich ist es Unsinn. Aber sehen Sie, meine Damen und Herren. Spielt es wirklich noch eine Rolle, wenn wir den tausend falschen Anklagen gegen die Armenier noch eine hinzufügen ... damit wir sagen können: es waren einmal tausend Anklagen und eine ...«[11]

Nichts von dem, was also vom Märchenerzähler vorgetragen wird, ist zweifelsfrei überliefert. Widerspricht dem nicht die formelhafte Rhetorik, die nicht müde wird zu versichern: »Es ist wahr«; »Also war es«; »So war es«; »das ist so«; »Und das war so«; »Ja, so war es«; »so war's«; »Ja, es ist wahr«; »Und so war es auch«? Vom Leser wird nie ernsthaft verlangt, daß er diesen Beteuerungen glauben soll. Was ihm dagegen vorgeführt wird, ist der Akt der Behauptung, der Zuschreibung. Der Leser erlebt, wie eine Geschichte »gesetzt« wird, so wie sich gleich mit den einleitenden Worten des Romans der Erzähler »setzt«: »Ich bin der Märchenerzähler in deinem Kopf. Nenne mich Meddah.«[12] Und so oder ähnlich meldet sich der Märchenerzähler noch öfter zu Wort. Mit ritueller Regelmäßigkeit besteht Hilsenrath auf der Inszenierung dieses Aktes des Erzählens, auch dies eine »methodische« Entscheidung im Blick auf die Darstellung von Geschichte. Während nämlich die traditionelle Historiographie ihren Standpunkt zumeist hinter dem präsentierten Datum versteckt, sind alle Erzählungen in diesem Roman eindeutig einem Sprecher zuzuschreiben. Die Subjektivität des Standpunkts wird stets gegenwärtig gehalten, und nirgends gerät der Leser in Gefahr, den Märchenerzähler mit der letzten Instanz der Erzählung zu identifizieren. Seine Rede steht in Anführungszeichen, der Autor und der Leser können ihm jederzeit über die Schulter sehen. Dazu kommt, daß der Erzähler mit seinen Einsichten und Darlegungen auf jeder Seite von Bedingungen umgeben ist: Die Erzählung entwickelt sich meist im Gespräch, aus Fragen und Antworten, die nicht reibungslos ineinandergreifen; die Ereignisse werden evoziert (»Du mußt dir also vorstellen«); oder sie werden hypostasiert (»Nehmen wir an,... «); schließlich bewegt sich der Erzähler keineswegs souverän in dem von ihm selbst erzeugten Raum: »Dein Vater ist ein Mann, dessen Alter nicht zu schätzen ist. Ich kann aber sehen, mein Lämmchen, daß der Basch-Kjatib die Zahl 1878 in die Akte eingetragen hat, säuberlich mit lila Tinte, und so nehme ich an, daß dein Vater 37 Jahre alt ist.«[13] Die Freiheit des Märchenerzählers unterscheidet sich von der Willkür der Geschichtsverfälscher durch die stete Aufmerksamkeit für den eigenen Standpunkt und die eigene Rolle.

Der wichtigste Unterschied zwischen der Selbstherrlichkeit der Mächtigen und der Gleichgültigkeit der Historiker auf der einen und dem Märchenerzähler auf der anderen Seite besteht vielleicht in seinem lebhaften, liebevollen und humorigen Verhältnis zu seinen Zuhörern. Freilich soll man sich vorstellen, daß der Märchenerzähler in ihrem Kopf sitzt. In jedem Fall handelt es sich aber um die Imagination eines wirklichen Gesprächs, ganz im Gegensatz zu jenen unzähligen, von Hilsenrath glanzvoll inszenierten und abgründig entlarvenden Gesprächen, die Unverhältnisse der Lüge, des Betrugs, der Gewalt und der Angst widerspiegeln. Für den Märchenerzähler wird derjenige, der sonst nur die Absurdität der Geschichte am eigenen Leibe erfährt, »mein Auge« oder »mein Lämmchen«. »Mein Auge«, das leuchtet unmittelbar ein, weil der Zuhörer sich erst veranschaulichen muß, was ihm erzählt wird, sonst hat es noch keine Wirklichkeit. Schwieriger zu deuten ist die mal besänftigend, mal mitleidig, dann scherzhaft oder provozierend gebrauchte Formel »mein Lämmchen«. Wer wird eigentlich so angesprochen? Am Anfang ist es ein 73jähriger, Thovma Khatisian, ein Sterbender. Später ist es derselbe Thovma, zurückversetzt in den Leib seiner Mutter. Dann ist aber auch der imaginierte Vater Thovmas, Wartan Khatisian ein »Lämmchen« des Erzählers, zum Beispiel als Säugling in der Wiege, oder als er bewußtlos in den Foltergefängnissen der Türken liegt, als Schwerverletzter und Gedächtnisloser in einer kurdischen Hütte, als Deportierter in einem Viehwaggon auf dem Weg nach Auschwitz. Auffallend ist das schon, daß die Helden des Romans immer wieder an der Grenze von Tod und Leben gezeigt werden. Diese Figuren sind oft vor allem Kreaturen, »Lämmchen«, die der Sorge und Pflege ihrer Mitmenschen anvertraut sind, »Lämmchen«, die zur Schlachtbank geführt werden, »Lämmchen«, die die Stimme des Erzählers streichelt und an den Ohren zieht. Den einen oder anderen hat es gestört, daß diese Helden so passiv sind, daß sie sich nicht energisch zum Widerstand gegen das Ungeheure formieren.[14] Nun – Hilsenrath hat sich wohl absichtlich für den anderen Weg entschieden. Das Liegen, das Unterliegen der Figuren – im Mutterleib, in der Wiege, im Gefängnis, auf der Folter, im Hochzeits-, Kranken- und Sterbebett – macht sie im wahrsten Sinne des Wortes zu Subjekten der Natur und der Geschichte. Ihre »Kreatürlichkeit« ist der radikale Ausdruck der Unteilbarkeit ihrer Erfahrung. Von den Leiden (und den Freuden), die jeder immer nur am eigenen Leib erfahren kann, darf die Geschichte nicht abstrahieren.

Zerfällt die Historie also unweigerlich in Schlachtvieh und Schlächter, Gefolterte und Henker, Lämmchen und Wölfe? Gibt es keinen Weg von den Leiden der Subjekte zur Objektivität eines umfassenden historischen Prozesses, wirklich keinen Zusammenhang zwischen der Wahrheit der Märchen und der schlechten Wirklichkeit der Geschichtsbücher? Resigniert der Autor Hilsenrath vor der Gewalt der Historie, verzichtet er auf verantwortliches Handeln? Nein; denn die formelhafte Anrede »mein Lämmchen« eröffnet so wenig wie das beschwörende »Es war einmal« oder die periodische Rückmeldung des Märchenerzählers eine autonome Märchenwelt. Der, der »mein Lämmchen« sagt, hat auch viele andere Namen für seinen Zuhörer:

»Ich könnte dich auch mein Lämmchen nennen oder mein kleiner Pascha. Ich könnte dir viele Namen geben, obwohl du nur einen wirklichen Namen hast.«

»Welchen Namen?«

»Thovma Khatisian.«[15]

Diesen bürgerlichen, in seiner Häufigkeit doch identifizierenden Namen hat sich der Held des Romans selbst und mühsam erworben, indem er die Geschichte seines Volkes erforscht hat. Und so wie dem Sterbenden die Ungewißheit über seine Herkunft genommen wird, der Name sich gegen das Kosewort durchsetzt, so gibt es einen Weg von der Ignoranz zu jenem Wissen, das jeder haben muß. An das Wissen dieses einzelnen Menschen um den eigenen Namen schließt sich die Aufklärung der ganzen Welt über den Völkermord an.

Das Märchen und seine Formeln sind ein Medium, ein Hilfsmittel desjenigen, der allen Grund hat, der Historiographie zu mißtrauen, dessen Ziel es aber doch immer ist, zu wissen, zu erfahren. Wie nun Hilsenrath die tradierte Geschichte im Habitus des Märchenerzählers überprüft, wie er auf Schritt und Tritt die Überlieferungen und vermeintlichen Sicherheiten mit Hilfe der formelhaften Erzählkonventionen umwendet und entlarvt, kurz, wie er die Geschichte einer narrativen Analytik unterzieht, das weist diesen Erzähler als souveränen Historiker aus. Erzählung steht also nicht im Widerspruch, sondern im Interesse historischer Erkenntnis. Aber nicht nur Analyse, Wissen, Erkenntnis, Aufklärung leistet dieses Buch überall da, wo die Märchenformeln das Geschehen ihrer eigenwilligen Sicht unterziehen. Gleichzeitig beschwören diese steten Begleiter und Zeugen der Ereignisse, entrücken, belächeln das Faktische, sie umschmeicheln den Leser, machen sich über ihn lustig, lullen ihn ein und bringen die Geschichte zu einem guten Ende. Formeln des Erzählens, die das alles zugleich können, das müssen Zauberformeln sein.

## ANMERKUNGEN

1 Greiner, Ulrich: Die deutsche Gesinnungsästhetik. Noch einmal: Christa Wolf und der deutsche Literaturstreit. In: Thomas Anz (Hg.), Es geht nicht um Christa Wolf, Der Literaturstreit im vereinten Deutschland, München 1991, S. 213/214

2 Döblin, Alfred: Schriften zu Ästhetik, Poetik und Literatur, Olten und Freiburg 1989, S. 305

3 Ebd., S. 298

4 Ebd., S. 302

5 Raddatz, Fritz J.: Breitwandbuch. In: Die Zeit, 29. 9. 1978
6 Hilsenrath, Edgar: Das Märchen vom letzten Gedanken, München 1989, S. 19
7 Ebd., S. 21
8 Ebd., S. 138
9 Ebd., S. 23
10 Ebd., S. 422f.
11 Ebd., S. 423
12 Ebd., S. 5
13 Ebd., S. 76
14 Bauer, Michael: Fabulieren, um nichts zu verschweigen. In: Süddeutsche Zeitung, 16. / 17. 9. 1989
15 Hilsenrath, Märchen, S. 29

**Ulrich Dittmann**

## *DEN VÖLKERMORD ERZÄHLEN?* *Franz Werfels* Die vierzig Tage des Musa Dagh *und Edgar Hilsenraths* Das Märchen vom letzten Gedanken

Die Lektüre der zwei Bücher heißt, trotz aller Spannung beim Lesen, wahrhafte Exerzitien zu bewältigen. Die fern situierte Geschichte, die beiden zugrundeliegt, gibt nicht nur fremde Figuren vor, viele Wörter unbekannter Lautung erfordern Eindenken. Sie verfolgen den Leser: Das Echo der Bagradians und Khatisians, von Padischa, Saptieh, Efendi und Efendiler bleibt noch lange nach der Lektüre im Ohr hängen; die Topographie ist vertraut, bevor man sich Yoghonoluk, Yedi Su und die Namen ihrer Umgebung eingeprägt hat. Beiden Büchern ist so auch ein Glossar beigegeben; sprachliche Exotik erfordert eben stete Aufmerksamkeit. Außerdem durchlebt man regelrechte Toleranzproben. Sowohl was die jeweilige Quantität als auch die Intensität der Inhalte betrifft, handelt es sich für deutsche Leser um Zumutungen zweier Autoren jüdischer Herkunft – Zumutungen, die weit über das literarische Erlebnis hinaus- und in die unmittelbare Aktualität hineinführen. Wir werden zum kritischen Reflektieren unseres Umgangs mit Geschichte und Gegenwart provoziert.

Wer die Lektüre bewältigte und die Exerzitien überstand, hat weniger eine Bußveranstaltung als eine Einübung einer fremden Sicht auf unsere Vergangenheit und Gegenwart durchlaufen. Der Vergleich beider Bücher muß deswegen über literarische Qualitäten hinausgehen; viel stärker als bei eingeübten, schulmäßigen Stoff- und Motivparallelen müssen neben der Konstruktion der Werke historische und spezifisch deutsche Kontexte berücksichtigt werden, in die sich die Autoren mit ihrem Stoff stellten, in denen sie entstanden sind und gelesen werden. Und doch wird am Schluß erst die von den Autoren gewählte Erzählform den Ausschlag für eine Entscheidung über die historische Angemessenheit der Darstellung liefern. Den wertenden Vergleich begründet der Zusammenhang von Geschichtskonstruktion und Erzählverfahren, die Einbettung der historischen Faktizität in die Erzählerfiktion.

Eine Erfahrung, die viel vom Resultat der folgenden Überlegungen antizipiert, sei vorangestellt: Das im Vergleich jüngere, kürzere Buch von Edgar Hilsenrath – immerhin auch noch über fünfhundert, wenn auch locker bedruckte Seiten stark – wirkt reicher; stärker als das ältere, das bei vollem Satzspiegel fast tausend Seiten zählt, insistiert das *Märchen* auf dem Erinnertwerden durch den Leser und hält beim Hin- und Herblättern eines ebenso notwendigen wie ergiebigen zweiten Lesedurchganges mehr Überraschungen bereit als Werfels Roman, der in einer einmaligen Lektüre bewältigt werden kann. Aus literarisch-internen Qualitäten allein kann diese Wirkung nicht erklärt werden. Sie rechtfertigt – auch gegen die Chronologie ihrer Entstehung – den Hilsenrath-Roman als Ausgangspunkt zu wählen, auch wenn dieser nicht ohne den Werfels gedacht werden kann.

Hilsenrath legt scheinbar ganz traditionell eine Biographie zugrunde: Seine Figur Wartan Khatisian, 1878 geboren, liefert immer wieder auftauchende Stücke eines roten Fadens, eingezogen in das weitgespannte Gewebe des Geschehens vom letzten Viertel des 19. Jahrhunderts bis hin zu den Judenpogromen des Jahres 1943 in Polen. Die Existenz dieser Opfergestalt aus dem Volk der Armenier, das als erstes das Christentum zur Staatsreligion erhob und in seiner Isolation unter den Völkern des Islam den Opfertod Christi wiederholte bzw. »wie kein anderes Volk auf Erden für Christus zu leiden«[1] hatte, läßt sich aber nur mühsam aus dem allgemeineren Schicksal herausfädeln: Nicht nur als eine Wiederverkörperung des Erlösers der Christen bleibt Wartan in die Geschicke seines Volkes eingebettet; die historischen Prozesse lassen eine individuelle armenische Biographie kaum isolieren.

Aufgewachsen in Yedi Su, der Heimat der Khatisians, schließt Wartan mit seinem Vornamen an einen mythischen Helden seines Volkes an, dem er aber nicht folgen soll: Die Eltern wünschen ihm ein langes Leben und ausdrücklich kein heroisches Schicksal. Seine ersten Schritte bestimmen ihn zum ›Schauer‹ und Augenzeugen, nicht zum mythischen Seher oder gar zum Täter; er wird ein Dichter, der wie mythische Vorbilder mit der Holzflöte die Tiere und mit der unsichtbaren Flöte Träume und Erinnerung beherrscht. Sein Schicksal und auch sein Widerwille, Gedichte zu veröffentlichen – das hieße für ihn »Heiligtümer unter die Wölfe werfen«[2] – verhindern zu seiner Zeit, der Dichtung zu leben; als wichtigsten Lebenszweck beschließen die Eltern für ihn, den Sohn Thovma zu zeugen. Seine erste, mit allen traditionell-aufwendigen Zeremonien der Armenier gemästete, angetraute und nach dem erwarteten kurdischen Brautraub ihm auch zurückgekaufte Frau stirbt im ersten Kindbett. Vor einem sinnlich gesättigten Panorama von Lebensfreude und Grausamkeit, das alle europäischen Maßstäbe sprengt, spielt sich Wartans Leben in der Heimat ab, das heißt diese bietet keine traute Umgebung, keinen nostalgisch zu erinnernden Lebenshorizont, der das Schicksal bestimmt. Sie offeriert jedoch einen kalkulierbaren, fast rituell geregelten Lebenszusammenhang unterschiedlich mächtiger Völker. Nachdem Welterfahrenheit zur Bewährung der jungen Armenier gehört, verbringt Wartan sechzehn Jahre in den USA – auch bei Werfel ist die Zentralfigur im Ausland aufgewachsen – eine inhaltlich unerhebliche Zeit, die nur beweist, wie wenig der fremde Paß die Armenier ihrem Bezugspunkt, ihrer in fremdem Staatsgebiet situierten Heimat, zu entfremden vermag. Ein Armenier kann, das ist auch Werfels Auffassung, seine Identität nicht verlieren. 1914 kehrt Wartan über Europa in die Türkei zurück, um – »Glück im Unglück«[3] – in Yedi Su heiraten und Thovma zeugen zu können. Seine zweite Frau hatte Wartan schon vor den Amerika-Jahren nach einem kurdischen Überfall als verlassenen Säugling unter den Trümmern eines verbrannten Hauses hervorgezogen; anders als bei seiner von den Eltern lange vorherbestimmten ersten Ehe folgte er, um eine Frau zu finden, gemäß dem legendär überlieferten Brauch einem Vogel und stieß auf das verletzte und verwaiste Neugeborene, die lebenslänglich gezeichnete Anahit, der er die Treue hält. Sie trägt den Namen der Fruchtbarkeitsgöttin, entspricht aber diesem Vorbild und dem armenischen Frauenideal ebensowenig wie Wartan dem Heldenidol, nach dem er benannt ist. Der Erzähler führt zwei Gezeichnete zueinander, die eigene Wege gehen und Voraussetzungen für eigene Erlebnisse besitzen. Dank der Nachforschungen ihres Sohnes können sie das pittoreske Armenienbild korrigieren und gegen eine Geschichtsschreibung der Sieger oder Voyeure die der Opfer setzen. Nach der Hochzeit verhaften die Türken Wartan, und Anahit fällt mit einer Gruppe Frauen türkischen Gendarmen zum Opfer. Auf dem Weg in die Vertreibung bringt sie den lang erwarteten Thovma zur Welt, kann sich aber um den Säugling nicht kümmern. Ihre eigene Geburtssituation wiederholt sich: So wie sie einst von Wartan vor dem Tod in den Trümmern gerettet wurde, so nimmt sich ein türkisches Paar, ausdrückliche Wiederverkörperungen der biblischen Maria und Josef, des verwaisten Säuglings Thovma an: »Wichtig ist nur, daß er einmal bezeugen wird, daß nicht alle Menschen böse sind«[4] – so setzen sie ganz früh im Roman ein wichtiges Erzählziel des Autors fest. Zum zweiten Mal bleibt ein Mensch dank individueller Zuwendung und trotz unmittelbarer Bedrohung am Leben. Wer den Khatisians hilft weiterzuleben, handelt gegen die politischen Umstände. Gegen diese hat sich die Familientradition dauernd zu behaupten; sie belegt eine Alternative zum geschichtlich herrschenden Prozeß der Vernichtung und des Vergessens.

Wartan lernt seinen Sohn, der später das Leben des Vaters rekonstruieren wird, allerdings nie kennen; als Thovma geboren wird, ist Wartan eingesperrt. Den türkischen Behörden kommen seine Auslandsbeziehungen gelegen, um ihn als angeblichen Spion zum Sündenbock für Mißstände ihrer Politik verantwortlich machen zu können. Unter Folter gesteht er, den Mord von Sarajewo begangen und damit den Weltkrieg ausgelöst zu haben. Die türkische These einer auf Vernichtung der Menschheit zielenden armenischen Weltverschwörung ist damit bestätigt, und die Vernichtung von Wartans Volk kann nach seiner Hinrichtung gerechtfertigt werden. Auf dem

Weg aus dem Provinzgefängnis in die Hauptstadt überfällt jedoch eine Gruppe Kurden den Transport des Gefangenen, und als einziger überlebt Wartan dank der Mithilfe eines blinden Bettlers – wieder hilft jemand, der leitmotivisch unter der Welt der Täter hindurchschlüpft und gegen deren Gesetze seiner eigenen Menschlichkeit folgen kann. Den ›Fall Khatisian‹ verdrängt danach für die türkischen Machthaber ein armenischer Aufstand in der Stadt Wan. Wartan wird für die Machthaber uninteressant und kann sich auf die Suche nach seiner Familie begeben. Da ihm aber die bürokratische Legitimation fehlt, hat er bald erneut eine lebensbedrohende Situation zu überstehen. Es rettet ihn eine alte Amme, die seinem Gedächtnisverlust mit Erzählungen abhilft und ihm durch die Rekapitulation von Erinnerungen die eigene Identität zurückgibt. Auf der weiteren Suche verliert er dann irgendwann einmal diese Retterin und Begleiterin. Seine Spur verläuft sich bei armenischen Widerstandstruppen, sie führt nach Rußland und Sibirien, wo ihn die Revolution befreit; mit gefälschten Pässen lebt er in verschiedenen Ländern, zuletzt in der Schweiz. Die Familie ist in alle Winde verstreut, ihre Geschichte scheint ganz von der großen Historie aufgesogen. In Zürich übernimmt Wartan einen Botenauftrag nach Polen, um jüdischen Besitz zu retten. Aus dem Warschauer Hotelzimmer stiehlt man ihm seinen Schweizer Paß, und er fällt bei einer Razzia den Nazis in die Hände, die ihn, »da er vom dunkelhaarigen Typus war«[5] und sich nicht ausweisen kann, mit einem Transport zur Verbrennung ins KZ bringen, von wo aus seine Seele zusammen mit der eines Türken zum Himmel fliegt. Vor seinem Tod läßt ihn der Autor in seiner galllebitteren Ironie noch mit dem deutschen Märchen *Max und Moritz* die Mithäftlinge trösten: Denn daß man die Mitmenschen zu Brot verbacken könnte, das kann einem Volk doch nur für seine Märchen einfallen!

Diese chronologische Rekonstruktion von Hilsenraths Geschichte wird dem Roman nur insofern gerecht, als sie einem nach erster Lektüre fast notwendig desorientierten Leser Fluchtpunkte durch die schier undurchdringliche Fabel bieten und wiederkehrende Momente offenlegen kann. Dem durch die Paraphrase erzeugten Eindruck, wir hätten eine Figur zwischen Pikaro oder Wilhelm Meister vor uns, einen auf einer Lebenslinie aufgebauten Roman, steht die von Wartans Schicksal erzwungene Zusammenhanglosigkeit entgegen: Durch die Eingriffe der Gewalt stockt und zerreißt sein Lebenskontext immer wieder. Nicht die Biographie selbst, sondern erst die Recherche nach ihr erstellt die Basis für das Gedenken an die Opferexistenz und bestimmt das Buch. Eine ganze Reihe von Episoden blieb bei der Rekonstruktion unerwähnt, es sind Alternativen zu den von mir aufgezeigten Zusammenhängen denkbar. Ich mußte viele reizvolle Details übergehen und habe die Geschichte damit ausgetrocknet.

Der Erzähler des Romans hält sich nicht an die Zeitfolge, er rollt die Ereignisse von ihrem Ende, dem Zielpunkt der Recherche her auf, beginnend mit einem Prolog, der Thovmas Sterbemoment schildert: Eine Erzählstimme, der Märchenerzähler Meddah – zwischen Melvilles *Moby Dick* und Thomas Manns Geist der Erzählung aus dem *Erwählten* angesiedelt, womit das Niveau von Hilsenraths Erzählkunst angedeutet sei – stellt sich vor; der bietet Thovma, dem 1915 geborenen letzten Khatisian, an, die Einzelheiten seiner jahrzehntelangen Forschungen zu referieren. Anknüpfend an die Vorstellung, der Mensch erlebe im Todesmoment noch einmal komprimiert seinen Lebensfilm, läßt der Autor diesen Meddah mit Thovma in Frage und Antwort mit einer oft schwer durchschaubaren Stimmenvielfalt und in einem chronologischen Dschungel Wartans Vorgeschichte und sein Leben nachvollziehen – mit all den Erfahrungen, die dem Waisenkind Thovma aufgrund seiner lebenslänglichen Trennung von der Familie der Khatisians verwehrt geblieben waren. Thovma ersetzt also seinen eigenen Lebensfilm durch den seines Vaters, getreu dem Motto, daß die Leiden der Opfer nur durch das Erinnern existent bleiben und – im konkreten Fall – dem Waisen zu überleben helfen.

Der Meddah ist dabei kein allwissender ›Erzähl-Gott‹, statt eines geordneten Erzählkosmos bleibt der Eindruck eines ›Erzähl-Chaos‹: Viele disparate und private Fakten und Details häufen sich auf, die als solche in ihrer Unorganisiertheit aber ihren Sinn haben, besser ihren Widersinn gegen die an Statistik und begrifflicher Subsumption orientierte Wahrnehmung der Historiker; im Gegensatz zu den Chronisten weiß der Meddah, »daß jeder Mensch einmalig ist«[6], und verzichtet auf die Einordnung in eine systematische, chronologisch und kausal organisierte Gesamtschau. Erst Thovmas letztem Gedanken fügen sich die Details zu einer Geschichte, die ihn »sanft aus dem Leben«[7] wiegt, zusammenhängt und in »jene andere Wirklichkeit« überleitet, »die die Flammen nicht zerstören konnten«[8]. Diese Geschichte soll aber auch aktiv – das verheißt der Epilog des Buchs – für die Khatisians und ihr Volk einmal zeugen und die Lücken der türkischen Geschichtsbücher füllen und damit die Täter beschämen. Thovma wird am Ende des Buches von seinen im Himmel vereinten Eltern als »Hayk«* apostrophiert, mit dem Namenswechsel gewinnt er am Schluß die Identität des Ur-Armeniers; auch bei Werfel kann ein Haik der Verfolgung entkommen und läßt einen Neuanfang erhoffen.

Dieser Rahmen – die im Todesmoment des dreiundsiebzigjährigen Thovma im Jahr 1988, also in der Gegenwart des Autors einsetzende und erst mit dem Todesgedanken gelingende Organisation von Splittern verdrängter Opfergeschichte – spannt sich um Wartans Biographie, die sich vor mythischer Zeitentiefe auf weitem historischem Panorama entfaltet und die drei Bücher mit sechs, zwölf und achtzehn Abschnitten füllt. Mit der Entfernung vom Punkt der tiefsten Erniedrigung Wartans und seiner gesicherten Nachkommenschaft schwillt die diskontinuierliche, zwischen Vorgeschichte und Weiterleben hin- und herfahrende Rekonstruktion seiner Biographie an, sie verdoppelt und verdreifacht sich – statt, wie Werfels Roman, einen symmetrisch geordneten Rahmen heiliger Zahlen um einen Mittelteil zu fügen. Vielfältige Verschränkung von Gewalt und Liebe, von Tod und Leben, Ermordung und Geboren-Werden, von Lebens- und Identitätsverlust und der Behauptung der Opfer gegen die Macht der Täter beschäftigt die vom Meddah aufgerufenen Erzähler, dank derer die Khatisians innerhalb des Geschehens am Leben erhalten werden, und auch später ihre Biographien aufgebaut werden können. Dabei wirken Angehörige der unterschiedlichsten Nationalitäten zusammen: die nach dem Vogel der Poesie, der Nachtigall, benannte mythische Hebamme, die Kurdin Bülbül, die alle Geschichten und Heilmittel kennt, tritt mehrfach in Aktion, wenn ein Leben zu retten oder das Gedächtnis wiederzugewinnen ist. Das türkische Paar als Wiederver-

* Hayk = Urvater

körperung der Eltern Christi rettet Thovma, um Stoff zum Weitererzählen zu schaffen. Erzählen ist eine Art Hebammenhandwerk: lebenszeugend, lebenserhaltend und lebensfüllend für den Nacherzähler Thovma. Unterhalb der weltgeschichtlichen und machtpolitischen Schicht der Ereignisse leben Angehörige der offiziell so verfeindeten Völker zusammen, sie unterhalten, heilen und erzählen einander; aus der Welt dieser Geschichten sammelt sich Thovma Wartans Leben zusammen. Sein Erzählen ist den vergessenen Opfern gewidmet, deren »geflüsterte Klagen«[9] mit dem Buch ganz explizit ihr Sprachrohr erhalten sollen. Um diese existentiell-zeitlosen Themen, die in die Zeitgeschichte eingewoben sind, fügt sich unaufdringlich, aber für das Buch entscheidend eine eigene unformulierte Poetik: Hilsenrath spiegelt im Aufbau des Romans die Rückwirkung von Geschichte auf das Erzählen – er demonstriert, daß die Geschichten des Völkermords sein – dem unheroischen Gedächtnis geweihtes – Erzählen grundlegend in Frage stellen. Wer so sein Handwerk thematisiert, handelt mit seinem Schreiben, er legitimiert die Notwendigkeit dieses seines Stoffs. Zugleich mit der armenischen Passion, diese kritisch erweiternd und das menschheitliche Thema aktuell zuspitzend, ist das Buch eine Abrechnung mit der deutschen Geschichte, die zwar zunächst in Distanz zur Biographie des Wartan Khatisians bleibt und nur mittelbar via deutsche Militärhilfe für die türkischen Machthaber auf sie einwirkt. Am Ende jedoch läßt der Erzähler die Deutschen auf der Täterseite auftreten und das furchtbarer als die Türken vorher; während Wartan türkische Macht und kurdische Grausamkeiten überlebte, entkommt der dreimal vom Tod erstandene Wartan den »Endlösern«[10] nicht mehr; weil er ihnen keinen Paß vorweisen kann, ist er nicht nur definitiv verloren, sondern büßt auch seine Geschichte ein – das KZ löscht individuelles Leben in jeder Hinsicht aus. Indem Hilsenrath bereits für die türkischen Verfolgungen anachronistisch das Vokabular aus dem *Wörterbuch des Unmenschen* benutzte, mit denen die deutsche Administration den Mord an den Juden umschrieb – etwa »Endlösung«, »Weltverschwörung« oder auch nur das »Erfassen der Erschlagenen«, die »kriegsbedingte Umsiedlung aus strategischen Gründen«[11] u. a. – oder indem der Autor die terminologische Diskussion von »Völkermord« bis »Holocaust« antizipiert – schreibt er der armenischen Passion die unerzählbare Leidensgeschichte des jüdischen Volkes unter den Nazis ein. Ausdrücklich springt die Fiktion ein, um für Wartan ein Lebensende nachliefern zu können: Hatte er sich vorher auf Zeugenaussagen gestützt, die er an den lebenslang forschenden Thovma weitergibt, so führt für den Meddah Wartans Sterben über die Grenzen des Erfragbaren hinaus in ein unbelegbares Schicksal. Der Autor adoptiert Wartan quasi für das jüdische Volk und läßt damit die armenischen Ereignisse in das Leiden des Opfervolkes der Geschichte einmünden, gleichsam in einer Art Transzendenz armenischen Schicksals aufgehen und die nationalen Grenzen übersteigen. Im Gegensatz zu Werfels Roman kann Hilsenraths Buch kein Nationalepos der Armenier werden, als das *Die vierzig Tage des Musa Dagh* gelten. Statt eines Denkmals für die Figuren, konstruiert es deren Zertrümmerung durch die Geschichte.

Im Sinne der oben angedeuteten Poetik schwenkt der Autor, um seine Geschichte von Wartan und der Vernichtung des armenischen Volkes abzuschließen, ganz aus dem Verfahren von Befragungen auf das eines freien Erfindens möglicher Entwicklungen. Er weist auf, wieviel mehr noch als durch die türkischen Verfolgungen individuelle Geschichte, die Basis jedes Erzählens, durch den anonymen Tod im KZ in Frage gestellt wird. Dieser Völkermord verschüttet jene Quellen, aus denen sich zuvor die Angaben über Wartan speisen ließen und zwingt zur Fingierung. Trennte nicht schon das Mosaik atomisierter Stoffelemente aus erfragten, dargestellten und zusammengefügten Informationen Hilsenraths Buch von dem des Franz Werfel, so böte dieser programmatische Wechsel zum freien Produzieren eines Phantasiestoffes, eben des titelgebenden *Märchens,* den eindeutigen Beleg für einen radikal anderen Umgang mit historischem Material: Glaubte Werfel, dem Leser noch in einer Vorbemerkung den Hinweis auf den historischen Anstoß zu seinem Roman schuldig zu sein, so kann Hilsenrath aufgrund seiner Verwendung der Ausdrücke aus dem *Wörterbuch des Unmenschen* der andauernden Aktualität seines Buchs für die Deutschen gewiß sein.

Ganz anders als Hilsenrath sie beschrieb und auch wir, fünf Jahre nach Erscheinen seines Buchs sie lesen, konnte Franz Werfel, der andere deutsche Autor jüdischer Herkunft, die Rolle der Deutschen innerhalb der armenischen Passion noch sehen und darstellen. Wenn Hilsenrath in einem Interview die Bemerkung des deutschen Kaisers zitiert, die Armenierverfolgung sei ein innertürkisches Problem, dann erschrecken uns die Parallelen seines Romans zu der aktuellen, in Militärbund-Solidarität befangenen deutschen Politik: Die große Armenier-Ausstellung 1994 sparte aus diplomatischen Rücksichten die Phase der Verfolgung durch die Türken weitgehend aus, der Katalog streifte sie, ohne ihr gerecht zu werden; offiziellen türkischen Behauptungen, den Kurden geschehe derzeit – wie einst den Armeniern – kein Unrecht, glaubt man in Deutschland heute wieder mehr als den Nachweisen internationaler Menschenrechtsorganisationen. Daß deutsche Machtpolitik über alle humanitären Rücksichten siegen könnte, paßte noch nicht in Werfels Konzept, er legte Erzählform und Thema seines Romans ganz anders an als Hilsenrath. Selten ist ein eigentlich überschaubarer Stoff in einer Sprache von zwei historischen Romanen unterschiedlicher bearbeitet worden, selten tragen sie das Stigma der Entstehungssituation deutlicher, als dies bei den beiden Armenien-Romanen von Werfel und Hilsenrath der Fall ist. Daß trotz der Themennot im Fach, der Suche nach zu bearbeitenden Fragestellungen, ein Vergleich der zwei Texte bisher nicht über die Ansätze in den Rezensionen hinaus gedieh, kann man wohl auch der innenpolitischen Brisanz dieses tertium comparationis zuschreiben: Jeder Bearbeiter müßte – wie Hilsenrath das tut – Stellung beziehen zur deutschen und zur türkischen Geschichte.

Werfels Roman ist ebenfalls in drei Bücher mit sieben, vier und sieben Kapiteln aufgeteilt; die nach der heiligen Zahl gegliederten Teile rahmen »Die Kämpfe der Schwachen«, den Mittelteil, auf den, ebenso wie schon auf die ersten vier Kapitel, ein »Zwischenspiel der Götter« überschriebener Teil folgt. Der Roman bezieht nicht nur explizit die Göttersphäre ein, sondern verweist auch mit den Zahlen auf eine (hier nicht näher zu untersuchende) symmetrische Konstruktion und kosmologische Ordnung, die übrigens auch in biblischen Korrespondenzen zu den *Vierzig Tagen* mitschwingt (Werfel erweiterte das Geschehen auf alttestamentarische Dauer, historisch dauerte der Widerstand eine kürzere Frist). Werfel baut also eine geschlossene, auf biblische Ereignisse zurückweisende Geschichte auf; wie Hilsenrath verwendet er als Leitfaden eine abgeschlossene, aber ganz anders entwickelte und endende Biographie: Seinen Helden Gabriel Bagradian stellt der Autor als fiktive Führerfigur an die Spitze eines historisch ohne Feldherren an der syrischen Küste abgelaufenen Aufstands, dank dessen die dort lebenden Westarmenier ihr Leben vor den türkischen Massakern retten konnten. Sie verloren damit jedoch ihr angestammtes Areal. Werfel wählt diesen Stoff bis zur Rettung nur bedingt um seines Happy-Ends willen, er macht es sich nicht so leicht, wenngleich ihm die Abgeschlossenheit des Zeit- und Handlungsraumes ganz entscheidend die Spannung sichern hilft. In den beiden »Götter«-Kapiteln gelingt dem deutschen Pastor bei seinen Auseinandersetzungen mit den türkischen Herrschern zunächst kein Rettungsversuch; das gute Ende bewerkstelligen die armenischen Aufständischen. Allerdings gleicht der Erzähler von vornherein diese Differenz zwischen den Handlungsebenen aus: Dem ersten »Götter«-Kapitel geht wie in einem faustischen Himmels-Prolog die Verheißung voraus, daß aller »Streit nur den Kampf spiegelt, der längst ausgetragen ist in der Brust des Höchsten, aus dem die Ruhe und Unruhe quillt«.[12] Das heißt die Spannung zwischen dem Scheitern aller politisch-moralischen Rettungsansätze auf höchster Ebene und der glückenden Evakuierung topographisch begünstigter Armenier, die scheinbare Zufälligkeit historischen Handelns, versöhnt der Blick auf einen als dauerhaft vorausgesetzten, weitesten Sinnhorizont.

Werfels Essays zum Armenien-Thema bestätigen diesen Blick auf das Geschehen: »Immer, wenn Tod und Zerfall drohte, nahte ein Retter, der die Vernichtung in Heil verwandelte«[13]. Im Roman gestaltet der Autor die Sinnhoffnung durch das pathetische Schlußbild: Nachdem seine französische Frau und alle Flüchtlinge an Bord der rettenden Schiffe gegangen sind, bricht der alleingebliebene Führer Gabriel unter türkischen Schüssen auf dem Grab seines Sohnes zusammen: »Und das Kreuz des Sohnes lag auf seinem Herzen«[14]. Das ganz früh im Roman als »heilig« apostrophierte Vater-Sohn-Verhältnis erhält im Schlußbild einen tiefsinnig vieldeutigen Gehalt. Der als »Gott«[15] verehrte Vater lädt das Symbol für Opfertod und Diesseits vom Grab des Sohnes auf sein eigenes Herz; durch das Ende des Aufstands läßt Werfel den Leser mit dem Skandalon des Sohn-Opfers im christlichen

Glauben versöhnt werden. Die familiengeschichtlichen Ereignisse und die Vorgänge in der Gruppe um die Bagradians, »jenen Pferch der Gemeinschaft«[16], den Gabriel auf seinem Weg zur allerhöchsten Erfüllungsstufe durchläuft und mit dem der Erzähler auf eine überhöhende Sinnebene verweist, muß für unsere Zwecke nicht eigens nacherzählt werden. Der Autor stattet die mit dem Titel vorgegebene Handlungsdauer, eine weitgehend linear fortschreitende Zeit, mit reichfacettiertem Personal und sich steigender Spannung aus – man liest gebannt, aber (nach der Lektüre von Hilsenraths Roman) auch mit dem leisen Gefühl des Ungenügens, mit der vorliegenden Form die zutiefst empörenden Ereignisse in ihrem immer wieder motivierten und psychologisch begründeten Zusammenhang nicht adäquat geboten bekommen zu können.

Hilsenraths ›Erzähl-Chaos‹ erweist sich als ganz wesentliches Gestaltungselement: Einerseits erzeugt es unter mimetischem Aspekt viel nachhaltiger den Eindruck des vielfältig und weitläufig bedrohten Volkes; die nach Tausenden zählenden Flüchtlinge auf dem Berg Musa Dagh kann der Leser bei Werfel nur schwer nachvollziehen. Zum anderen widerstrebt Hilsenraths *Märchen* unter rezeptionsästhetischem Aspekt von vorneherein jeglicher Erwartung, auf diesem Stoff könnte das Dach einer kosmischen Ordnung errichtet werden, wie Werfel das mit seinen homerischen und biblischen Anspielungen tut. Die Differenz in der Gestaltung ist nicht nur der unterschiedlichen historischen Distanz zum Gegenstand und den Erfahrungen des Hitler-Staates zu verdanken; sie soll noch einmal an einem für die deutsche Thematik wichtigen stofflichen Detail aufgewiesen und abschließend auf dem Horizont der Poetik modernen Erzählens reflektiert werden. Denn erzählerische Modernität, verstanden als historische Angemessenheit und nicht avantgardistische Pointe, kann kaum nachdrücklicher demonstriert werden als an den zwei Romanen, an ihrem durch den historischen Prozeß veränderten Bedingungsverhältnis von Erzählform und Stoffwahl. Hilsenrath stellt dem Werfelschen Sympathieträger Lepsius, diesem »teutonischen Heiligen«, die »Stimme des Kaisers [als] die andere Stimme der Deutschen«[17] gegenüber – jene Stimme des kaiserlichen Imperialismus, die als Dauerton die deutsche Geschichte vom Zweiten ins Dritte Reich begleitete. Bei seinen deutschen Figuren hat sich das »Gewissen ihrer Dichter und Denker hinter die Monokel der Generäle geflüchtet, um irgendwann in den Stiefelschäften der Soldaten zu verschwinden«[18]. Das heißt der jüngere Autor glaubt dem eindeutig idealistischen, von Werfel verklärten deutschen Engagement nicht mehr; er stellt ihm in einer grotesken, Werfels Pathos von vorneherein ausschliessenden Metaphorik die politisch-militärischen Interessen zur Seite. Die bei Werfel verbleibende Kluft zwischen den idealistischen Gesprächen und der Realpolitik begründet Hilsenrath ganz konkret aus der deutschen Geschichte. Diese Zusammenhänge hatte Werfel nicht nur dank historischer Nähe übersehen, er stellte sich für seinen Roman einen individuellen, ausgerechnet an Wagners Siegfried orientierten Helden vor, der Geschichte plant und macht.

Bei meiner Kritik am *Musa Dagh*-Roman geht es nicht so sehr um dieses spezifische Vorbild des germanischen Heros und Einzelkämpfers: Auch Werfel verbindet mit seiner Darstellung der türkischen Politik immer wieder hellsichtig-vorausweisende Kritik an der Ideologie der Nazis, so daß man geneigt ist, den bis Anfang 1934 erlaubten Verkauf des Buches in Deutschland dessen Umfang zugutezuhalten – die Nazi-Zensoren hatten es nicht gelesen! Aber diese stofflichen Anspielungen sichern dem Roman keine Zeitgemäßheit, er wirkt auch trotz der oft bildmächtig formulierten Kritik am Nationalismus rückwärtsgewandt. Die Konzentration auf den Helden, seine komplexe Ausstattung und das Streben nach praller Lebensfülle überziehen das Buch mit einer Schicht dicker Patina, denn – mit Adornos Worten – »Je strenger es mit dem Realismus des Auswendigen, der Geste ›so war es‹ gehalten wird, um so mehr wird jedes Wort zum bloßen Als ob, um so mehr wächst der Widerspruch zwischen seinem Anspruch an und dem, daß es nicht so war«[19]. Die Moderne erlaubt kein derart naives Erzählen, vor allem nicht in einem Roman über den modernen Massenmord. Werfels durchaus sympathische Zeitkritik verfällt der weiteren Feststellung: »Vor jeder inhaltlich ideologischen Aussage ist ideologisch schon der Anspruch des Erzählers, als wäre der Weltlauf wesentlich noch einer der Individuation, als reichte das Individuum mit seinen Regungen und Gefühlen ans Verhängnis noch heran«[20]. Das heißt stärker noch als die oben angekreidete mythische Einbettung der Widerspüche in der «Brust des Höchsten» spricht nach Adorno die Ausrichtung auf die Zentralfigur des Gabriel und sein naiv-realistischer Anspuch gegen Werfels Roman.

Es ist also nicht nur Hilsenraths Zuwendung zum Einzelnen als Opfer, die ihm die Fallgrube der Perspektive auf den individuellen Täter erspart, es ist vor allem seine Erzählweise: Hilsenrath verzichtet auf die Illusion einer in sich geschlossenen Fiktion und steigert noch diesen Verzicht bei der Darstellung von Wartans Untergang explizit, indem er ganz die Erkundungen bei den Zeugen – also den Anschein, nach Wirklichkeit zu fahnden – aufgibt und nur mehr aus den eigenen Vorstellungen arbeitet. Über die Forderungen Adornos hinaus geht Hilsenrath insofern, als er nicht mittels spielerischer bzw. ironischer Reflexion den Eindruck fiktiv-geschlossener Darstellung zerstört, um auf die Lüge der Fiktion hinweisen zu können, sondern als er qua Erzähler mit seinem das armenische mit dem jüdischen Schicksal verbindenden Stoff an die Grenze einer Recherche nach Wartans Leben stößt, an der sein vorher praktiziertes erzählerisches Rekonstruktionsverfahren versagt. Wartans Tod und der Verlust an Biographie durch seine Verbringung ins KZ erzwingt den Umschlag vom Erzählen historisch-biographischer Erkundungen zu märchenartigen Vorstellungen. Das Märchen bildet dabei keine freigewählte, an die Phantasie gebundene Erzählform, sondern alternativlos eine historisch notwendige Gattung, um dem Geschehen überhaupt ein Ende geben zu können und die Verursacher der dargestellten unmenschlichen Vorgänge in die Geschichte einzubinden. Es bezeugt die Paradoxie eines Vorgangs, der jeglichem Erzählen den Boden entzieht. Nicht die Erzählfiktion kommentierend, sondern als Kommentar zur In-Frage-Stellung menschlicher Geschichte durchbricht Hilsenrath die vorher im Buch praktizierte Erzählform.

Die Zuspitzung in einem pathetischen Schlußtableau erscheint bei diesem Erzähler undenkbar. Sein Erzählmedium Thovma verzichtet also auch im Moment seines Todes explizit auf eine Sinnstiftung: »Es muß ja nicht alles einen Sinn haben«, so antwortet Thovma am Ende seiner Suche nach Wartan-Erinnerungen auf die Frage eines türkischen Ministers nach dem Sinn der Erinnerung. Angesichts der bezeugten Unmenschlichkeiten versagt jede Sinngebung, wie sie bei

Werfel den Helden mit dem »Jubel des übernatürlichen Zusammenhangs«[21] erfüllt. Nach den »Endlösern« könnte sie nur dazu dienen, weitere Massaker zu rechtfertigen. Es geht darum, von den Opfern zu reden, die Erinnerungen nicht einstauben zu lassen und – eingedenk der Ohnmacht des Gedenkens – »dem Schweigen die Geschichte des Völkermords«[22] zu erzählen. Nur das Reden im Paradox, einst der sprachlich nicht zu bewältigenden religiösen Erfahrung vorbehalten, wird diesem Thema gerecht.

ANMERKUNGEN:

1 Hilsenrath, Edgar: Das Märchen vom letzten Gedanken, München 1989, S. 250
2 Ebd., S. 88
3 Ebd., S. 366
4 Ebd., S. 14
5 Ebd., S. 494
6 Ebd., S. 174
7 Ebd., S. 22
8 Ebd., S. 502
9 Ebd., S. 506
10 Ebd., S. 499
11 Ebd., S. 414
12 Werfel, Franz: Die vierzig Tage des Musa Dagh, Frankfurt/M. 1990, S. 148 (Ges. Werke in Einzelbänden, hg. v. Knut Beck)
13 Werfel, Franz: Zwischen oben und unten. Prosa. Tagebücher. Aphorismen, München, Wien 1975, S. 539
14 Werfel: Musa Dagh, S. 976
15 Ebd., S. 25
16 Ebd., S. 973
17 Hilsenrath: Märchen, S. 451
18 Ebd., S. 452
19 Adorno, Theodor W.: Standort des Erzählers im zeitgenössischen Roman. In: Th. W. Adorno, Noten zur Literatur, Frankfurt/M. 1958, S. 66
20 Ebd., S. 63
21 Werfel: Musa Dagh, S. 974
22 Hilsenrath: Märchen, S. 19

**Peter Stenberg**

# *»ICH HABE DICH EINEN KLEINEN AUGENBLICK VERLASSEN«*
## *Edgar Hilsenrath und der abwesende Gott*

»Ich habe dich einen kleinen Augenblick verlassen, aber mit großer Barmherzigkeit will ich dich sammeln.« Das sind Jehovas Worte, in Zeiten der Not für sein auserwähltes Volk gesprochen und in der Bibel übermittelt (Jesaja 54, 7). Das sind auch die ersten Worte, die in einem Buch von Edgar Hilsenrath stehen, als Motto für *Nacht* vor der Widmung an die Mutter, die wohl auch die nächsten Worte Gottes ganz persönlich verstehen konnte: »Einen Augenblick nur verbarg ich vor dir mein Gesicht in aufwallendem Zorn.« Es ist der Augenblick des Zornes, den die biblischen Israeliten ihrer Ungehorsamkeit wegen hinnehmen mußten, bevor sie ins gelobte Land ziehen durften. Aber für viele europäische Juden wurde dieser Augenblick während der Zeit des Holocaust so ewig, daß der abwesende Gott sein verborgenes Gesicht danach nicht mehr zum Vorschein bringen konnte.

Wie ein Wunder hat die Familie Hilsenrath diese Jahre überlebt: die Mutter und zwei Söhne im rumänischen Todesghetto, der Vater in Frankreich. Für den älteren Sohn Edgar, der als Zwölfjähriger nach Rumänien geschickt wurde, um den deutschen Nazis zu entkommen und dann zwei Jahre später von den rumänischen Faschisten in ihr eigens erdachtes Inferno deportiert wurde, kam die Rettung durch die Rote Armee und nicht durch einen mit großer Barmherzigkeit wieder erscheinenden Gott. Für ihn war der Augenblick in der Wildnis des transnistrischen KZ-Ghettos zu lang, der Zorn Gottes zu unbegreiflich und dessen Folgen zu verheerend, als daß er an der Barmherzigkeit, die danach kommen sollte, interessiert hätte sein können: »Seit meinem 14. Lebensjahr habe ich Gott abgelehnt.«[1]

*Nacht* beschreibt die fast hoffnungslosen Überlebenskämpfe aller Rosenbergs, Gottschalks und Levis aus dem zur Ausrottung verdammten rumänischen Judentum, das heute praktisch nicht mehr existiert. So hartnäckig folgt der Erzähler der Spur von Ranek, der Hauptfigur, auf seiner endlosen Suche nach Unterkunft, Essen, Kleidung und Austauschartikeln in dem Todesghetto Prokow (Deckname für die ukrainische Stadt Moghilev-Podolsk), daß die Geschichte in der ewigen, höllischen Gegenwart zu bleiben scheint, ohne Vergangenheit und Zukunft. Schließlich geht es in diesem Roman prinzipiell um eine Welt, in der die in normalen Zeiten regierenden Gebote der Vergangenheit und die damit verbundenen Hoffnungen der Zukunft ausgelöscht worden sind.

Aber allmählich schleicht sich doch eine offenbar vergessene Vergangenheit in diese Welt hinein. Durch Rückblenden und Träume wird eine ganz andere Welt rekonstruiert, die vor unzumutbar kurzer Zeit die tägliche Realität gestaltete, da drüben auf der anderen Seite des Dnjestrs, von wo, wenn der Wind richtig blies, die Bewohner von Prokow die Kirchenglocken noch hören konnten. Dort und damals, nur zwei Jahre zurückliegend, hatte Ranek in einer Welt des noch anwesenden Gottes gelebt. Hilsenrath hat die Jahre bei seinen Großeltern in Rumänien als die glücklichsten seiner Kindheit beschrieben, dort mit den jiddisch- und deutschsprachigen Verwandten in der noch heilen Welt des Ostjudentums, die er mehr als fünfzig Jahre später in *Jossel Wassermanns Heimkehr* noch einmal heraufbeschwören wird.

Im Gespräch mit der gerade aus Czernowitz angekommenen, herumstreunenden Sara, die von Ranek aufgenommen und dann auch ausgenutzt wird, gibt er zu, daß seine Versuche, die Erinnerungen an diese Welt zurückzudrängen, nicht immer erfolgreich sind, und daß er dann gegen diese machtlos ist: »Es gibt immer wieder Augenblicke, wo alles wieder da ist; das ist dann so, als würde man auf eine Folterbank gespannt, und die Bilder grinsen einen an. Nur die Toten haben keine Erinnerungen. Sie wissen nichts mehr.«[2] Ranek ist in der Welt dieser Erinnerungen aufgewachsen, in einem für die Bukowina typischen Haus, in dem die jüdischen Traditionen noch praktiziert wurden, wo der Sabbatleuchter auf dem Klavier stand, um am Freitagabend auf den Tisch zu wandern, wo am Sabbat nicht gearbeitet wurde, und wo Kinder nach verstorbenen Verwandten benannt wurden. Der Vater war Bäcker, die Mutter eine hart arbeitende Hausherrscherin. Sein Bruder Fred, der in der Synagoge Ephraim heißt – »eine vollkommene Null, ein leichtsinniger Mensch, ein schwacher Charakter«[3] – hat die betörende und wohl auch von Ranek geliebte Debora zur Frau bekommen. Ranek, der kleine Angestellte bei »Leibowitz und Companion«, Filiale Litesti, versteht das nicht. Es bahnt sich vielleicht eine kleine Familientragödie à la Karl Emil Franzos hier an, es kommt dann aber ganz anders.

Mit Hilfe von Rückblicken und Traumbildern wird auch vom Ende dieser kleinbürgerlichen Welt des Bäckers und seiner Familie erzählt. Eines Tages ist die Idylle für immer als Schimäre entlarvt; die Faschisten sammeln die Juden an Bahnhöfen, treiben sie in Viehwaggons mit unbestimmtem Ziel, schicken sie hin und her durch das östliche Rumänien, bis sie an das Ufer des Dnjestrs gelangen. Dort warten Flöße, die die gesamte jüdische Bevölkerung der Bukowina und Bessarabiens ans andere Ufer setzen, nach Transnistrien, wo sich Ruinenghettos ohne Lebensmittelversorgung befinden. Der Bäcker und seine Frau entgehen diesem Schicksal. Sie werden gleich am Anfang der Aktion im Oktober 1941 aus ihrem Kellerversteck geholt und hinter der Bäckerei am Kanal erschossen. Debora und Fred werden nicht, wie Ranek zuerst annimmt, ebenfalls ermordet, sondern landen in einem anderen transnistrischen Ghetto. Die Welt seiner Kindheit und Jugend, die sich anbahnenden Liebesprobleme mit seiner Schwägerin, die Zukunft der Bäckerei, in der Fred arbeitet und die er wohl auch erben wird, die Unzufriedenheit eines kleinen Angestellten in der Provinz – das sind Probleme, die so weit entfernt sind von dem bestialischen Sterben in Prokow, daß es dem Leser so vorkommt, als könnten sie nicht einmal im Traum erscheinen. Und doch tauchen sie dort auf. Der träumende Ranek besucht das Haus seiner Kindheit, »ein kleines Familienhaus, drei Zimmer, eine Küche und ein schiefer Balkon, von dem man auf den Fischmarkt sehen konnte«.[4] Drinnen ist noch alles beim alten, nur verstaubt und leer. Ranek halluziniert im Traum, wundert sich, daß am Sabbat der Leuchter noch auf dem Klavier steht, blinzelt und sieht Debora auf dem Klaviersessel sitzend Klavier spielen: »Wie nett, daß sie für ein paar Minuten hierherkommt, um dir etwas vorzuspielen«, denn »seit Monaten ist sie tot«[5]. Er will rauchen und erinnert sich, daß er am Sabbat nicht rauchen darf. Auch Debora darf nicht Klavier spielen, so streng sind doch die Regeln. Im Traum ist es jetzt anders, denn Debora weiß: »›Es gibt keinen Sabbat mehr ... und kein Gesetz. Er ist doch damals gestorben.‹ ›Wer?‹ flüsterte er. Sie blickte ihn erstaunt an. ›Gott‹, sagte sie langsam.«[6]

Es wäre leicht anzunehmen, es sei Hilsenrath selbst, der hier spricht, aber er überläßt dies in dieser Szene dem träumenden, sich selbst quälenden Ranek, der die totgeglaubte Schwägerin in die Atrappe einer heilen Welt hineinträumt und von dem toten Gott und der darauffolgenden Gesetzlosigkeit reden läßt. Es ist also der träumende Ranek, der Debora sagen läßt, daß Gott tot ist und dessen Gesetze nicht mehr gültig. Das ist die Aussage, die er selbst braucht, um sein gebotsverletzendes Wesen in diesen gefährlichen Zeiten zu entschuldigen. Ranek nutzt, wie fast alle anderen in Prokow auch, den Augenblick des abwesenden Gottes aus, um zu überleben, ohne auf die moralischen Regeln und Traditionen zu achten, die noch vor zwei Jahren seinen täglichen Rhythmus bestimmt hatten. Im Ghetto ist der abwesende oder totgeträumte Gott ohne offizielle Vertretung, seine Häuser sind zerstört, seine Gebote hoffnungslos unrealistisch, wenn es in diesem Milieu um Leben und Tod geht. Das möchte Ranek zumindest glauben, bis dann jedoch Debora auftaucht und neue moralische Maßstäbe setzt.

Mit der überraschenden Ankunft der lebenden Debora wird die Aussage der toten Debora zur Gesetzlosigkeit einer von Gott verlassenen Welt nämlich nicht bestätigt. Mit dem an Typhus leidenden Fred im Schlepptau steigt sie aus dem Nichts heraus, kommt illegal nach Prokow und folgt in der gesetzlosen Welt des Ghettos dem alten Gesetz. Wo andere bereit sind, sich wie Tiere zu benehmen, um zu überleben, setzt sie ohne Überlegung ihr eigenes Leben aufs Spiel, wenn es um die Rettung anderer wie ihres Ehemannes oder eines Waisenkindes geht. Wie ein Relikt aus einer verlorengegangenen Welt, in der das Gesicht Gottes nicht verborgen wurde und dessen Gebote noch gültig waren, geistert Debora durch die gottlose transnistrische Unterwelt. Ab und zu geraten auch andere Leute in ihren Bann: Ranek selbst kann der Aura ihrer Güte nicht standhalten und riskiert sein Leben, um seinen Bruder aus dem Spital, das normalerweise niemand mehr lebend verläßt, zu retten. Oder ein Zigarettenjunge verteidigt mutig seine junge Schwester, und Prostituierte leisten ihm dabei Hilfe.

Hilsenrath weist auf Van Goghs Gemälde *Die Kartoffelesser* hin als das Werk, das seinen eigenen Erstling mitbeeinflußt hat[7]. In diesem ersten großen Bild des holländischen Malers dominieren sicherlich die düsteren Farben der deprimierenden Welt einer Familie in tiefster Armut. Fünf Leute sitzen am Tisch und teilen die Kartoffeln, die das ganze Abendessen darstellen. Es ist ein Bild der Hoffnungslosigkeit, in dem aber Hoffnung durchschimmert, weil die hungernden Leute einander etwas von ihrer kümmerlichen Mahlzeit anbieten. Trotz der bedrohlichen Situation strahlt Liebe und Barmherzigkeit aus dem Gesicht einer Frau, die wie Debora nicht bereit ist, ihre moralische Einstellung aufgrund des Hungers aufzugeben.

Wir wissen nicht, ob Debora ihren Glauben an Gott und seine heiligen Gebote aus der noch heilen Welt ihrer Jugend in die transnistrische Hölle hinübergerettet hat, und trotz aller konträren Beweise noch an sein Wesen und seine Gerechtigkeit glaubt. Hilsenrath selbst macht kein Hehl daraus, daß er nach Transnistrien nicht mehr an die selbstverständliche Glaubenswelt seiner Kindheit anknüpfen kann:

»Spaß beiseite. Ich möchte daran glauben, daß es eine göttliche Gerechtigkeit gibt, aber sobald ich mich mit diesem Gedanken vertraut zu machen versuche, fallen mir die Kinder von Auschwitz ein und Millionen anderer, die gequält, gefoltert und ermordet wurden.«[8]

Sicher ist, daß Debora in Prokow keine Gelegenheit hat, die äußere Struktur der Religion, die täglichen und wöchentlichen Rituale aufrechtzuerhalten. Von Synagogen kann zum Beispiel in diesem Zusammenhang keine Rede sein, und nie erlebt man eine Szene, in der Menschen versuchen, die jüdische Religion zu zelebrieren. Und trotz allem handelt Debora nach den inneren Anforderungen der alten Religion.

Immer wieder stehen in Hilsenraths Romanen seine Figuren vor dem komplexen moralischen Problem, wie sich der Mensch in einer äußerst gefährlichen Situation benehmen soll. In einer Welt, in der Gott aus unbekannten Gründen für einen Moment, der sich dann zu einer Ewigkeit auswächst, abwesend ist. Das passierte den Juden schon einmal in biblischen Zeiten, die Gefahr bestand aber damals eher darin, daß das auserwählte Volk die Leiden des Exils tragen mußte, und dabei den Verlockungen der von Gott nicht geregelten Triebe ausgesetzt wurde. Aber nach dem Zweiten Weltkrieg sahen die Überlebenden ganz andere, bedrohlichere Gefahren in der Abwesenheit Gottes, ja die Endlösung selbst, und es ist diese Perspektive des

Post-Holocaust, in der Hilsenrath seine Figuren agieren läßt. Jetzt geht es darum, daß der Einzelne, ungeachtet seiner Religion, in den Zeiten der Gesetzlosigkeit den moralischen und humanen Geboten Folge leistet, oder eben nicht, obwohl ihn keiner dazu zwingt und man zudem das eigene Leben riskiert. In den auf *Nacht* folgenden Romanen stehen Christen, Moslems, Juden und Atheisten vor diesem Problem. Seit den Erfahrungen in Transnistrien lehnt Hilsenrath Gott ab, was aber keineswegs bedeutet, daß er die moralische Basis der alten Gebote ablehnt. Nur kommt es seiner Meinung nach in einer von Gott verlassenen Welt nur ganz auf den Einzelnen und seine Entscheidungen an und nicht mehr auf die erzwungenen Zugeständnisse an traditionelle Rituale. Dies wird dann zur individuellen Wahl. Wenn es keinen Gott mehr gibt, schreibt Hilsenrath, dann kann jeder machen, was er will, denn es bleibt folgenlos.

»Einzig und allein meine Entscheidung zählt: den richtigen Weg zu wählen oder den falschen. Und da ich nicht immer weiß, welcher Weg nun der richtige ist und welcher der falsche, habe ich den Weg der Vernunft gewählt und den Weg des Fair play. Es lebt sich leichter mit diesen Grundsätzen. Ich bedrohe niemanden, der mich nicht bedroht, und verletze niemanden, der mich nicht verletzt. Meine wahren Freunde können immer auf mich zählen. Wer mir hilft, dem helfe ich auch, und ich vergesse nicht, wer mir Gutes getan hat.«[9]

In den Romanen, die nach *Nacht* geschrieben wurden, findet man die Konsequenzen dieser gottlosen, aber moralreichen Weltanschauung. In einer Welt ohne Gott könne man Hitler, Stalin oder der Würger von Boston sein (das ist Hilsenraths kuriose Auswahl von bösen Buben), es gäbe keine angemessene Strafe. In Hilsenraths zweitem und wohl umstrittenstem Roman, *Der Nazi & der Friseur*, wird genau so ein Fall bearbeitet. Der Massenmörder Schulz hat ein Leben lang so gehandelt, als ob es keine adäquate Strafe für seine während der Abwesenheit Gottes begangenen Untaten geben könne. Schließlich verkörpert er im Roman eine ganze Nation, die an der Ecke Schiller-Goethe Straße lebt und die intellektuellen Fähigkeiten der jüdischen Nachbarschaft erlernt und benützt und diese letztlich dann doch ermordet. In diesem Fall hat Max Schulz sogar im jüdischen Friseursalon gelernt, wie man Haare schneidet. Denn in dem Laden seines

Stiefvaters Anton Slavitzki, des Möchtegernnazis mit dem polnischen Namen, der nicht zu den fünf möglichen Vätern von Max gehört, wird haarsträubend schlecht geschnitten und heimlich ins Waschbekken gepinkelt, so daß sich auch der arischste Mitbürger lieber beim Juden die Haare schneiden läßt. Solche grotesken Details prägen die makabre Atmosphäre von Hilsenraths Erzählwelt. Max Schulz lernt alles bei seinem Meister, auch Jiddisch, und derart gewappnet mit Kenntnissen über das Jüdische, macht er seinen Weg in die weite, grausame Welt. Hilsenraths Anti-Held erstürmt diese Welt wie »Hans im Glück«[10] (so Heinrich Bölls treffsichere Metapher). In ihr begegnet er keinem nennenswerten moralischen Widerstand, keinen geltenden Regeln einer religiösen Welt. Und so macht er eben weiter wie Hitler, Stalin oder der Würger von Boston, bis er mit seiner ermordeten und gestohlenen Identität in Palästina landet.

Am Ende aber muß auch er Rede und Antwort stehen. Fast masochistisch besteht er selbst darauf und findet in dem deutsch-jüdischen Richter Wolfgang Richter – bedingt durch die Abwesenheit Gottes – den einzigen, der ihn gerecht beurteilen kann. In der deutschen Version von *Der Nazi & der Friseur* gibt es im Gegensatz zur englischen Ausgabe am Ende nur Max Schulz und Wolfgang Richter; alle höheren Instanzen, die man in dem neugegründeten jüdischen Staat wohl erwarten durfte, sind abwesend. Für den kleinen Hitler Max Schulz findet Richter keine gerechte Strafe, weil man ihn doch nicht sechs Millionen mal hinrichten kann. Er kann ihm nur wünschen, daß er mit der Angst der Opfer, die sie kurz vor ihrem Tod empfanden, selbst sterben wird. Das ist, wie er selbst weiß, eine ungerechte Strafe, weil Max Schulz, der gleich sterben wird, schon sehr lange mit seinen furchtbaren Verbrechen in Saus und Braus leben konnte und seine Bestrafung zu spät kommt. In der Abwesenheit Gottes wird eben sehr ungerecht mit Schuld und Sühne umgegangen.

Als Max Schulz letztlich doch stirbt, denkt Wolfgang Richter, der auf Erden keine gerechte Strafe für ihn findet, ganz am Ende doch an die Ewigkeit und sagt, er habe sich was ganz Originelles ausgedacht:

»Ich überantworte dich einem anderen Gericht!«

»Das ist nichts Originelles.«

»Ich hab dich dem lieben Gott überlassen, Max.«

»Den gibt's vielleicht nicht.«[11]

In der deutschen Version bleibt dieses »Vielleicht« so problematisch wie Raneks Traum von der zweifelnden Debora. Schließlich ist es Max Schulz, der hier zweifelt, und er hat gute Gründe. In seiner mörderischen, heuchlerischen und verräterischen Laufbahn hat er schließlich keinen Gegenbeweis für die Existenz eines rächenden, geschweige denn schützenden und barmherzigen Gottes erfahren. Seine Annahme ist wohl berechtigt, daß er in einem geistigen Vakuum agiert hat und nur sehr kurz die irdischen Leiden seiner Strafe wird hinnehmen müssen. Der Rest scheint Schweigen zu sein.

Wenn nämlich aus dem »Vielleicht« ein »Gewiß« würde, wenn es sich also wirklich herausstellen sollte, daß es doch keine höhere Gewalt gebe, die auf alle Ewigkeit verdammt, wäre das doch eine große Sache für den sterbenden Max, denn es würde bedeuten, daß er der wohlverdienten Bestrafung entgehen würde. Es würde aber auch bedeuten, daß das Zitat aus der Bibel am Beginn des Romans *Nacht* nicht gelten würde. Ein Gott, den es nicht gibt, kann nicht für einen Augenblick sein Volk verlassen, um es mit großer Barmherzigkeit dann wieder zu versammeln. Wir befinden uns mitten in der Krise des jüdischen Volkes in der Zeit nach Auschwitz. Wenn es wirklich so ist, wie Max Schulz vorschlägt und wie er sein Leben lang gehandelt hat – wie kann man dann weiter an die Barmherzigkeit Gottes glauben?

In der englischen Fassung von *Der Nazi & der Friseur*, die sowohl unter dem Titel *The Nazi and the Barber* wie auch als *The Nazi Who Lived As A Jew* erschienen ist, wird dieser Zweifel noch viel dramatischer dargestellt. In dieser Erstausgabe des Romans – das deutsche Orginal erschien erst sechs Jahre später – gibt es nämlich zweieinhalb zusätzliche Seiten, die nie auf Deutsch veröffentlicht wurden. Auf diesen Seiten kommt es dann doch zu dem von Wolfgang Richter vorgeschlagenen Prozeß vor Gott. Max Schulz verteidigt sich mit dem Eingeständnis, daß er zwar schuldig sei, daß aber alles, was er in jenen Tagen gemacht habe, legal gewesen sei, und er nur mitgemacht habe, wie viele andere eben auch. »And the One and Only spoke out with a mighty voice: Then I condemn you!« Aber bevor er die Höchststrafe verkünden kann, mischt Max Schulz sich mit einer bösen Frage ein, gerichtet an den verdammenden Gott, der sonst in der langen Geschichte der Grausamkeiten der Nazis nie zu sehen war:

»Where were you in those days?«
»What do you mean... in those days?«
»In those days during the executions?«
»What do you mean?«
»The execution of the defenseless.«
»When?«
»When it happened.«

I ask: »Where you asleep?«
And the One and Only says: »I never sleep!«
»Where were you?«
»When?«
»When it happened!«
»When it happened?«

»If you were not asleep... where were you?«
»Here!«
I ask: »Here?«
And the One and Only says: »Here.«
»And what did you do if you were not sleeping?«
»When it happened?«
»Yes. When it happened!«
And the One and Only says: »I watched!«
»You watched? Only watched?«
»Yes. I just watched.«

»Then your guilt is greater than mine!« I say. »If that is true... then you cannot be my judge!«
»That's true.«
And I ask: »What do we do next?«
»What do we do next?«
»That is a problem!«
And the One and Only says: »Yes. That is a problem!«

And the One and Only climbed down from his seat of judgement und placed himself next to me at my side. And so we both wait! For a just sentence! But who is there who can pronounce it?»[12]

Auf Englisch gibt es also ein bitterböses, nihilistisches Ende. Nicht nur wird Gott vom Opfer/Schriftsteller nicht vergeben, daß er mal wieder in Zeiten der Not abwesend war; diesmal wird er der Mitschuld am Massenmord beschuldigt, weil er ihm bewußt zugeschaut hat, ohne einzugreifen. Und daß danach keine höhere Instanz in der Lage sei, ein gerechtes Urteil für den neben Gott auf der Anklagebank sitzenden Nazi zu fällen, deutet an, daß die Zeit der Gesetzlosigkeit überhaupt nicht vorbei ist. Das hatte Hilsenrath auf Englisch ausgesprochen, aber als das deutsche Original erschien, tauchte der auch sonst abwesende Gott am Ende des Romans nicht mehr auf. Als Antwort auf die Frage, warum diese Seiten gestrichen wurden, wies Hilsenrath auf seine Überzeugung hin, daß der einzelne Mensch aus freiem Willen handelt und allein auf dieser Basis beurteilt werden sollte.

»Es stimmt, die englische oder amerik. Ausgabe von Nazi und Friseur hatte noch zweieinhalb zusätzliche Seiten. Der Grund ist einfach. Die englische Ausgabe kam ja zuerst heraus, die deutsche, d. h. das deutsche Original erst sechs Jahre später. Inzwischen hatte ich Zeit, gewisse Überlegungen anzustellen … Auf jeden Fall glaube ich daran, daß der Wille des Menschen frei ist und habe nicht die Absicht, Max Schulz zu entlasten. Habe also beschlossen, das Ende offen zu halten, wenigstens in der deutschen Ausgabe, die im Augenblick die endgültige ist.«[13]

In der deutschen Ausgabe bleibt es also so, daß Gott einfach ohne Erklärung abwesend ist und daß Max Schulz schuldig ist, weil er, die alten Gebote ignorierend und über Leichen gehend, die Gelegenheit ausnützt, sich selber in der damit entstandenen Welt durchzusetzen. Aus freiem Willen bahnt er seinen mörderischen Weg nach oben. Letzten Endes ist es für Hilsenrath doch wichtiger, die Verantwortlichkeit des frei handelnden Einzelnen zu unterstreichen, als seinen eigenen Zorn auf den abwesenden Gott noch einmal zu betonen.

In den folgenden zwei Romanen, die dann seinem Schwank *Gib acht, Genosse Mandelbaum* folgen, läßt Hilsenrath seine Figuren an weit von Europa entfernten Schauplätzen der Literatur agieren, die nicht sofort den Holocaust in Erinnerung rufen. Im Vergleich damit ist das jüdische New York der fünfziger Jahre in *Bronskys Geständnis*, das Hilsenrath auch persönlich erlebte, relativ ungefährlich. Aber Jakob Bronsky, der mit einigen autobiographischen Zügen ausgestattete Protagonist von Hilsenraths einzigem Amerikaroman, führt ein Leben auf den Straßen von New York, das wie der ferne Widerhall von Raneks streunender Existenz in den Ruinen von Prokow wirkt. Auch der arbeitslose Möchtegernautor Bronsky ist ständig auf der Suche nach Essen und Unterkunft, erwartet dabei aber nie Hilfe von der religiösen Gemeinde, geschweige denn von einem offenbar längst vergessenen Jehova. Auch er lebt in einer Welt, in der Individuen zu fast allem fähig sind, um ein kleines Stück des amerikanischen Traumes an sich zu reißen. Aber wie Ranek begegnet auch er ein paar Leuten, wie z. B. dem Penner Pinky, die ähnlich wie Debora nicht bereit sind, ihre Moral einfach über Bord zu werfen, um daraus eigene Vorteile zu erlangen. In einem Roman mit einem durchaus sozialkritischen Kommentar zur amerikanischen Gesellschaft sind es die Penner, die Obdachlosen und die mittellosen Schwarzarbeiter – Pinky lebt wie Ranek in dem Keller einer von Ratten verseuchten Bauruine –, die dann die alte Moral in einer neuen amoralischen Welt verkörpern.

In seinem nächsten Roman, *Das Märchen vom letzten Gedanken*, greift Hilsenrath auf ein historisches Ereignis zurück, das schon einmal als Schauplatz eines großen deutschen Romans gedient hat, die Vertreibung der Armenier aus Ostanatolien durch die Türken im Ersten Weltkrieg. Hilsenrath, der an Ort und Stelle recherchierte, beschreibt nichts anderes als einen Völkermord, und legt den Schluß nahe, daß die christlichen Armenier unter den Türken im Ersten Weltkrieg ein ähnliches Schicksal erlitten wie die Juden unter den Nazis im Zweiten Weltkrieg. Im Gegensatz zu Franz Werfel, der am Ende der *Vierzig Tage des Musa Dagh* recht sentimental wird und ein rettendes französisches Kriegsschiff aufkreuzen läßt, beobachtet Hilsenrath diesen Völkermord mit Augen, die schon den Zug nach Auschwitz, mit dem er seinen Roman beendet, gesehen hatten.

Auch im armenischen Hayastan ist es so, daß die Staatsreligion – hier ist es der Islam – moralisch völlig versagt, aber daß einzelne Muslime sich weigern mitzumachen, ja bereit sind, aus moralischer Überzeugung zu sterben, um Unschuldige zu retten. In einer Szene, die ganz klare Anspielungen auf die »guten« Deutschen oder Polen im Zweiten Weltkrieg beinhaltet, werden drei Menschen per Staatsdekret aufgehängt:

»– Sind es Armenier?
– Nein, zwei von ihnen sind Türken, und einer ist ein kurdischer Hamal.
– Was haben sie verbrochen?
– Sie hatten Armenier bei sich versteckt.
– Ist das verboten?
– Natürlich ist das verboten. Weißt du denn nicht, daß die Münadis im Namen der Regierung verlautbart haben, daß jeder Muslim, der einen Armenier versteckt, wie ein Armenier behandelt wird?»[14]

Und zu den vornehmen Moslems, die dann ein gutes Geschäft bei der Plünderung der Häuser der vertriebenen Armenier machten – auch das eine Anspielung auf die Arisierungsaktionen während der Nazi-Zeit – gesellen sich christliche Griechen und einige Juden. Die jüdischen Plünderer werden von Hilsenrath besonders unbarmherzig aus der Perspektive des Holocaust-Kenners beobachtet: »Es war einmal eine Zeit, sagte der Jude zu dem Armenier, wo es uns Juden an den Kragen ging, aber diese Zeit ist Gott sei Dank vorbei. Und er erzählte von den Pogromen unter dem russischen Zaren und auch von dem Gemetzel der Kreuzfahrer und den Flammen der spanischen Inquisition.«[15] Für Hilsenrath spielt es eben keine Rolle, welche Religion den moralischen Kodex liefert, wichtig ist nur, ob der einzelne Mensch ihm folgt.

In Hilsenraths gottverlassenen Welten von Transnistrien, Nazi-Deutschland, Hayastan und New York haben die alten religiösen Gebote keine gesellschaftliche Geltung mehr; in solchen gesetzlosen Gesellschaften hat die moralische Ordnung einfach versagt. Aus diesem Grund lehnt Edgar Hilsenrath seit seinem vierzehnten Lebensjahr den zu lange abwesenden Gott ab, ja er geht in einem Fall so weit, daß er ihn wegen Mittäterschaft am Massenmord anklagt. Nach einiger Überlegung läßt er aber seinen zum Tier gewordenen Menschen Max Schulz allein auf der Anklagebank vor einem menschlichen Richter sitzen. In einer von Gott verlassenen Welt, wo keine Gebote die Triebe des Individuums hemmen, muß jeder sich entscheiden, ob er einen moralischen Kodex akzeptieren und konsequent danach leben – oder ein Max Schulz werden will. Nur auf dieser Basis kann ein Leben dann gerecht beurteilt werden. In Hilsenraths dunkler und gefährlicher Welt gibt es entweder den gerechten Einzelnen oder gar nichts.

## ANMERKUNGEN

1 Brief von Edgar Hilsenrath an den Verfasser vom 14. 11. 1994
2 Hilsenrath, Edgar: Nacht, Köln 1978, S. 41/42
3 Ebd., S. 43
4 Ebd., S. 42
5 Ebd., S. 49
6 Ebd., S. 50
7 Brief von Edgar Hilsenrath an den Verfasser, undatiert
8 Hilsenrath, Edgar: Ich bin von Natur aus ein Einzelgänger und singe nicht gerne im Chor. In: Karlheinz Deschner (Hg.), Woran ich glaube, Gütersloh 1990, S. 112 (s.a. S. 50ff. dieses Buches)
9 Ebd., S. 113
10 Böll, Heinrich: Hans im Glück im Blut. Hilsenraths Roman »Der Nazi & der Friseur. In: Die Zeit, 9. 12. 1977 (s.a. S. 76ff. dieses Buches)
11 Hilsenrath, Edgar: Der Nazi & der Friseur, Köln 1977, S. 422
12 Hilsenrath, Edgar: The Nazi and the Barber, New York 1971, S. 382/383
13 Brief von Edgar Hilsenrath an den Verfasser, vom 16. 4. 1986
14 Hilsenrath, Edgar: Das Märchen vom letzten Gedanken, München 1989, S. 444
15 Ebd. S. 431

**Heribert Hoven**

# *DIE ÄSTHETIK DES GESCHLECHTSVERKEHRS*
## *oder Anmerkungen zum Thema: Sexualität im Werk Edgar Hilsenraths*

Was die Menschen zu Paaren treibt, ist bereits Thema der ersten Hochblüte der deutschen Literatur im 12. bzw. 13. Jahrhundert. Es ist stets der Anblick einer weiblichen Person, der das begehrliche Verlangen des Mannes weckt[1]. Der ungezügelte Sexualwunsch allerdings wird im höfischen Minne-Kodex sublimiert. Zu Recht hat der große Aufklärer Norbert Elias die Regulierung des Libidohaushaltes durch die Kontrollmechanismen der ritterlichen Erziehung als einen entscheidenden Schritt im »Prozeß der Zivilisation«[2] beschrieben. Obwohl die christliche Tugendlehre, die seit dem Mittelalter auch die als typisch deutsch angesehenen Werte wie »triuwe, maze, staete« umfaßt, zur Basis abendländischer Sozialisation avancierte[3], müssen wir heute erkennen: Genutzt hat sie nichts, zumindest nicht den sechs Millionen Juden, die ausgerechnet von jenen völkischen Banden ermordet wurden, denen Ehre und Treue auf ihre Koppelschlösser gestanzt war[4].

Wer, wie unser Autor Edgar Hilsenrath, den Holocaust überlebt hat, der muß am Prozeß der Zivilisation und an der ordnenden Kraft ihrer Werte zweifeln. Er wird, wie schon die mittelalterlichen Dichter, die vornehmlich das Minne-Ideal in grotesken Schwänken der Lächerlichkeit preisgaben[5], den vielgepriesenen Anstand des Bürgers, der die Unmenschlichkeit nicht verhinderte, als bloße Charaktermaske entlarven; er wird die hohle Herrschaft durch Obszönität entmythologisieren, die Sprache, die vor dem Unfaßbaren nicht verstummte, beim Wort nehmen und sie ihrer Lügenhaftigkeit entkleiden; schließlich wird er, nach der Entwertung aller Werte, den Menschen als das zeigen, was er ist: ein Überlebenskünstler, triebhaft und egoistisch. Erst wenn der Mensch so nackt dasteht wie nach dem Sündenfall, wird er erinnern, was er verloren hat und welche Möglichkeiten in ihm stecken. So entpuppt sich schließlich gerade der Tabubrecher als Menschenfreund, als Aufklärer, der die Hoffnung auf die Veränderbarkeit des Menschen trotz allem nicht aufgegeben hat.

Bereits in seinem ersten Roman *Nacht*[6] (1964) geht es Hilsenrath darum, Menschen in Ausnahmesituationen zu zeigen und zu fragen: Wie reagieren wir, nachdem wir aus Gottes Hand gefallen sind und keine Regeln oder Schranken eine Orientierung versprechen? Daß sich dies nicht als Gedankenexperiment vollzieht, sondern auf Empirie beruht, dafür sorgte schon die Geschichte, die unseren Autor mit einer Fülle meist leidvoller Erfahrungen versorgt hat. Vor dem Lebensprinzip der Erfahrung, so lautet die Maxime des Autors, müssen sich alle Verbindlichkeiten und Gewißheiten bewähren oder aber als nicht tragfähig fallengelassen werden.

Schon im Eingangssatz von Hilsenraths zweitem Roman *Der Nazi & der Friseur* (1977) versucht der Ich-Erzähler ein Selbstverständnis zu definieren, das auf klaren Grenzen und Rangabstufungen zu beruhen scheint: »Ich bin Max Schulz, unehelicher, wenn auch rein arischer Sohn der Minna Schulz.«[7] Sein Vater indes, erfahren wir wenige Zeilen später, ist kaum eindeutig feststellbar (»bestimmt einer von den fünfen«[8]), so daß das Selbstbewußtsein wie eine windige Konstruktion zusammenfällt und sich rasch als das erweist, was es ist: das aus einem Minderwertigkeitsgefühl erwachsene Bedürfnis nach Zugehörigkeit, eindeutiger Zuordnung und Überschaubarkeit, letztlich die Reglementierung dessen, was die anarchisch-vitale Seite des Humanen ausmacht, des Sexus, wie etwa geschehen durch eine sogenannte Rassentheorie, die schließlich Millionen den Tod brachte. Folgt man den Gedankengängen des Ich-Erzählers, so richtet sich sogar die rituelle Beschneidung, gleichsam wie der mittelalterliche Ritterschlag, gegen eben diese Kräfte des Sexus: »Als fleißiger Leser des Lexikons habe ich festgestellt, daß die Beschneidung der jüdischen Knäblein eine Art symbolischer Kastration ist, ein Wahrzeichen sozusagen, das folgendes versinnbildlichen soll: die Veredelung des Menschen, die Zügelung seiner tierischen Triebe und Leidenschaften«[9]. Gerade weil sich die NS-Diktatur in Deutschland unter anderem auch dadurch etablierte, daß sie einen nebulösen Idealismus mit der Unterdrückung des Sexualtriebes verknüpfte (»denn in einer verbastardierenden und vernegerten Welt wären auch alle Begriffe einer idealisierten Zukunft unseres Menschentums für immer verloren«, so Hitler in *Mein Kampf*[10]), zeigt sich Hilsenrath als entschiedener

Antiidealist. In der Satire findet er eine bewährte Kampfgefährtin, welche bereits seit alters her vor allem in der anstößigen Verbindung von Komik und Sexualität an den Fundamenten festgefügter Machtverhältnisse rüttelt.

Als verhaltensbestimmende Grundtatsache des Menschen spielt daher das Geschlechtliche im Werke Edgar Hilsenraths eine dominierende Rolle. Die Sexualität ist sowohl Dreh- und Angelpunkt der Erzählhandlung als auch sprachliches Skandalon, ein janusköpfiges Phänomen von kaum überraschender Vielfalt, jedoch genau zu beschreibender Funktionalität.

Einerseits setzt der Sexus Ordnungen. So besuchen die fünf mutmaßlichen Väter des Max Schulz die Mutter nach einer genau vorgeschriebenen Reihenfolge. (»Gewöhnlich ging der Stärkste, also der Fleischer, als erster zu ihr... Ja, der Hausdiener immer als letzter, weil er der Schwächste war«[11]). Andererseits tritt Sex bei Hilsenrath oft in Zusammenhang mit Aggressionen auf. Der spätere SS-Scherge Max Schulz wird als Baby von seinem sexuell frustrierten Stiefvater Slavitzki, der sich trotz oder gerade wegen seines »zufällig polnisch« klingenden Namens als deutscher Herrenmensch aufspielt, brutal vergewaltigt. Aus dieser frühkindlichen Erniedrigung formt sich die Weltsicht des Massenmörders Schulz: »Und werden die Schwachen und Wehrlosen nicht von den Starken überrumpelt, niedergeknüppelt, vergewaltigt, verhöhnt, in den Arsch gefickt?«[12] In der Diktion folgt er beinahe wörtlich seinem ideologischen Führer, der in *Mein Kampf* sich vornimmt, »den Sieg des Besseren, Stärkeren zu fördern, die Unterordnung des Schlechteren und Schwächeren zu verlangen«[13]. In den späteren Romanen Hilsenraths wiederholt sich diese Konstellation von Sex, Gewalt und Herrschaft: »Und jetzt werden sie in den Arsch gefickt... Ganz einfach. So! Eine Demonstration zynischer Macht. Nichts weiter. Alles im Leben ist eine Machtfrage.«[14] Frauen erobert der SS-Mann Schulz demzufolge in der Sprache des Aggressors »im Sturmangriff, der drei Sekunden dauerte«[15].

Der provokante Witz des Romans besteht allerdings darin, daß Schulz durch Beschneidung zum Juden wird. Diese äußerliche Veränderung dient nun dazu, alle Eigenschaften, welche nach Ansicht der Rassenhygieniker mit »Blut und Rasse« verbunden sind, und das ist die Absicht der Satire, als Hirngespinste vorzuführen: Die blonde »Kriemhild« etwa, »Gräfin von Hohenhausen«, wirft ihre antisemitische Einstellung sogleich über Bord, wenn es um ihren materiellen Vorteil geht: »Ich brauche Ihnen wohl nicht zu sagen, daß die Verbindung zwischen der nordischen Gräfin und mir, dem jüdischen Schwarzhändler Itzig Finkelstein, zustande kam. Die Gräfin wollte Geld. Und ich wollte gesellschaftlichen Status. Wir konnten uns ergänzen. Steckdose und Stecker.«[16] Bisweilen gelingt der Tausch der Identität sogar so gut, daß jüdische Frauen den Massenmörder lieben können. Dann allerdings müssen die Frauen die Initiative übernehmen: »Plötzlich umschlang sie mich, rollte mich auf den Rücken, warf sich auf mich hinauf, setzte sich auf mein hartes Glied, ließ es in ihrem Schoß verschwinden, saß wie ein Käfer auf mir, kroch aber wieder runter, riß plötzlich meinen Kopf hoch und preßte ihre Lippen auf die meinen. Das war unser erster Kuß.«[17]

Der Sex stellt nicht nur vorgebliche Ordnungen auf den Kopf, sondern zeigt auch eine weitere Qualität: Er kann Totgeglaubte zum Leben erwecken. So wird er zur schier unerschöpflichen Metapher, welche so klassische Gegensatzpaare wie Eros und Thanatos, Destruktion und Kreativität zu verbinden vermag. Wenn Hilsenrath also im Vorwort zu *Bronskys Geständnis* (1980) meint, das Thema Sex als autobiographisches Faktum verteidigen zu müssen – »auch die angeblich anstößigen Stellen gehören zu diesem Buch, weil sie zu meinem Leben gehören, sie sind Bestandteil des Milieus, das hier geschildert wird, Bestandteil all der Frustration, Bestandteil der Einsamkeit, der Verzweiflung und Isolation, die ich kannte«[18] –, so verschweigt diese Apologie des Sexus dessen ästhetische Funktion, die in allen seinen Werken zur Geltung kommt.

Der Roman *Gib acht, Genosse Mandelbaum* (1979) ist ein typisches Produkt der siebziger Jahre. Das Wettrüsten und das Gleichgewicht des Schreckens hatten erhebliche Zweifel an der Rationalität in der Politik der beiden Supermächte aufkommen lassen. Was lag näher, als die abgeschotteten und waffenstarrenden Systeme durch das zu persiflieren, was sich noch nie an Grenzen gehalten hat: die Liebe. Die Tochter des mächtigsten Mafia-Bosses Amerikas, der direkte Kontakte ins Weiße Haus hat, ist bei einem Rußlandbesuch vom Sohn eines Rabbis geschwängert worden. Bereits der erste Dialog zwischen Vater und Tochter dokumentiert die Ahnungslosigkeit des Reichen und Mächtigen:

»Ein Jude!« sagt Nino Pepperoni.

»Ein Mann!« sagt Anna Maria.

»Ausgerechnet der«, sagt Nino Pepperoni.

»Er hat mich zur Frau gemacht«, sagt Anna Maria.

»Was soll das heißen?« fragt Nino Pepperoni.»[19]

Was allerdings die Ehre verlangt, das weiß der »Mann mit strengen moralischen Grundsätzen«[20] ganz genau: Der Jude hat seine Tochter unverzüglich zu ehelichen, weshalb er nun aus Moskau entführt werden muß. Vertrackt wird die Situation dadurch, daß der einzig für diese Aktion in Frage kommende Spezialist ein homosexueller Lustmörder ist. Um seinen Trieb zu unterdrücken, muß er, ohne es zu wissen, kastriert werden. In dieser aufgeplusterten Männerwelt bemißt sich der Verstand nach der Penislänge. Hier beherrschen Latrinenparolen die Szene: »Sein Schwanz ist so lang, daß ihm nichts anderes übrigbleibt, als ihn um den Bauch zu wickeln und zu einem Gordischen Knoten zu verknüpfen«[21], wobei sich der »Gordische Knoten« natürlich als unbekannt herausstellt. Eine Welt, die von Geheimdiensten und Sprachregelungen beherrscht wird, enttabuisiert Hilsenrath, ganz im Geist der damaligen Zeit, deren Spießerträume in Gruppensexparties gipfelten, durch den öffentlichen Diskurs über Intimstes. So läßt er etwa die »Weltpresse« über die Verwicklungen von Macht und Mafia mutmaßen: »Wenn der Orgasmus der Anna Maria Pepperoni die Ursache einer Kettenreaktion war, die den Dritten Weltkrieg auslösen wird, dann stimmt die These, daß die Entdeckung des weiblichen Orgasmus im 20. Jahrhundert zum Weltuntergang führen muß!«[22] Den Irrwitz des Kalten Krieges karikiert er, kurz bevor die Realsatire das Satyrspiel überholt, durch absurd komische Situationen, die allesamt dem alten Erzähltopos von der »Verkehrten Welt« folgen: Den Kastrierten zieht es gleichwohl zum Geschlechtsverkehr, der Jude Mandelbaum wird schließlich von arabischen Terroristen nach Jerusalem entführt. Doch als das Paar endlich heiraten kann, versagt das Geschlechtsorgan des Juden, und die Trennung kündigt sich an. Alle Strategien, die längst überholte Moral des

Paten am Leben zu erhalten, bleiben also am Ende erfolglos, vergleichbar jenen Raketen, die als Potenzbeweise alter Männer in den Himmel ragten und die gleichwohl keine Sicherheit garantierten, weshalb sie heute verschrottet werden. Hilsenraths Satire auf »Kommunismus und Kapitalismus« ist vielerorts getadelt worden. Tatsächlich steht dem obszönen Sprachgestus nirgendwo auch nur der Schein einer befreiten Sexualität gegenüber. Allerdings dürfte eine Trasherfahrene und an Bret Easton Ellis (*American Psycho*, 1991) und Elfriede Jelinek (*Lust*, 1989; *Raststätte oder Sie machen's alle*, 1994) geschulte Generation Hilsenraths sex-comedy mehr Verständnis entgegenbringen.

Dem Ausflug in den slapstick folgt mit *Bronskys Geständnis* (1980) die Rückkehr in die Autobiographie. In dem Roman reflektiert Hilsenrath seine USA-Erfahrungen, wobei wiederum der Sexualität eine besondere und vielschichtige Bedeutung zukommt. Die Vereinigten Staaten sind für Bronsky das Land der Verheißung ebenso wie der Ort eines unerbittlichen Lebenskampfes. Das Leben wird bestimmt von Hierarchien, welche wiederum durch sexuelle Abgrenzungen und ökonomische Stärken garantiert werden. »Du siehst nicht aus wie einer, der sich 'ne feste Freundin leisten kann«[23], sagt man dem Einwanderer Bronsky auf den Kopf zu. Dabei setzen sich die Rangabstufungen bis in die einzelnen Gruppierungen der multikulturellen Gesellschaft fort. Die erfolgreich integrierte Verwandtschaft etwa verachtet den Versager, indem sie dessen sexuellen Notstand hervorhebt: »Die wollen dir zeigen, daß sie's zu was gebracht haben. Daß sie Kinder haben, Haus und Garten, ein neues Auto, ein regelmäßiges Einkommen. Daß der Hausherr kein Schwanzwichser ist, weil er das nicht nötig hat.«[24] Die Versuche, sexuelle Kontakte herzustellen, werden fast exemplarisch an den Institutionen durchgespielt, welche die amerikanische Gesellschaft – und nicht nur diese – dafür vorgesehen hat: Straßenstrich, Cafés, Heiratsinstitute, Parties. Sexuelle Präferenzen, darin gipfelt die Satire auf den »american way of life«, werden nicht nach Zuneigung, sondern nach sozialer Stellung vergeben, deren alleiniger Maßstab der Erfolg ist. Nur »weil aus ihnen voraussichtlich mal was werden wird«[25], lassen sich nämlich die älteren jüdischen Frauen in den Kurhotels der Catskill Mountains ausschließlich von Studenten bedienen, und das in jeder Hinsicht: »Diese verdammten Kurhotels sind eben reine Studentenficks.«[26] Das Mißlingen der Kontaktaufnahme mündet bei Bronsky stets in sexuelle Gewalt- und Omnipotenzphantasien, welche typographisch hervorgehoben werden und in ihrer stereotypen Wiederholung deutlich an die Erfahrungen des Massenmörders Max Schulz erinnern:

»Und jetzt will ich Sie endlich in den Arsch ficken!«

»Haben Sie Erbarmen mit mir!«

»Kein Erbarmen!«[27]

Natürlich erweisen sich auch im Schmelztiegel Amerika Zuordnungen aufgrund der Geschlechtsorgane als durchgehend trügerisch:

»Hab' gleich gesehen, daß du'n Jude bist. Vorhin auf der Herrentoilette.«

»Wie denn?«

»Dein Schwanz ist beschnitten.«

»Es gibt viele Leute mit beschnittenen Schwänzen, auch Leute, die keine Juden sind.«

»Das stimmt eigentlich.«[28]

Die Integration des Simplex Bronsky in den Hexenkessel New York scheitert. Dafür kommt er jedoch auf einem anderen Gebiet ans Ziel: Wenn er auch in keinem bürgerlichen Beruf zu reüssieren vermag, so kann er gleichwohl einen umfangreichen Roman zuende schreiben. Die Kreativität des Geistes steht in einem engen Zusammenhang mit der körperlichen Aktivität: »Du hast zu lange keine Frau gehabt. Du bist noch jung. Und du schreibst ein Buch. Es wird leichter mit dem Schreiben, wenn du mal entspannst.«[29] Der Sex also gehört zur Existenz wie der Schmerz, den es zu stillen gilt, wenn man weiterleben will. Bestimmte Motive, wie Sex, Schreiben, Leben gruppieren sich solchermaßen zu einem positiven Bedeutungsfeld. Im extremen Gegensatz dazu stehen: Alter (»Du hast einen harten Schwanz«, keuchte der Junge. »Wie kommt das? Du bist ein alter Mann.«[30]) und der Tod, der sich für den Juden Bronsky mit Auschwitz verbindet: »An jenem Morgen konnte ich meinen Schwanz nicht beruhigen. Zu Hause nahm ich gleich eine kalte Dusche. Es nützte nichts. Ich dachte an Auschwitz.«[31] Mit dem Abschluß seines Buches ist Bronsky sogar in der Lage, eine amerikanische Kultfigur glücklich zu machen und zwar ausgerechnet im Bett: die Psychologin Mary Stone, die zwar für jedermann gute Ratschläge hat, selbst aber völlig hilflos ist:

»So«, sagte ich, nachdem sie ihren Orgasmus gehabt hatte.

»Wie fühlen Sie sich?«

»Wie neugeboren. So was hab' ich noch nie erlebt.«

»Na, sehen Sie. Da muß man eben zu Jakob Bronsky kommen.«[32]

Allerdings bleibt in der Schwebe, ob dieses erlösende Betterlebnis tatsächlich stattgefunden hat, oder ob es der Phantasie des »erfolgreichen Autors« entsprungen ist. Jedenfalls erzählt Bronsky jetzt seine eigene Kindheitsgeschichte, so daß die komplexe Rahmenhandlung, die mit der Geschichte der Eltern einsetzt, nun mit der Binnenhandlung zusammengeführt wird. Grundtenor der Kindheitsgeschichte, die in Deutschland spielt, ist wieder das Kopfschütteln darüber, daß es den Rassentheoretikern gelingen konnte, Menschen, die – glaubt man Bronskys Ausführungen (»Natürlich wußte keiner in meiner Klasse, daß ich Jude war«[33]) – bislang keine Unterschiede kannten oder machten, in Beschnittene und Unbeschnittene zu trennen und zu entsolidarisieren. Wie Peter Weiss in seiner *Ästhetik des Widerstands* (1975–81), erfindet Bronsky, der darunter leidet, die Verfolgungen überlebt zu haben, offenbar eine Wunschbiographie, die ihn mit den sechs Millionen sterben läßt. Obgleich dies fiktiv bleibt und Bronsky überlebt, beweist wiederum sein fehlender Sexualtrieb, daß er nach seiner Errettung dem Tode näher war als dem Leben:

»Ihr Schwanz blieb schlaff?«

»Sehr richtig. Mein Schwanz blieb schlaff. Nichts rührte sich.«

»Jakob Bronsky war erledigt?«

»Jakob Bronsky war erledigt.«[34]

So endet das therapeutische Gespräch mit der ebenso einfachen wie eindrucksvollen Schlußfolgerung, die in ihrem Bekenntnis zum Faktischen wiederum als Losung einer antiidealistischen Weltsicht gelten kann:

»Wenn der Schwanz steht, ist man seelisch gesund.«

»Und wie ist das mit den Frauen?«

»So ähnlich, obwohl Frauen bekanntlich keine Schwänze haben.«[35]

Obwohl der Erzähler den Prolog mit dem für deutsche Ohren doppelt konnotierten »Fuck America« überschrieben hat, wird das Land schließlich zum Katalysator für ein neues Leben, das sich aus dem Schreiben heraus entwickelt:

»Interviewer: Warum haben Sie ihr Buch geschrieben?

Bronsky: Um gesund zu werden.»[36]

Tatsächlich endet der Roman mit einer letzten satirischen Pointe, die den Stellenwert der Sexualität als Vitalitätsbeweis unterstreicht, indem Eros und Unmenschlichkeit provokativ gegenübergesetzt werden:

»Bronsky: Den Jungen möchte ich sagen, daß sie mein Buch lesen sollen.

Interviewer: Ihr Buch über das jüdische Ghetto?

Bronsky: Mein Buch gegen Gewalt und Unmenschlichkeit!

Interviewer: Der Wichser?

Bronsky: Der Wichser!»[37]

Was wie die Apotheose des schlechten Geschmacks wirkt, ist tatsächlich eine radikale ästhetischen Entscheidung. Wo Hilsenrath sexuelle Vorgänge anspricht, tut er dies unverblümt und direkt, wobei er sich oft des Slangs bedient. Zweideutigkeiten, wie sie vor allem dem erotischen Witz zugrunde liegen, sind seine Sache nicht. Gerade die genitale Zeigefunktion, die Instrumentalisierung und Quantifizierung (»Zwei Nummern während der Mittagszeit, das ist zuviel.«[38]) befreit den Akt von moralischer Kommentierung. So opponiert die Eindeutigkeit gegen jene verquere Sexualmoral, die sich auch nach dem Ende des Nationalsozialismus noch nicht überlebt hat und die nach wie vor das Denken in Europa und Amerika bestimmt.

Neben der Provokation ist vor allem die Distanz ein Schlüsselbegriff der Satire. Als der Schriftsteller Bronsky am Ende des Romans in seine Heimat, nach Deutschland, zurückkehrt, erklärt er dem erstaunten Interviewer, wie sich die Erfahrungen in einer New Yorker Herrentoilette auf sein Schreiben ausgewirkt haben: »Dort stand ein großer Neger und urinierte. Wir unterhielten uns im amerikanischen Slang. Da kriegte ich die richtige Distanz zur deutschen Sprache.«[39]

Den Abstand zu Deutschland bewirkten schon andere, den zur deutschen Sprache mußte der Autor Hilsenrath selbst leisten. Deshalb wählt er für Bronskys Roman den Titel *Der Wichser* und geht bereits damit auf Distanz zu den Regeln der Sprachdezenz. Zugleich signalisiert er einen fast makabren Abstand zu seinem Roman der Ghetto-Schrecknisse, der sich, will man den Gesetzen der Autobiographie folgen[40], hinter dem Titel *Nacht* verbirgt. Die Selbstdistanzierung, mit der auch die letzte Sicherheit aufgehoben scheint, zeigt sich bereits im *Moskauer Orgasmus*[41], wo sich zwei Verlagsleute über ein Buch mit eben diesem Titel unterhalten und zu dem Ergebnis kommen, daß sich »ein Buch mit einem so blöden Titel (...) schließlich verkaufen«[42] müßte. So weitet sich auch diese kleine Sottise auf den Kulturbetrieb zur grundlegenden Kritik an der Gesellschaft, welche solche paranoiden Verhältnisse hervorbringt bzw. duldet.

Auf ganz andere Weise heimgekehrt ist Hilsenrath in seinem Roman *Jossel Wassermanns Heimkehr* (1993). Auch hier bildet der Holocaust den Rahmen bzw. den Hintergrund der Handlung. Im Güterwagen, auf der Fahrt ins Vernichtungslager, erzählt der Wasserträger Jankl die rührendsten Geschichten aus dem kleinen Schtetl am östlichen Rande der Donaumonarchie. Er weiß, solange er noch Zuhörer hat, lebt er. Während die Erzählungen ebenfalls die typisch anarchische Weltsicht Hilsenraths transportieren (»Wer das Verbotene tut, weil es ihm Spaß macht, lebt länger«[43]), hat der Erzähler die Rolle des Bürgerschrecks völlig abgelegt. Das Thema Sex ist hier in den Hintergrund getreten. Da die Satire dem Humor Platz machen mußte, hat auch der Sex seinen instrumentellen Charakter verloren. Aber selbst in der traditionellen Welt des Schtetls läßt sich der Lebensreflex nicht domestizieren. So muß Jankl eingestehen, daß er und seine Frau Rebecca nicht, wie es eine idealistische Konvention vorsieht, jungfräulich in die Ehe gegangen sind: »Ich war überzeugt, daß ich diese Schande und diese Enttäuschung nicht überleben würde.«[44] Nein, gestorben ist er dann unter ganz anderen Umständen.

## ANMERKUNGEN

1 Vgl. Schröter, Michael: Wildheit und Zähmung des erotischen Blicks. Zum Zivilisationsprozeß von deutschen Adelsgruppen im 13. Jahrhundert. In: Merkur 460, 1987, H. 6, S. 468–481

2 Elias, Norbert: Über den Prozeß der Zivilisation, Bern 1969[2]

3 Vgl. Bumke, Joachim: Höfische Kultur, München 1986

4 Vgl. Buchheim, Hans: Anatomie des SS-Staates, München 1967
5 Vgl. Hoven, Heribert: Studien zur Erotik in der deutschen Mären-Dichtung, Göppingen 1978
6 Hilsenrath, Edgar: Nacht, München 1964
7 Hilsenrath, Edgar: Der Nazi & der Friseur, Köln 1977, S. 7
8 Ebd.
9 Ebd., S. 10
10 Zit. n. Hofer, Walther: Der Nationalsozialismus. Dokumente 1933–1945, Frankfurt/M. 1957, S. 31 f.
11 Hilsenrath: Nazi, S. 14
12 Ebd. S. 12
13 Hofer: Nationalsozialismus, S. 31
14 Hilsenrath, Edgar: Gib acht, Genosse Mandelbaum, München 1979, S. 193
15 Hilsenrath: Nazi, S. 191
16 Ebd., S. 187
17 Ebd., S. 259
18 Hilsenrath, Edgar: Bronskys Geständnis, München 1980, S. 5
19 Hilsenrath: Mandelbaum, S. 7
20 Ebd., S. 8
21 Ebd., S. 23
22 Ebd., S. 245
23 Hilsenrath: Bronsky, S. 85
24 Ebd., S. 149
25 Ebd., S. 164
26 Ebd.
27 Ebd., S. 118
28 Ebd., S. 34
29 Ebd., S. 203
30 Hilsenrath: Mandelbaum, S. 45
31 Hilsenrath: Bronsky, S. 111
32 Ebd., S. 234
33 Ebd., S. 255
34 Ebd., S. 292 f.
35 Ebd., S. 294 f.
36 Ebd., S. 305
37 Ebd., S. 306 f.
38 Hilsenrath: Mandelbaum, S. 117
39 Hilsenrath: Bronsky, S. 306
40 Vgl. Schachtsiek-Freitag, Norbert: [Artikel] Edgar Hilsenrath. In: Kritisches Lexikon der Gegenwartsliteratur, hg. v. Heinz Ludwig Arnold, edition text + kritik, München, 29. Nlg, S. 1-D
41 So der spätere Titel von »Gib acht, Genosse Mandelbaum«
42 Hilsenrath: Mandelbaum, S. 269
43 Hilsenrath, Edgar: Jossel Wassermanns Heimkehr, München 1993, S. 62
44 Hilsenrath: Jossel, S. 238

**Thomas Kraft**

# *HILSENRATHS HEIMKEHR*
## *Die Bukowina als literarisches Motiv in den Romanen Edgar Hilsenraths*

In seinem *Brief an den Vater*, den Franz Kafka laut Max Brod im November 1919 geschrieben, dem Adressaten allerdings nie übergeben hat, beklagt sich Kafka darüber, wie sein Vater ihm eine unverkrampfte Begegnung mit der jüdischen Tradition verbaut habe: »Du hattest aus der kleinen ghettoartigen Dorfgemeinde wirklich noch etwas Judentum mitgebracht, es war nicht viel und verlor sich noch ein wenig in der Stadt und beim Militär, immerhin reichten noch die Eindrücke und Erinnerungen der Jugend knapp zu einer Art jüdischen Lebens aus (...), aber zum Weiter-überliefert-werden war es gegenüber dem Kind zu wenig, es vertropfte zur Gänze, während Du es weitergabst.«[1] Nun stammte Hermann Kafka zwar aus dem kleinen Dorf Wossek in Südböhmen, also aus der tschechischen Provinz, das aber hier zu Tage tretende Problem scheint in Grundzügen auf unser Thema übertragbar.

Wenn Individuen der Verlust kultureller Anbindung droht, ist ihre soziale Identität gefährdet. Im unfreiwilligen Prozeß der Entfremdung von ehedem vertrauten Bezugspunkten, die als Folie und Leitfaden Möglichkeiten zur Orientierung boten, erlebt der »unbehauste Mensch« eine tiefgreifende Erschütterung seiner Existenz, die nur schwer zu kompensieren ist. Vertreibung, Heimatverlust und Exil können solche fundamentalen Eingriffe in den soziokulturellen Kontext sein, in dem sich Menschen bewegen. Wo sich dies zu einer kollektiven Erfahrung ausweitet, verkümmern geschichtliche Wurzeln, zerfasern und geraten in Vergessenheit. Das menschliche Legitimationsbedürfnis in all seinen ethnischen, sozialen und kulturellen Schattierungen fällt in das schwarze Loch der Geschichtslosigkeit. Je mehr das eigene Selbstverständnis zur realen Fiktion verkommt, desto dringlicher wird der Ruf nach einer Instanz, einem »Gefäß«, das den Torso der Identität zu konservieren vermag. Auch der Hort der Erinnerung bedarf konkreter Impulse zur Regeneration. Im Exil der Sprache, in den literarischen Überlieferungen und Rückwendungen kann sich eine Welt aus Fragmenten zu einem neuen Ganzen zusammenfügen. Durch die Reanimation ohnmächtigen Bewußtseins werden Brücken zu einer Wirklichkeit gebaut, die sich verflüchtigt zu haben scheint. Im Medium von Literatur und Sprache kann der Rekurs auf diese geographische und intellektuelle Topographie gelingen.

Die jüdische Dichterin Rose Ausländer, 1901 in Czernowitz, der Hauptstadt der Bukowina, geboren, schildert in ihren *Erinnerungen an eine Stadt* voller Begeisterung das Flair ihrer »buntschichtigen«[2] Heimatstadt zur Zeit der Doppelmonarchie, um am Ende ihre Ausführungen mit den wehmütigen Worten »Eine versunkene Stadt. Eine versunkene Welt«[3] zu schließen – eine Etikettierung von Czernowitz und der Bukowina, die seitdem nahezu alle Anthologien und wissenschaftlichen Abhandlungen zum ehemaligen Kronland von Österreich-Ungarn leitmotivisch durchzieht.[4] Der ebenfalls (1920) in Czernowitz geborene Paul Celan sprach in seiner Rede zum Bremer Literaturpreis (1958) von einer »der Geschichtslosigkeit anheimgefallenen Welt«[5] und Alfred Kittner, 1906 in Czernowitz geboren, will im Jahre 1990 im Bezug auf die Bukowina zwar nicht mehr von einer »terra incognita« reden, beklagt aber nach seiner Spurensuche auf historischem Terrain die »Radikalität der Sowjets, mit der sie jedes, auch das geringfügigste Anzeichen aus(merzten), das an die nahezu eineinhalb Jahrhunderte währende Herrschaft der Habsburger Monarchie über das Buchenland gemahnen könnte«[6]. In diesen Äußerungen deutet sich das wechselhafte Schicksal der Bukowina und ihrer Bewohner bereits an, einer Kulturlandschaft und deutschen Enklave am östlichsten Zipfel des Habsburgerreiches.

Ein kleiner historischer Exkurs soll der verblassenden Silhouette dieser Region Konturen verleihen.[7] 1863 begann mit der türkischen Niederlage vor Wien Österreichs Expansionsdrang. Seine imperialistischen Gelüste dehnten sich mit Blick auf das Osmanische Reich auf die Donaufürstentümer aus. 1775 annektierte Kaiser Joseph II. die Moldauregion, die später einmal Bukowina bzw. Buchenland heißen sollte, und unterstellte sie einer Militärverwaltung. Damals lebten laut Volkszählung nur insgesamt 72000 Personen in diesem Gebiet, darunter 526 jüdische Familien. 1786 wurde die Bukowina in das Kronland Galizien integriert, verlor damit ihren eigenständigen

Status und veränderte durch den starken Zuzug von slawischen Volksgruppen und Juden ihre Bevölkerungsstruktur. In dem agrarisch orientierten Land forcierten vor allem deutschstämmige, jüdische Einwanderer die ökonomische Entwicklung und etablierten in diesem bunten Völkergemisch aus Polen, Ruthenen (Ukrainern), Huzulen, Deutschen, Armeniern, Ungarn, Slowaken, Lipowanern, Zigeunern, Griechen und Türken deutsche Kultur an exponierter Stelle. Wien galt als europäische Metropole, und Czernowitz bemühte sich, diesem Vorbild in architektonischer und künstlerischer Hinsicht nachzueifern. Die Revolution von 1848 fiel auch in der Bukowina auf fruchtbaren Boden: Nationale Befreiungsbewegungen erwirkten, daß die Bukowina sich von Galizien lösen konnte und als autonomes Herzogtum direkt Wien unterstand. Czernowitz blühte Ende des 19. Jahrhunderts zusehends auf: 1875 wurde die Universität (mit drei Fakultäten, 268 Studenten und 18 Professoren), 1905 das Stadttheater gegründet. Musikpavillons, Volkshochschulen und Bibliotheken entstanden. Deutsch war Verwaltungs- und Alltagssprache, Juden stellten die größte Bevölkerungsgruppe in dieser pulsierenden »Kulturoase«[8]. Zur Illustration dieses außergewöhnlichen Klimas noch einmal ein Ausschnitt aus Rose Ausländers Stimmungsbericht: »Czernowitz war eine Stadt von Schwärmern und Anhängern. Es ging ihnen, mit Schopenhauers Worten, ›um das Interesse des Denkens, nicht um das Denken des Interesses‹ (...) Karl Kraus hatte in Czernowitz eine große Gemeinde von Bewunderern; man begegnete ihnen, die *Fackel* in der Hand, in den Straßen, Parks, Wäldern und an den Ufern des Pruth (...) Man schwärmte für Hölderlin, Stefan George, Trakl, Else Lasker-Schüler, Thomas Mann, Hermann Hesse, Gottfried Benn, Bertolt Brecht. Man verschlang die klassischen und modernen Werke der fremdsprachigen (...) Literatur. Jeder Jünger war von der Mission seines Meisters durchdrungen. Man huldigte selbstlos und mit vehementer Begeisterung: ein Wort, das die moderne Kritik als ›Pathos‹ oder Sentimentalität ablehnt. In dieser Atmosphäre war ein geistig interessierter Mensch geradezu ›gezwungen‹, sich mit philosophischen, politischen, literarischen oder Kunstproblemen auseinanderzusetzen und sich auf einem dieser Gebiete selbst zu betätigen.«[9]

Anfang des 20. Jahrhunderts gewannen ruthenische Nationalisten beständig an Einfluß und eiferten mit den Rumänen um die Macht. Der Kampf um die Nationalitätenfrage begann im Vorfeld des Ersten Weltkrieges zu eskalieren, bis im Herbst 1914 die russische Armee erstmals Czernowitz kontrollierte. Auf der Friedenskonferenz von Paris im Januar 1918 wurden Bessarabien und die Bukowina Rumänien zugeschlagen. Die Rumänen versuchten in den Jahren bis 1940 mit zahlreichen rassistischen Maßnahmen (Enteignung, Aberkennung der Vollbürgerschaft, Entlassung aus Staatsämtern), die jüdische Kultur aus der Bukowina zu verdrängen. Die Auswanderungsquote jüdischer Bukowiner nahm in den zwanziger Jahren drastisch zu. Der antisemitische Terror band die deutschsprachige Bevölkerungsgruppe der Bukowina, die zu über 90 Prozent mosaischen Glaubens war, in ihrer oppositionellen Haltung noch stärker an die deutsche Kultur. Als Folge des Aussiedlungsvertrages vom November 1940 zwischen Rumänien und Deutschland verließen fast einhunderttausend Deutsche in einer »Heim ins Reich«-Aktion kurzfristig die Südbukowina. Schon im Juni 1940 hatte die Rote Armee die Nordbukowina besetzt; mit diesem Datum fixiert ein Teil der wissenschaftlichen Forschung bereits das Ende der deutschen Kultur der Bukowina[10]. Da viele der intellektuellen Juden sozialdemokratisch oder kommunistisch eingestellt waren, hegten sie damals noch Hoffnungen gegenüber der Sowjetunion, die aber umgehend bitter enttäuscht wurden. Als die russische Armee im Juni 1941 durch die vorrückenden deutschen und rumänischen Truppen unter militärischen Druck geriet, verschleppte sie die Linksintellektuellen zu Tausenden nach Sibirien. Die jüdische Bevölkerungsgruppe geriet zwischen die Mühlsteine der Machtblöcke. Einen Monat später okkupierten nämlich deutsche und rumänische Truppen das Buchenland und deportierten jüdische Familien nach Transnistrien, in ein Gebiet zwischen den Flüssen Dnjestr und Bug, das von rumänischen Faschisten kontrolliert wurde. In den dortigen Vernichtungslagern und Ghettos ermordeten die Todesschwadronen des Marschalls Ion Antonescu entweder durch Exekutionen oder indirekt durch Lebensmittelentzug zehntausende Bukowiner Juden[11].

So wurden zum Beispiel Paul Celans Eltern 1942 nach Transnistrien gebracht, sein Vater starb am weit verbreiteten Flecktyphus, die Mutter wurde erschossen. Celan selbst überstand zwar das Arbeitslager, erholte sich aber niemals mehr von den damit verbundenen Erinnerungen und Schuldgefühlen und beging 1970 im Pariser Exil Selbstmord. Seine Klassenkameraden Alfred Gong und Immanuel Weißglas entzogen sich der Deportation zunächst durch Flucht; Gong wurde später, ebenso wie Edgar Hilsenrath, im ukrainischen Lager Moghilev-Podolsk interniert. Auch einige Schriftsteller wie Alfred Margul-Sperber, Alfred Kittner und Moses Rosenkranz, um nur die vielleicht bekanntesten zu nennen, entgingen der Deportation bzw. überlebten das Lager, während andere wie die junge, begabte Cousine Celans, Selma Meerbaum-Eisinger, und Bruno Harth den Pogromen zum Opfer fielen.

Diese Greueltaten wurden nach dem Ende des Zweiten Weltkrieges – die rumänische Armee kapitulierte im September 1944, 1947 wurde die Bukowina zwischen Rumänien und der UdSSR aufgeteilt – von der offiziellen rumänischen Geschichtsschreibung negiert bzw. umgedeutet; William Totok prägte für diese Strategie der Tabuisierung und Verfälschung das Wort von der »posttotalitären Amnesie«[12]. Nur die Überlebenden konnten Zeugnis ablegen. Versprengt in alle Welt, brach ihre Verbindung zur fernen Heimat nicht ab: »Ich kann mich hinbegeben, wo ich will – Czernowitz holt mich ein«[13], erklärte zum Beispiel Gregor von Rezzori, 1914 in Czernowitz geboren. Bei manchem mag sich der Blick zurück im Laufe der Zeit verklärend getrübt haben, ein ›Mythos Bukowina‹ im Entstehen begriffen sein, wenn etwa bereits von einer »Chiffre für ein vereintes Europa«[14] gesprochen wird. Das öffentliche Leben im monarchistischen Czernowitz war sicher ebenso von hierarchischen Abstufungen, von Interessenlagen und Animositäten geprägt wie jede andere Gesellschaftsform. Zu differenzieren ist zudem hinsichtlich der strukturellen Unterschiede zwischen der Kulturmetropole Czernowitz und der ländlichen Gemeinde, speziell dem jüdischen Schtetl.[15] Heute liegt laut offizieller Statistik der Anteil von Juden und Deutschen an der Gesamtbevölkerung der Bukowina bei nur mehr einem Prozent, die deutsche Sprache ist, wie Reiseberichte[16] bezeugen, nahezu völlig aus dem Alltagsleben verschwunden.

Trotzdem verkörperte die Bukowina mit ihrer kulturellen Komplexität ein vielleicht singuläres, in jedem Fall aber eigenständiges Phänomen innerhalb der deutschsprachigen Kulturtradition. Ob sie in den Kontext der sogenannten rumäniendeutschen Literatur einzugliedern ist, sei dahingestellt; zu Recht beansprucht sie aber neben den Kulturräumen Banat und Siebenbürgen ihr spezifisches Profil. Obwohl Krieg, Vertreibung und Holocaust die Existenz dieser deutsch-jüdischen Kulturinsel vernichtet haben, in den Texten ihrer Schriftsteller bleibt die Erinnerung an sie lebendig.

Wenn in literaturwissenschaftlichen Abhandlungen von der Bukowina die Rede ist, taucht der Name Edgar Hilsenrath so gut wie nie auf. Das mag daran liegen, daß Hilsenrath 1926 in Leipzig geboren wurde und deswegen nicht zum engeren Kreis bukowinadeutscher Autoren zählt. Wenn doch im folgenden von der enormen Bedeutung des Erzählers Hilsenrath für den Kulturkreis der Bukowina gesprochen werden wird, so gründet diese These auf der Beobachtung, daß sich die Bukowina als Topos wie ein roter Faden durch die Romane Hilsenraths zieht. Ein autobiographischer Bezug wird in seinen Texten offenkundig: Als Sohn einer jüdischen Kaufmannsfamilie flüchtete er 1938 vor den ersten antisemitischen Ausschreitungen aus Halle, wo die Familie damals lebte, zu den Eltern der Mutter in das Städtchen Sereth am gleichnamigen Fluß in der Bukowina, nahe der russischen Grenze, in dem auch der jüdische Schriftsteller Leo Katz geboren und das damals fast zur Hälfte von Juden bewohnt wurde. Als der Krieg ausbrach, wurde Hilsenrath deportiert und verbrachte zweieinhalb Jahre im Ghetto der ukrainischen Stadt Moghilev-Podolsk. Nach seiner Befreiung begann für ihn ein langer Weg auf der Suche nach Heimat. Er schlug sich nach Palästina durch, lebte ab 1947 mehrere Jahre in Frankreich, dann in den USA, bis er 1975 endgültig nach Deutschland zurückkehrte und sich in Berlin niederließ. In fast all seinen Texten, so unterschiedlich sie auch sind, spiegeln sich, konkret oder indirekt, die leidvollen Erfahrungen eines Schriftstellerlebens im Exil wider, eines rastlosen Herumgetriebenseins, als dessen quälender Antrieb die traumatischen Erfahrungen der Entwurzelung und des Holocaust wirken und das in der literarischen Auseinandersetzung mit diesen Erinnerungen so etwas wie Ausgleich und Frieden findet. Hilsenrath entwickelte sich gezwungenermaßen zu einem kosmopolitisch denkenden Menschen, doch fast seine ganze (literarische) Existenz scheint letztendlich um die »versunkene Welt« der Bukowina zu kreisen, die er mit seinen Texten dem Vergessen entreißen will. Auf diese Weise avancierte Hilsenrath zu einem kenntnisreichen Chronisten und Konservator bukowinadeutscher Kultur und Geschichte.

Die Erzählwelt in Hilsenraths Romanen zerfällt in zwei Räume. Als Schnittstelle und Trennwand zugleich fungiert die Zeit, in der in der Bukowina und den anderen rumänischen Randzonen die Züge zu den Steinbrüchen am Bug und zu den ukrainischen Vernichtungslagern zu rollen begannen, also der Oktober 1941. Der erste Absatz aus dem Prolog seines Romans *Jossel Wassermanns Heimkehr* (1993) markiert den Anfang vom Ende: »Es hatte die ganze Nacht geschneit, aber am fünften Morgen, als die Schtetljuden mit ihren Bündeln und Koffern zum Bahnhof gingen, lockerten sich die Wolken auf, und über dem Himmel öffnete sich ein Stückchen blaßblauer Himmel. Es war ganz klar. Dort oben hatte der liebe Gott ein Guckloch in die Wolken gebohrt, um die letzten Juden noch einmal zu sehen, ehe sie fortzogen. Vielleicht wollte Gott auch das Schtetl sehen, zum letzten Mal, denn es würde nie wieder so sein wie es war.«[17] Die Deportation der Juden beendete die fast zweihundertjährige Kulturtradition der Bukowina, die von den kleinen jüdischen Ansiedlungen, den sogenannten Schtetl, und ihrem Zentrum Czernowitz begründet und am Leben erhalten worden war. Dieser Umschlag verdeutlicht, wie instabil jeder vermeintlich sichere status quo letztlich doch ist. Denn eine relativ solide und harmonische Lebensform scheint das Schtetl, folgt man Hilsenraths Schilderungen, schon gewesen zu sein. Ob es es sich nun um das Städtchen Litesti im Süden der Bukowina handelt, aus dem Ranek, Hauptfigur aus Hilsenraths Ghetto-Roman *Nacht*[18] (1964/1978) stammt, oder um Pohodna an der polnischen Grenze, aus dem die Eltern Itzig Finkelsteins (*Der Nazi & der Friseur*[19], 1978) kommen und das zugleich das Heimatdorf von Jossel Wassermann ist – beschrieben werden sie als idealtypische Sozialstrukturen und bei all ihrer Rustikalität als Keimzellen multikultureller Lebens. Sie dienen dem Erzähler als transliterarisches Bezugssystem und historische Referenz, mit deren Hilfe er ein authentisches Bild des Lebens in der Bukowina vermitteln kann.

So sind es neben kleinen historischen Exkursen, die in den erzählenden Rückblick des sterbenden Jossel Wassermann aus der Sicht des Jahres 1939 auf das pralle Leben im Schtetl, in dem er 1876 geboren wurde, eingebettet werden, die zahllosen Anekdoten und Episoden, die Hilsenraths literarische Inszenierung dieser untergegangenen Lebenswelt so plastisch, detailliert und sinnlich erscheinen lassen. Edgar Hilsenrath ist, wie Onkel Jossel, ein Maisses-Erzähler. Maisses sind jüdische Geschichten. Hier wird wild drauflos fabuliert, alles hat mit allem irgendwie zu tun, der Erzähler kommt vom Hundertsten ins Tausendste. Denn »das Wesentliche ist, daß ich rede«, sagte Onkel Jossel, »denn solange ich rede, bin ich noch nicht tot.«[20] Und so erfährt man im Roman *Jossel Wassermanns Heimkehr* die unglaublichsten Geschichten über den einfältigen Wasserträger Jankl und seine bucklige Verlobte Rifke, den weisen Rebben mit seinen fünf Töchtern, die Einlauffrau Leike und den rutenschwingenden Masseur Jossel, über Bettler, Schnorrer und Taschendiebe, über die orthodoxen Kaftanjuden mit ihren Gebetsriemen und Pelzmützen, über die Synagoge, die Betstuben, in denen der Talmud studiert wurde, das türkische Dampfbad, den Wochenmarkt und über die Branntweinschenke von Jossels Großvater, in der der österreichische Kaiser Franz Joseph I. beinahe an einem jüdischen Salzhering erstickt wäre, nur durch die tatkräftige Hilfe der Urgroßmutter Jente gerettet wurde und als Dank den Juden im Staatsgrundgesetz von 1867 die rechtliche Gleichstellung gewährte.

Mit der unsentimentalen Beschreibung der kleinen Gemeinde, ihrer Sitten und Gebräuche, ihrem pragmatischen Verhältnis zu den Gojim, ihren nichtkoscheren Nachbarn, entsteht vor den Augen des Lesers ein farbenprächtiges Panoptikum, ein vitales, wucherndes Stimmungsbild, das nicht in nostalgisch-betuliche Imagination abdriftet, weil die szenische Handlung im Schtetl vom Menetekel der Vernichtung flankiert wird. Die Deportation, die Hilsenrath 1941 selbst in das Ghetto von Moghilev-Podolsk geführt hat, droht; der mit den Mitgliedern der jüdischen Gemeinde besetzte Güterwaggon steht schon zur Abfahrt bereit. Man ahnt, wohin diese Reise gehen wird.

Mit Bedacht wählte Edgar Hilsenrath die Erzählperspektive der erinnernden Vergegenwärtigung für seine literarische Rekonstruktion des einstigen Lebens in der Bukowina. Das entspricht der historischen Relation und ermöglicht für seine Form panoramischen Erzählens einen auktorialen Standpunkt des Chronisten, der nuanciert und vielstimmig den Charakter des Gegenstandes erfassen und wiedergeben kann. Aber die Erinnerung der Figuren, die als Hilsenraths Stellvertreter agieren, ist nicht ungetrübt, sie quält und foltert, weil das Objekt der Sehnsucht fern und unerreichbar geworden ist. Das gilt auch für Ranek, der im Nachtasyl, seiner Schlafruine, von der Heimat träumt:

»Er dachte an Rumänien. Er sah wieder die weiten Maisfelder vor sich, die, fern am Horizont, den wolkenlosen, blauen Himmel berührten; er sah die niedrigen Hütten mit den gelben Strohdächern, in denen Störche nisteten, und er dachte an die herumstreichenden Zigeuner, die einem für ein paar Münzen mit ihren Geigen aufspielten.

Er entsann sich, wie er als Junge einmal ins benachbarte Dorf ging, um frische Eier zu holen. Es war ein winziges Dorf mit einer weißen Kirche und Straßen aus hellbraunem Löß und Brunnen, aus denen man das Wasser wie in Urzeiten schöpfte. Auf dem Rückweg hatte er sich verlaufen und war stundenlang umhergeirrt, und dann, später, als er außer Atem auf dem Hügel stehenblieb, dessen Ausläufer in die Stadt mündeten, da begann die Erde auf einmal zu duften, und die warme Nacht stimmte ihn traurig.

Das ist niemals wahr gewesen, murmelte er verbissen.«[21]

Kulissen und Utensilien der Handlungen wechseln kaum, wenn es in Hilsenraths Texten um die Bukowina geht. Selbst im Roman *Gib acht, Genosse Mandelbaum* (1979), der in der Gegenwart spielt und den Dissidenten Mandelbaum und den Menschenschmuggler Karl Schnitzler an die rumänisch-russische Grenze am Fluß Pruth führt, wird das dort liegende Städtchen Kerovsky so beschrieben, als wäre hier die Zeit stehengeblieben. Markttag, Bauern mit Körben voller Würste und Salzheringe und Koljas Kaschemme, die der Schenke von Reb Leibl, Jossels Großvater, aufs Haar gleicht. Nur wenige Neuerungen wie Volksmilizionäre und Grenzabkommen indizieren den Wandel der Geschichte. Auch Czernowitz, »das anders aussieht als die üblichen russischen Städte, obwohl die Straßenschilder in kyrillischer Schrift sind«[22], scheint zumindest äußerlich seine betörende Ausstrahlung, die es zu Zeiten der k. u. k. Monarchie besaß und wie es auch im »Jossel«-Roman beschrieben wird, behalten zu haben, während Reiseberichte[23] jüngeren Datums beim Blick hinter die Kulissen von anderen Erfahrungen erzählen.

Hilsenrath unternimmt mit seinen literarischen Exkursionen in die Bukowina den Versuch, eine Wirklichkeit zu überliefern, die es so nicht mehr gibt, nämlich die eines »warmherzigen Vielvölkerstaates, eines interessanten Ländchens«[24], die er mit emotionalem Einfühlungs- und Erinnerungsvermögen und mit Hilfe von akribischen historischen Studien wiederauferstehen läßt. Wenn Hilsenrath über die Bukowina schreibt, erscheinen seine Texte fast als literarische Illustrationen zu Mark Zborowskis und Elisabeth Herzogs anthropologischem Standardwerk über *Das Schtetl* (1952) in Osteuropa. Diese Anmerkung ist nicht kritisch gemeint, sondern soll nur die Präzision der Fakten, was Daten, historische Personen und Orte wie auch speziell das Einfangen der besonderen Atmosphäre in den jüdischen Gemeinden anbelangt, in Hilsenraths Texten unterstreichen.

1880 gab es laut Hofbauer[25] nur elf Dorfgemeinschaften in der Bukowina, in denen keine Juden ansässig waren. So ist es nur konsequent, daß Hilsenrath, dessen Romane facettenreich den Leidensweg des jüdischen Volkes erzählen wollen, als Ausgangspunkt dieses Vorhabens das jüdische Schtetl gewählt hat. Wobei vor allem relevant erscheint, daß das Schtetl weniger eine architektonische Siedlungsform, sondern eher eine spezifische Gemeinschaft im Sinne einer großen Familie repräsentiert. Es nimmt Modellcharakter an, in dem an ihm typisch jüdische Denkweisen, Verhaltensformen und Lebensmuster exemplifiziert werden. Hilsenraths Interesse richtet sich dabei nicht auf eine spezielle soziale Gruppe innerhalb des Schtetls, sondern er bemüht sich, die ganze soziale Bandbreite wie auch das soziale Gefälle von oben nach unten transparent zu machen. Dabei wird auch deutlich, daß die jüdische Kultur nie ganz geschlossen, nie ganz einheitlich existiert hat. Als Folge von Assimilierungsprozessen an eine fremde kulturelle Umgebung, die stets präsent ist und mit der man im besten Fall – wie im jüdischen Schtetl – friedlich koexistiert, erfahren soziale Wert- und Normensysteme innerhalb der jüdischen Gemeinde unterschiedliche Gewichtungen. Die Befolgung von ethischen Regeln, sozialen Pflichten und rituellen Geboten, die Hilsenrath in liebevollen Miniaturen erklärt, verläuft zwar im Prinzip überall nach ähnlichen Mustern, was zu einer gewissen Homogenität und inneren Stärke der jüdischen Gemeinde führt. Aber letztlich gibt es doch graduelle Unterschiede. Und diese leiten direkt in das »Herz« des Hilsenrathschen Erzählens – zum Individuum, zum einzelnen Menschen mit seinen ganz spezifischen Träumen und Leiden. Es sind vor allem die kleinen Leute aus dem jüdischen Schtetl wie der Wasserträger Jankl (eine ganz typische Figur, wie sie in wohl in jedem Schtetl anzutreffen war) oder der Flickschneider Menuchim Blechstein, denen das Interesse des Erzählers gilt. Am Rande und nur zur zeitlichen Einordnung der Geschichte gibt es Hinweise auf historische Gestalten wie zum Beispiel auf den Wunderrabbi Israel Friedmann aus Sadagora, dem Zentrum des Chassidismus in der Bukowina.

So wie diese Biographien ineinandergreifen, so verschachtelt und verzweigt ist Hilsenraths Erzählstrom organisiert. Ereignisfolgen werden von Nebensträngen der Handlung durchbrochen, Schauplätze wechseln in bunter Reihenfolge, innere Zeitverhältnisse und historische Abläufe werden aufgesprengt, manches simultan erzählt und dann wieder vor- und zurückgesprungen. Seine szenisch und dialogisch strukturierte Epik steht eben ganz in einer Tradition des mündlichen Erzählens (wie sie zum Beispiel der *Meddah* im Roman *Das Märchen vom letzten Gedanken*[26] verkörpert), in der größere reflektierende Passagen die Ausnahme bilden. So bezieht sich der Erzähler während seines Vortrages häufig auf Gewährsleute, die für die Authentizität des Erzählten bürgen sollen. Die Liebe, die Hilsenrath der Kunst des Erzählens entgegenbringt, steht in enger Verbindung zur jüdischen Kultur, wie sie im Schtetl gepflegt wurde. Intellektuelle Leistung und Gelehrsamkeit pries man dort als höchstes Gut, noch vor der Geschäftstüchtigkeit. Sie dienten nicht nur zur Vermittlung jüdischer Tradition (Thora-Studium), sondern wurden auch als kommunikativer Faktor betrachtet, der das Gemeinschaftsgefühl steigern half. »Worte sind mächtige Waffen, Ausdruck eines hohen Grades an Virtuosität. Sie sind tatsächlich die einzig anerkannten Waffen«[27], heißt es dann auch in Zborowskis Studie.

Den anderen Raum in seiner Erzählwelt hat Hilsenraths literarisches alter ego, der Exilant Jakob Bronsky, im Gespräch mit der Psychoanalytikerin Mary Stone als »eine Art Vorhölle«[28] bezeichnet. Er meint die Ghettos und Vernichtungslager in Transnistrien wie Edinet, Secureni, Vertujeni, Pecioara, Vapniarca[29] oder Prokow, wo der Roman *Nacht* spielt. Jakob Bronsky hat das Lager überlebt, ist aber nach dreijähriger Haft impotent und stumm. Auch Mira, das dicke Mädchen aus *Der Nazi & der Friseur*, steht nach einer Massenexekution derartig unter Schock, daß sie die Sprache verloren hat. Der Verlust von Lebensfreude und Sinnlichkeit, wie sie in Sprache und Sexualität zum Ausdruck kommen, ist total – Demütigung, Entblößung, Reduktion des Menschen auf »tierische« Instinkte. Hilsenraths Darstellung kennt keine Tabus, berichtet, fast dokumentarisch, vom mörderischen Existenzkampf. Er beschreibt dabei nicht nur einen Leidensweg, sondern das kollektive Schicksal der Juden im Ghetto. Als Gemeinschaft haben sie gelebt, als Gemeinschaft treten sie geschlossen und widerstandslos den Todesmarsch an, besteigen gehorsam den Güterwaggon zum Abtransport ins Konzentrationslager. Zborowski kennzeichnet dieses Verhalten als spezifisch jüdische Mentalität: »In diesem Sinne werden auch Pogrome als höhere Gewalt behandelt. Für gewöhnlich gibt es keine Organisation der Abwehr. Man sucht bei Gott um Hilfe und Gnade nach.«[30] Dies gelte vor allem für orthodoxe Juden, und diese waren vor allem im Schtetl vertreten, während ihre Glaubensbrüder in Czernowitz weltoffener und liberaler gesinnt waren. Liest man die Biographien der aus Czernowitz stammenden Schriftsteller, so findet man auch tatsächlich darin häufiger Hinweise, wie diese sich der Deportation aktiv zu entziehen suchten. Immer samstagnachts rollten die Züge in die Arbeitslager an Bug oder Dnjestr, wo die Strapazen der Zwangsarbeit die Deportierten dezimierten. Andere Gruppen, Hofbauer spricht von 5000 aus Czernowitz[31], wurden gleich an Ort und Stelle liquidiert, wieder andere, wie die Figur Ranek, landeten in von den Rumänen kontrollierten Ruinenstädten, die hermetisch abgeriegelt waren und über Nacht zu riesigen Friedhöfen umfunktioniert wurden:

»Im Prokower Getto sahen die meisten Straßen gleich aus. Der Krieg hatte nicht viel übriggelassen ... ein paar vereinzelte Häuser ... und sonst ... nur die langen Reihen schwarzgefleckter, hohläugiger Ruinen. Prokow war eine ukrainische Stadt am Ufer des Dnjestr, die nach dem Abzug der Roten Armee von rumänischen Truppen besetzt worden war. Im Getto wohnten jetzt meistens deportierte rumänische Juden, aber es gab auch noch andere, ein paar Überlebende der alten jüdischen Gemeinde von Prokow, die schon immer hier gewohnt hatten, und auch Juden aus der Umgebung der Stadt. Die Ukrainer waren fortgezogen, als das Getto errichtet wurde; sie hatten nicht viel in den Trümmerfeldern zu verlieren; die Behörden hatten ihnen leere Wohnquartiere in den vom Krieg zum Teil noch unbeschädigten Vierteln im Norden und Süden von Prokow zugewiesen; viele von ihnen waren auch weitergezogen und hatten sich in alle Windrichtungen verstreut.

Der Mann war unter den ersten gewesen, die nach der Ukraine verschleppt wurden. Er war schon seit Oktober einundvierzig hier und hatte noch die Geburtsstunde des Prokower Gettos erlebt. Er erinnerte sich, daß hier, am Anfang, alles noch leichter gewesen war als heute. Denn damals war das Getto noch nicht so überfüllt. Damals hatte es unter den Einwohnern nur den verzweifelten Kampf um ein Stück Brot gegeben; erst später, als immer wieder neue Menschentransporte aus Rumänien ankamen, fing auch der Kampf um eine Schlafstelle an, der ebenso erbittert und rücksichtslos ausgefochten wurde und ebenso wichtig war.«[32]

Hilsenraths Roman trägt der historischen Wahrheit Rechnung und deshalb fast apokalyptische Züge. Er offenbart ein Gefängnis aus Angst, Verzweiflung und Leiden. Der Tod ist allgegenwärtig; Kälte, Hunger und Verfolgung heißen die täglichen Weggefährten der Ghettobewohner. Jeder von ihnen entwickelt notgedrungen Strategien, den nächsten Tag zu erleben. Egoismus und Rücksichtslosigkeit erhöhen die Überlebenschancen. Hilsenrath übersetzt diesen Kampf in archaische Szenen voll gnadenloser Härte, seine Anti-Helden demontieren sich selbst und offenbaren, wozu Menschen fähig sind. Er öffnet seine Figuren bis in intimste Dimensionen und extrahiert ohne Scheu die Abgründe ihres Wesens. Er schont niemanden, weder die

Rumänen, die auf Menschenjagd gehen, noch jene Juden, die sich als Handlanger des Regimes verdingen. Nichts wird hinter Chiffren verborgen, verflüchtigt sich in Allegorien oder Parabeln. Hilsenraths erzählerisches Konzept, das *Nacht* zugrundeliegt, heißt purer Realismus. Er schildert den Kampf jeder gegen jeden, er zeigt, was Menschen aus Menschen machen können, nennt Täter und Opfer beim Namen: Schieber, Diebe, Huren, Schläger, Leichenfledderer – entmenschlichte Gestalten. Hilsenrath vermittelt dabei nicht sein eigenes Menschenbild, sondern gehorcht lediglich Notwendigkeiten. Mit Debora, Raneks Schwägerin und einzige Lichtgestalt in dieser verdunkelten Welt, führt er allerdings eine Figur ein, die in ihrer Humanität und Demut die Hoffnung weiterleben läßt.

So nehmen Lager und Ghettos in Transnistrien einen ähnlichen Modellcharakter an wie die Schtetl in der Bukowina. Bilder des Grauens fügen sich zu einer (Schein-)Normalität, das Undenkbare ist denkbar geworden. Hilsenrath rechnet nicht mit Tätern oder Mitläufern ab, er begleitet die Opfer auf ihrem Leidensweg, fragt nach ihren seelischen Verwüstungen. Damit hat er dann auch die Täter im Blick. Er läßt die Ereignisse, die er beschreibt, für sich sprechen, verzichtet auf Kommentare. Mit drastischen Sequenzen will er für die Dimensionen des Schreckens, deren die moderne Welt zunehmend verlustig geworden ist, wieder sensibilisieren. Von Fjodor Dostojewski stammt der Satz, daß man seine Feinde lieben müsse, um sie beschreiben zu können. Aber Literatur kann der Gewalt nicht gerecht werden. Schriftsteller sind keine Richter. In ihren Texten fragen sie nach Schuld und Verantwortung, nach Ursachen und Folgen. Sie schärfen die Vorstellungskraft von dem, was passiert ist und was noch passieren kann. Auch für Hilsenrath ist Literatur in diesem Zusammenhang nicht mehr als ein Mittel, den Menschen und damit auch das Böse kennenzulernen. In extremen Situationen, in existentieller Not, wie zum Beispiel im Ghetto, findet er den direkten Zugriff auf Menschen. So stehen sich in seinen Texten Täter und Opfer oft so nahe, daß sie die Rollen tauschen könnten, das heißt Hilsenrath bewegt sich nicht mit weniger Verständnis auf das Böse und Schlechte hin, dabei die Möglichkeit reflektierend, daß Täter auch einmal Opfer gewesen sein könnten: »Du schleppst die Leute bloß zum Bahnhof. Daß sie dann später erschossen werden, das geht dich doch nichts an.... Wer so dran ist wie wir... der kann nicht mehr wählerisch sein. Der nimmt jede Arbeit an, wenn's nur dafür was zu fressen gibt... und vielleicht ein paar warme Kleider und einen Fetzen Papier, der ihn vor den Deportationen schützt. Der guckt nicht mehr drauf, ob ihm die Hände dreckig werden oder blutig; der macht alles; der stellt keine Fragen mehr«[33], sagt ein Ghettobewohner namens Sigi zu Ranek.

Hilsenrath gibt in seinen Romanen den Erfahrungen Raum, die ihn lange Zeit existentiell bedrängten. Er hat sich die Themen fast all seiner Bücher nicht ausgesucht, sie haben sich ihm aufgezwungen. Während ein großer Teil seiner Figuren sich dem Druck der Gewalt nicht entziehen kann, weil sie ihren Widerstand nicht artikulieren können, gibt es Gestalten wie Jakob Bronsky, Onkel Jossel und den Meddah, denen sich Hilsenrath verbunden fühlen dürfte. Sie sind Erzähler, virtuose Sprachkünstler, die mit ihren Geschichten faszinieren, sich der Erinnerung ihrer Zuhörer einprägen und damit ein Zeichen des Widerstandes setzen. »Dichter sind unsere Erinnerung«[34], heißt es im *Märchen vom letzten Gedanken*. Sie »seien in Wirklichkeit Zigeuner, nur lesen sie nicht die geheimen Zeichen auf Stirn und Hand, sondern die Handschrift der Seele, die sie dann umsetzen in Wortmelodien«[35]. Sie fungieren als quasi zeitlose Medien, mit denen Geschichte, vor allem die unbequeme und verdrängte, weiterlebt. Denn sie setzen da an, wo Statistiken und Übersichten versagen, bei den Details und Nuancen, die auf den ersten Blick kaum sichtbar, den spezifischen Charakter einer historischen Phase ausmachen. Franz Kafka hatte sich bei seinem Vater beklagt, daß er ihm nichts von seinen kulturellen Wurzeln, von der jüdischen Schtetlkultur, mitgeteilt habe. Gegen den Erzähler Edgar Hilsenrath ist ein ähnlicher Vorwurf nicht zu erheben, er hat mit seinen Romanen die Bukowina unvergeßlich gemacht und sich gleichzeitig ein Stück Heimat erschrieben.

## ANMERKUNGEN


1 Kafka, Franz: Brief an den Vater. In: Franz Kafka, Hochzeitsvorbereitungen auf dem Lande und andere Prosa aus dem Nachlaß, hg. v. Max Brod, Frankfurt/M. 1983, S. 145f.

2 Ausländer, Rose: Erinnerungen an eine Stadt. In: Rose Ausländer, Materialien zu Leben und Werk, hg. v. Helmut Braun, Frankfurt/M. 1991, S. 7
3 Ausländer: Erinnerungen, S. 10
4 Vgl. Goltschnigg, Dietmar/Schwob, Anton (Hg.): Die Bukowina. Studien zu einer versunkenen Literaturlandschaft. Berichte der Internationalen Tagung »Die deutschsprachige Literatur der Bukowina«. Institut für Germanistik der Karl-Franzens-Universität Graz, 4.–7. Oktober 1987, 2. durchgesehene Auflage, Tübingen 1991; Colin, Amy/Kittner, Alfred (Hg.): Versunkene Dichtung der Bukowina. Eine Anthologie deutschsprachiger Lyrik, München 1994; Corbea, Andrei: Vorwort. In: Andrei Corbea/Michael Astner (Hg.), Kulturlandschaft Bukowina. Studien zur deutschsprachigen Literatur des Buchenlandes nach 1918 (Jassyer Beiträge zur Germanistik V), Konstanz 1992, S. 6
5 Celan, Paul: Ansprache anläßlich der Entgegennahme des Literaturpreises der Freien Hansestadt Bremen. In: Paul Celan, Gesammelte Werke, 3. Band, hg. v. Beda Alleman u. Stefan Reichert, Frankfurt/M. 1986, S. 185
6 Kittner, Alfred: Spätentdeckung einer Literaturlandschaft. Die deutsche Literatur der Bukowina. In: Colin/Kittner, Dichtung der Bukowina, S. 412 (s. Anm. 4)
7 Die folgenden Ausführungen beziehen sich weitgehend auf die Darstellung von Hannes Hofbauer und Viorel Roman: Bukowina, Bessarabien, Moldawien. Vergessenes Land zwischen Westeuropa, Rußland und der Türkei, Wien 1993
8 Kassner, Salomon: Die Juden in der Bukowina, Wien, Berlin 1917, S. 49
9 Ausländer: Erinnerungen, S. 9f.
10 Vgl. Kurt Rein: Politische und kulturgeschichtliche Grundlagen der »deutschsprachigen Literatur der Bukowina«. In: Goltschnigg: Bukowina, S. 33. Andere wiederum erst mit 1945, vgl. Wichner, Ernest/Wiesner, Herbert (Hg.): In der Sprache der Mörder. Eine Literatur aus Czernowitz, Bukowina. Ausstellungskatalog Literaturhaus Berlin, Berlin 1993, S. 9
11 Die Zahlenangaben schwanken. Vgl. William Totok: Der verdrängte Holocaust. In: Wichner: Sprache der Mörder, S. 23–25 (s. Anm. 10)
12 Totok: Ebd., S. 24
13 Rezzori, Gregor von: Die Toten auf ihre Plätze. In: Greif zur Geige Frau Vergangenheit, München 1978, S. 15
14 Colin: Vorwort. In: Colin/Kittner, Dichtung der Bukowina, S. 11
15 Vgl. Zborowski, Mark/Herzog, Elisabeth: Das Schtetl. Die untergegangene Welt der osteuropäischen Juden, München 1992
16 Vgl. Hofbauer/Roman: Altösterreichische Nostalgie und neuer ukrainischer Nationalismus. In: Hofbauer/Roman, Bukowina, S. 121–150; Peter Ambros: Der beschnittene Davidstern von Tschernowitz. In: Literatur aus dem jüdischen Osteuropa heute, hg. v. Peter Ambros, Berlin 1992 (Sirene, Sonderheft 1), S. 5–9; Ruth Beckermann: Erdbeeren in Czernowitz. In: Im blinden Winkel. Nachrichten aus Mitteleuropa, hg. v. Christoph Ransmayr, Wien 1985, S. 79–100
17 Hilsenrath, Edgar: Jossel Wassermanns Heimkehr, München 1993, S. 9

18 Hilsenrath, Edgar: Nacht, München 1964
19 Hilsenrath, Edgar: Der Nazi & der Friseur, Köln 1977
20 Hilsenrath: Jossel, S. 136
21 Hilsenrath: Nacht, S. 40
22 Hilsenrath, Edgar: Gib acht, Genosse Mandelbaum, München, Wien 1979, S. 101
23 S. Anm. 16
24 Edgar Hilsenrath: Ich habe die Philosemiten erschreckt, ich bin Außenseiter. Aus einem Gespräch mit Thomas Feibel. In: Frankfurter Rundschau, Nr. 215, 15. 9. 1990, S. ZB, 2
25 Hofbauer / Roman: Bukowina, S. 35
26 Hilsenrath, Edgar: Das Märchen vom letzten Gedanken, München 1989
27 Zborowski: Schtetl, S. 116
28 Hilsenrath, Edgar: Bronskys Geständnis, München, Wien 1980, S. 286
29 Totok: S. Anm. 11, S. 25
30 Zborowski: Schtetl, S. 176
31 Hofbauer / Roman: Bukowina, S. 141
32 Hilsenrath: Nacht, S. 10
33 Ebd., S. 76 / 77
34 Hilsenrath: Märchen, S. 460
35 Ebd., S. 291

**Edgar Hilsenrath**

## *ICH HABE ÜBER DEN JÜDISCHEN HOLOCAUST GESCHRIEBEN, WEIL ICH DABEI WAR*

*Gespräch mit Thomas Kraft und Peter Stenberg*

*Herr Hilsenrath, Sie sind gerade aus Israel zurückgekommen. Der Anlaß Ihres Besuches war, daß Sie jetzt zum ersten Mal in Israel übersetzt worden sind.*

EDGAR HILSENRATH: Ich versuche seit Jahren, meine Bücher in Israel zu verkaufen, aber sie wurden bisher immer von allen Verlegern abgelehnt. Vor einiger Zeit habe ich einen israelischen Übersetzer kennengelernt, der aus dem Englischen übersetzt. Dem habe ich die englische Ausgabe von *Der Nazi & der Friseur* gegeben. Er hat sie gelesen und gesagt, er übersetzt sie für mich. Und ich sagte zu ihm, wir haben aber keinen Verleger. Daraufhin sagte er zu mir, mach dir keine Sorgen, ich finde schon einen. Und so war es auch. Er hat einen ganz kleinen, ziemlich unbekannten Verlag für mich gefunden, der das Buch gemacht hat. Ich war erstaunt. Der Verleger ist sehr gut, er hat das Buch in alle Zeitungen reingebracht. Das Buch ist in allen Buchhandlungen ausgestellt. Und der Verleger will jetzt auch die *Nacht* verlegen.

*Und wie verkauft sich der Roman in Israel?*

Für israelische Verhältnisse ganz gut, der Verlag hat über dreitausend Exemplare verkauft.

*Wie war die Reaktion in der Presse?*

Ich war erstaunt, ich habe Riesenkritiken, mit meinem Bild auf der Titelseite. Aber die Kritik war ziemlich blöd. Die größte Zeitung hat ganz unliterarisch geschrieben, nur eine Inhaltsangabe von *Der Nazi und der Friseur*. Und die andere Zeitung, die intellektuelle, die hat mich angegriffen. Sie haben geschrieben, es wäre eine Sünde, einen Nazi nach Israel einwandern und ihn die jüdische Identität annehmen zu lassen. Es sei ein Buch über zwei Seelen in einem Körper.

*Warum bestehen da immer noch solche Ressentiments?*

Der Rezensent war ein ehemaliger Auschwitzhäftling.

*Interessierten sich die Israelis für die israelische oder für die europäische Hälfte?*

Nur für die israelische. Europa wurde überhaupt nicht erwähnt. Das finde ich natürlich auch schlecht.

*Wie beurteilen Sie die jetzige Lage in Israel? Sie waren ja auch schon vor fünfzig Jahren da, als der Staat gegründet wurde.*

Israel ist ein ziemlich militaristischer Staat, aber das ist auch logisch, sie sind ja auch ständig bedroht. Ich konnte ja nie viel anfangen mit den Israelis, weil sie eine ganz andere Mentalität haben. Mir hat's ganz gut gefallen, es ist ein freundliches Land. Die Leute sind sehr spontan und sehr lebhaft.

*Sie waren zwei Jahre da nach dem Krieg. Dann sind Sie doch weggegangen nach Paris und Amerika.*

Ich war auf verlorenem Posten. Ich fühlte mich schon damals als deutscher Schriftsteller, obwohl ich erst achtzehn Jahre alt war. Ich wollte schreiben und konnte nur Deutsch und keiner wollte mit mir Deutsch sprechen. Deutsch war sehr verpönt. Ich wußte nicht, was ich in

Israel anfangen sollte. Ich hätte die Möglichkeit gehabt, auf eine hebräische Universität zu gehen, aber ich konnte die Sprache nicht. Und dann wollte ich meinen Vater wiedersehen, ich hatte ihn zehn Jahre nicht gesehen. Da habe ich mich entschlossen, nach Frankreich zu fahren.

*Haben Sie denn Kontakt zu anderen jüdischen Schriftstellern in Deutschland?*

Ich kenne zum Beispiel Jurek Becker. Aber Jurek Becker will keine Kontakte mit anderen Schriftstellern. Auch nicht mit mir. Eigentlich gibt es solche Kontakte nicht. Es gibt ein paar jüdische Schriftsteller, aber ich kenne sie nicht.

*Ruth Klüger zum Beispiel hat ja Ihr Buch* Jossel Wassermanns Heimkehr *ganz scharf kritisiert. Liegt das Problem darin, daß sie eine ganz realistische Beschreibung des Zweiten Weltkriegs haben will, und Sie das nicht geliefert haben? Sie haben irgendwo geschrieben, Sie können nur auf sarkastische, zynische Weise diese ganze Geschichte erzählen, weil man es eben auf realistische Weise nicht erzählen kann. Liegt darin ein Problem?*

*Jossel Wassermanns Heimkehr* ist schon realistisch, schildert das jüdische Leben, so wie es war. Aber wahrscheinlich für Ruth Klüger zu humoristisch.

*Marcel Reich-Ranicki hat anläßlich eines Buches über das Schtetl moniert, daß das Bild des Schtetls immer so verklärt werde als ideale Welt multikulturellen Zuschnitts. Das Gegenteil wäre der Fall gewesen: die Leute arm, das Schtetl schmutzig.*

Das stimmt auch. Ich verkläre es ein bißchen im *Jossel Wassermann.* Obwohl ich auch den Schmutz beschreibe. Aber die Atmosphäre war sehr warm, menschlich warm. Wenn wir uns an das jüdische Leben erinnern, erinnern wir uns z. B. an die jüdische Folkloremusik, jüdische Hochzeiten, jüdische Sitten und Bräuche. Das wird schon ein bißchen verklärt, aber in der Erinnerung ist es schön. Es war vielleicht nicht schön.

*Wie war es dann?*

Die meisten Leute waren sehr arm, kämpften um ein Stück Brot, hatten es sehr schwer. Ich erinnere mich an meinen Hauslehrer in Sereth, der war so arm, der konnte seine Kinder nicht ernähren. Der

kam zu uns um ein Stück Schmalzbrot. Es gab ein paar reiche Leute im Schtetl, der Rest war arm.
*Irgendwo haben Sie geschrieben, daß die Zeit im Schtetl die schönste Zeit Ihrer Kindheit war.*
Als ich 1938 ausgewandert bin, war das für mich wie eine Erlösung, aus Nazideutschland wegzukommen, in eine Welt zu kommen, wo es keine Nazis gab. Rumänien war ein Königreich und sehr jüdisch geprägt, und ich habe mich dort sehr wohlgefühlt. Auch die Stimmung in Rumänien: bißchen Balkan, bißchen Osteuropa und alles deutsch geprägt, die sprachen alle Deutsch. Czernowitz war zum Beispiel so, wie ich mir Wien immer vorgestellt hatte.
*Sie waren neulich erst wieder in Czernowitz.*
Es ist furchtbar. Es ist eine ukrainische Stadt, es gibt keine Juden mehr, auch keine Deutschen mehr. Czernowitz war früher zu hundert Prozent deutschsprachig. Kein Mensch spricht mehr deutsch. Es ist eine fremde Stadt, die Häuser stehen noch. Ich habe sogar das Hotel »Schwarzer Adler« wiederentdeckt, es war das berühmteste Hotel in Czernowitz. Ganz vergammelt, wir sind da rein gegangen und ganz erschrocken; sogar der Fahrstuhl, den ich mal benutzt hatte, existiert noch. Es war sehr deprimierend, denn die Leute sind nicht mehr da. Aber ich habe einen jüdischen Schriftsteller kennengelernt, Burg heißt er, ist 82 Jahre alt und lebt in Czernowitz. Er schreibt noch jiddisch.
*Noch einmal zurück zum Schtetl. Wie war denn das mit dem friedvollen Zusammenleben der verschiedenen Bevölkerungsgruppen?*
Es lebten dort Ruthenen, Ungarn, Bulgaren, Huzulen, Lippowaner, Türken und Juden durcheinander. Die handelten miteinander, hatten gesellschaftlich aber keinen Kontakt. Es war friedlich. Es gab zwar schon kleine Reibereien, z. B. machten sich die Rumänen über die Ungarn lustig, und die Ruthenen über die Rumänen, Juden über die Nichtjuden, Nichtjuden über die Juden, aber es blieb verbal, es gab keine Anschläge, keine Gewalt.
*Wie erleben Sie denn den Antisemitismus in unserer jetzigen Gesellschaft?*
Ich persönlich erlebe überhaupt nichts, weiß nur das, was ich in Zeitungen lese. Das ist sicher beunruhigend.

*Sie haben zweimal über Völkermorde geschrieben, den am jüdischen und den am armenischen Volk.*

Ich habe über den jüdischen Holocaust geschrieben, weil ich dabei war. Und dann wollte ich irgendwie weitermachen, wollte aber nicht wieder über die Juden schreiben und kam dann auf die Armenier. Ein ähnliches Ereignis, das genauso viel Stoff liefert.

*Es gibt eine Szene im* Märchen, *wo deutsche Offiziere von den Türken lernen, wie man einen Genozid organisiert. Haben Sie das bewußt gemacht, daß man das so versteht, daß der Holocaust aus dem Zweiten Weltkrieg nicht der erste war?*

Ja sicher. Auch Hitler wußte, daß er nicht der erste war. Er sagte ja, wer spricht heute noch von den Armeniern. Ob die Nazis das gewußt haben? Vielleicht einzelne. Auf jeden Fall waren die Türken die Lehrmeister. Sie haben angefangen. Vor allen Dingen wußte Hitler, daß keiner darüber spricht. Die Verbrechen an den Armeniern wurden totgeschwiegen, und er glaubte, er könne mit den Juden das gleiche machen. Insofern ist der armenische Völkermord schon wegweisend gewesen.

*Sie haben in diesem Buch vor allem im Mittelteil auch viel über die armenische Kultur erzählt. Haben Sie auch stilistisch versucht, auf Armenien und die Bukowina vor der Katastrophe zurückzublicken?*

Ich konnte den armenischen Roman vor allem deswegen gut schreiben, weil ich in der Bukowina gelebt habe. Das ist ja auch Balkan, und es gibt ähnliche Sitten und Bräuche und eine ähnliche Atmosphäre. Ich habe in Archiven und Bibliotheken recherchiert und bin an den historischen Schauplätzen in der Osttürkei gewesen.

*Wie entstand der Roman?*

Der Roman entstand im Kopf. Ich wollte immer etwas machen über die Armenier und habe dann darüber nachgelesen, aber noch lange nicht mit dem Roman angefangen, weil es für mich noch zu schwierig war. Ich wußte noch zu wenig. Ich habe dann 1984 angefangen mit der Materialsammlung. Dann bin ich nach San Francisco gefahren, da gibt es alte, in englischer Sprache geschriebene Quellen über die Armenier. Und ich habe auch andere Autoren gelesen aus dem 19. Jahrhundert aus der Türkei, Reisebeschreibungen über türkische und armenische Dörfer. Ich war auch dort, habe aber nicht viel gesehen. Es ist alles verlöscht. Ich habe das ganze Material gesammelt und dann geordnet, aber nichts notiert, und mir alles nochmal durchgelesen. Und dann aus dem Kopf den Roman geschrieben.

*Wie sah dann so ein Arbeitstag aus?*

Ich schreibe den ganzen Tag oder überhaupt nichts. Monatelang schreibe ich kein Wort. Wenn ich schreibe, arbeite ich Tag und Nacht.

*In den dreißig Jahren, in denen Sie schreiben, sind sieben Bücher erschienen und einige wenige kurze Texte. Brauchen Sie immer wieder längere Pausen, um dann wieder schreiben zu können?*

Ich brauche genausoviel Zeit für einen Artikel wie für einen Roman. Die Länge spielt keine Rolle. Wenn keine Inspiration da ist, mach ich sowieso nichts. Wenn ich keine Lust habe, schreibe ich nicht. Dem Leistungsdruck des Marktes bin ich immer ausgewichen. Ich habe einfach eine Zeitlang keine Lust zu schreiben, irgendwann kommt's dann wieder, meist durch eine Provokation. Zum Beispiel: Als ich den *Nazi & der Friseur* geschrieben habe, hatten Leute gesagt, ich könne nach der *Nacht* nicht mehr schreiben. Da habe ich mir gedacht, ich werde euch zeigen, ob ich das nicht kann.

*Haben Sie Werfels Roman* Die vierzig Tage des Musa Dagh *gelesen, bevor Sie das* Märchen *geschrieben haben?*

Ja. Ich kannte ihn gut.

*Ist das nicht schwierig, einen neuen Roman zu schreiben über ein Thema, das ein anderer bekannter Schriftsteller schon behandelt hat?*

Ich wußte genau, wie schwer das wird, deswegen habe ich den Märchenstil gewählt. Um etwas ganz Neues zu schreiben, Werfel hat sowas ja nie gemacht. Aber Werfel gefiel mir gut. Direkt inspiriert hat er mich allerdings nicht, mein Buch ist ganz anders als seines. Ich habe etwas völlig Neues gemacht.

*In der amerikanischen Ausgabe von* Der Nazi & der Friseur *gibt es ein anderes Ende als in der deutschen. Warum fehlen die letzten Seiten in der deutschen Ausgabe?*

Das erste Manuskript hatte ein Ende auf nur zwei Seiten, wo Max Schulz vor Gottes Thron steht und Gott ihn fragt: »Bist Du schuldig, Max Schulz?«, und er sagt: »Ja.« Und dann klagt Max Schulz den lieben Gott an und sagt, du bist eigentlich schuldiger als ich, denn du hast zugeguckt und nichts gemacht. Das Buch kam ja erst in Amerika raus. Als es dann in Deutschland gedruckt wurde, habe ich mir das nochmal durchgelesen und mir gedacht, nein, das würde ja den Max Schulz entschuldigen. Und den ganzen Holocaust in Frage stellen. Daraufhin habe ich die letzten zwei Seiten einfach weggestrichen. Das bleibt in Deutschland einfach offen. Jedenfalls ist die deutsche Ausgabe die richtige Ausgabe.

*Warum haben Sie eigentlich nie Ihre Flucht nach Israel literarisch verarbeitet? Das wäre doch auch ein interessanter Stoff.*

Das schon. Aber eigentlich habe ich nichts erlebt. Nichts, was mich beschäftigt. Ich könnte nur etwas erfinden.

*Ich habe eigentlich nie ganz verstanden, wo in* Der Nazi & der Friseur *Ihr Standpunkt gegenüber den Engländern ist.*

Eigentlich habe ich sie negativ beschrieben. Denn die Engländer wollten den jüdischen Staat verhindern. Ich habe ja auch *Die Sache mit dem toten Engländer* geschrieben.

*Diese Geschichte ist eigentlich die Antwort auf die Frage, welche Rolle Sie bei der Gründung des Staates Israel gespielt haben. Am Schluß hat man Sie noch gefragt, welchen Sinn das hatte, und Sie haben gesagt, das hätte gar keinen Sinn. Haben Sie das so gemeint, daß eigentlich überhaupt nichts einen Sinn hat auf dieser Welt?*

Sicher. Damals war alles sinnlos für mich.

*Und heute? Schließlich haben Sie die Geschichte jetzt geschrieben.*

Heute versuche ich einen Sinn zu finden, aber ich kann ihn nicht immer finden.

*Ihr erstes Buch spielt im rumänischen Ghetto.* Jossel Wassermanns Heimkehr *nun auch wieder in der Bukowina. Schließt sich da der Kreis?*

Ich wollte immer über die Bukowina schreiben, habe mich aber nie getraut. Ich habe es immer aufgeschoben, es lag mir einfach gefühlsmäßig zu nahe. Es war auf jeden Fall die schönste Zeit meines Lebens. Das habe ich erst jetzt aufgegriffen, es gibt keine andere Erklärung.

*Lobendes*

**Sibylle Cramer**

# *LAUDATIO ANLÄSSLICH DER VERLEIHUNG DES ALFRED-DÖBLIN-PREISES 1989*

Es scheint, als brächte dieser Döblin-Preis zwei Autoren zusammen, die buchstäblich nichts miteinander zu tun haben, als werde hier Döblins Name für eine wilde Preiskleberei benutzt. Denn der eine, Edgar Hilsenrath, erzählt ein Märchen. Der andere, Einar Schleef, schreibt ein Endspiel in Erzählform.

Märchen handeln von der Unmoral der Wirklichkeit und von wunderbaren Reparaturmöglichkeiten. Endspiele sind trostlose Botschaften aus dem Grenzland zwischen dem Sein und dem Nichts. Die Erlösung, die das Märchen tatkräftig bewerkstelligt, ist ein verrotteter Gedanke am Horizont des Endspiels. Das fremde Leben des Endspiels ist nicht mehr zu heilen. Die Menschen sitzen in einer leeren Welt und warten und reden, körperlose Gehirne, Stummelgestalten. Was ihnen geblieben ist, die Sprache, verbrauchen sie in sinnlos-automatischen Mitteilungen über ihr totes Leben. Worte, das sind letzte Signale, Erinnerungen ans Leben. Das Endspiel sagt: »Was uns bleibt, ist die Hoffnung, daß der Tod nicht mißlingt.« Und: »Unser fortgesetzter Wunsch nach Optimismus ist eine Lebenslüge.« Dieser Optimismus nährt das Märchen. Märchen reden über die Wirklichkeit, indem sie radikal fiktionalisieren. So gewinnen sie ihr Geschichten ab, wunderbare Geschichten. Das Wunderbare ist die Wirklichkeit des Märchens. Märchen sind die Umkehrform des Endspiels.

Kurzum, es scheint endgültig festzustehen, daß kein Weg von Hilsenrath zu Schleef führt, von dem *Märchen vom letzten Gedanken* zu dem hörspielartigen Einakter über die Einsamkeit, der den Titel *Zigaretten* trägt. Was läge wohl auch weiter auseinander als die Geschichte des türkischen Genozids an den Armeniern, die Hilsenrath aufgreift, und das Gedankengeröll eines Menschen, der um die Ecke, in einem Reihenhaus in Reinickendorf oder Steglitz eine Flasche Schnaps leert. Ich steuere in die Gegenrichtung. Sie merken es. Gleich werden Edgar Hilsenrath und Einar Schleef nicht nur hier auf dem Podium leibhaftig nebeneinandersitzen, sondern in Gestalt ihrer Figuren auch literarisch zusammenrücken, und zwar ganz zwanglos, wie ich meine. Nicht, weil ich für das Symmetrische bin. Ein geteilter Literaturpreis, das heißt ja nicht: hier sind zwei Texte gefunden worden, die zusammen einen Döblin-Preis ergeben. Oder etwa, hier herrsche ein Geist, ein Sinn, ein Kunstverstand. Alles andere als das ist der Fall.

Hilsenraths Märchenerzähler streichelt mit seiner Stimme den, der ihm zuhört. Mit seinen formelhaften Wiederholungen, seinen Erzählritualen besänftigt er sein Gegenüber. Es ist im Text der letzte Gedanke in Person, vor den Deckeln des Buchs ist es der Leser. Er wird in ein Gespräch gezogen, das zwischen Frage und aufklärender Antwort seinen märchenhaft utopischen Glanz entfaltet und das Bedürfnis nach der Bewältigung, ja nach Disziplinierung und Humanisierung des Grauens befriedigt. Schleefs Tantalus ist allein und ohne diesen Horizont einer spirituellen Heimat, sein Monolog eine kunstvolle Quälerei. Die Nähe der beiden Texte ist unterirdischer Art. Sie hängt mit dem Ort zusammen, von dem aus gesprochen wird, vom Ende her. Bei Schleef handelt es sich um die letzten schäbigen Aufnahmen eines heruntergekommenen Individualismus. Auch bei Hilsenrath wird gründlich gestorben. Thovma Khatisian stirbt, ein alter Armenier, der nicht weiß, wer er ist, denn er wurde als Neugeborener aufgelesen, irgendwo am Rande einer der Straßen, auf denen die Türken bei Ausbruch des Ersten Weltkriegs die Armenier in den Tod trieben. Der Sterbende mobilisiert in seinem Kopf die Widerstandskraft erfindender Erinnerung. So kommt es zum *Märchen vom letzten Gedanken*. Es erzählt die Geschichte der Armenier und besonders die Geschichte des einen, Wartan Khatisians, der der Vater Thovmas war. So besiegt Thovma erzählend den Tod, den eigenen wie den seines Volkes. Wie alle Märchen hält Thovmas Geschichte enge Verbindung zum Glauben, auch zum Glauben an das Erzählen. Darum findet bei Hilsenrath das Endspiel draußen statt. Der Alptraum endet an der Grenze zwischen Wirklichkeit und Bewußtsein. Gelegentlich wandert das Märchen sogar in die Wirklichkeit aus und heilt sie. Die Frau, die den Säugling Thovma rettet, heißt Maria und ist eine muslimische Türkin. Ihr Mann heißt Jussuf. So kontaminiert Hilsenrath eine anatolische Landstraße, Bethlehem und die Geschichte vom ausgesetzten Moses.

Das Bewußtsein der Katastrophe ist der Ausgangspunkt der Erzählung bei beiden Autoren. Aber Hilsenrath ist Apokalyptiker. Er erzählt die Geschichte des armenischen Volkes als Passionsgeschichte, deren Auferstehungskapitel der Text selbst ist, *Das Märchen vom letzten Gedanken*. Mit seinem »Roman des armenischen Traumas«, so der Untertitel des Buches, erneuert er eine literarische Erinnerungsarbeit, die vor ihm schon einmal ein deutsch-jüdischer Schriftsteller geleistet hat. Im November 1933 erschien Franz Werfels Roman *Die vierzig Tage des Musa Dagh*. Ein halbes Jahr zuvor hatten die Nazis seine Bücher auf ihren Scheiterhaufen verbrannt. Werfel sorgte mit seinem Buch für das geistige Überleben der Armenier. Zugleich beschrieb er prophetisch das Schicksal der Minoritäten, noch bevor das Thema neue schlimme Aktualität gewann. Allerdings erzählte er den Roman einer Errettung, eine Mosesgeschichte. Für solche Triumphe des Menschlichen war im »Dritten Reich« dann kein Platz.

Hilsenrath greift den Stoff pünktlich in einem Augenblick auf, da die Geschichte mit ihren eigenen Wiederholungen in Farcenform beschäftigt ist. Ausgerechnet in einem sozialistischen Staat brechen religiöse Gegensätze zwischen Moslems und Christen, Armeniern, auf. Und ein steinzeitlicher Fundamentalismus verbrennt wiederum Bücher auf Scheiterhaufen und jagt Schriftsteller, die von der Freiheit des Wortes Gebrauch machen. Wie unheimlich der Boden ist, auf dem wir leben, wie dünn seine zivilisatorische Decke, die Barbarei, die unter ihr lauert, das kann – Hilsenrath zeigt es – auf besondere Weise das Märchen vermitteln, denn es steht mit einem Bein tief in der Vergangenheit. Es hält Verbindung zur mythischen Kindheitsgeschichte unseres Bewußtseins, zu seiner archaischen Erbschaft.

Märchen sind Zeitspalter. Sie handeln von einem Diesseits und einem Jenseits, mischen das Wunderbare und das Natürliche, das Unbegreifliche und das Begreifliche. Das Märchen verbindet archaisches und rationales Denken. Darum ist es begabt, Unmenschlichkeit zu beschreiben, den Rückfall des Bewußtseins in die Barbarei. Es hält zusammen, was im Innersten auseinanderfallen will: das Primitive sinnloser Grausamkeit, die zwischen Motiv und Tat keinen Zusammenhang mehr erkennen läßt, und den Fortschritt der Methoden, die Planmäßigkeit, das Systematische der Greuel, ihre Rationalität.

Die Folter- und Hinrichtungsmethoden der jungtürkischen Beamten im Provinzgefängnis von Bakir ähneln primitiven Menschenopferriten von Naturvölkern. Aber sie gehen planmäßig vor. Sie schlachten mit Verstand. Ein riesiger Spagat des menschlichen Bewußtseins zwischen Steinzeit und Atomzeitalter wird vorgeführt und die fiktionalen Leistungen solcher Akrobatik. So kommt es, daß mitten im *Märchen vom letzten Gedanken* lauter Märchen erzählt werden, zum Beispiel das Märchen von der Weltverschwörung international versippter Armenier. Sie haben in Sarajewo das österreichische Thronfolgerehepaar erschossen, um die Türkei in den Krieg gegen Rußland zu verwickeln, denn von den Russen erhoffen sie sich die Befreiung aus türkischer Herrschaft. Aber die Geschichte des Wartan Khatisian ist kein Greuelmärchen. Wie alle Märchenerzähler erzählt er viele Märchen im Märchen, zum Beispiel das von der Nacht, die sich auf Diebesfüßen aus den Bergen in die Stadt schleicht, weil die Kurden die Sonne gefesselt haben. Oder das Märchen vom Riesen am Berge Ararat. Märchenerzähler wie Hilsenrath sind kenntnisreiche Ethnologen. Allerdings ist die bäuerliche Welt der Armenier, von der er berichtet, märchenhafte Vergangenheit. Alles, was geschieht, ist Kopfzeug, das Material eines letzten Gedankens. Jemand versichert sich seines Daseins, das zu Ende geht. Sprechen und Leben, Denken und Existenz beweisen sich gegenseitig. (...)

Schleef erzählt aus der Perspektive unterhalb des Personalen, aus den Kellerräumen des Bewußtseins. Er zeichnet auf, was sich zwischen Plasma und Bewußtsein eben noch regt. So kommt er an die Verluste heran, von denen Hilsenrath im historischen Rahmen erzählt. Beide Autoren beschäftigen sich mit der extremsten Erfahrung dieses Jahrhunderts: daß die Zivilisation, in der wir leben, die Kultur, auf die wir uns soviel zugute halten, kein verläßlicher und nicht einmal ein wirklich angeeigneter Besitz ist. Die prähistorischen Zeichen, die Alfred Döblin im modernen Roman gelesen hat, haben sich bei Hilsenrath und Schleef gewissermaßen vollinhaltlich durchgeschlagen. So, unter prähistorischem Zeichen, nämlich dem des historischen Gedächtnisses, sind sie am Ende alle drei beieinander: Alfred Döblin, Edgar Hilsenrath und Einar Schleef.

**Andrzej Szczypiorski**

## *UNSERE ZEIT BRAUCHT TRÄNEN*
*Ein Brief an den Schriftsteller Edgar Hilsenrath*

Lieber Herr Hilsenrath, ich habe ein schönes, kluges, berührendes Buch über eine gestorbene Welt zu lesen bekommen, die dank dieses Buches noch einmal wiedererstand.

Es war mir vergönnt, in den paar Tagen der Lektüre Ihres Romans *Jossel Wassermanns Heimkehr* die reine Luft des alten Europa zu atmen, das vor meinen eigenen Augen ermordet wurde und nun, dank Ihnen, Herr Hilsenrath, wiederauferstand und so lebendig erscheint wie in den Tagen meiner Jugend, so schön, so froh, so voll Zärtlichkeit und voll dieser geheimnisvollen inneren Unruhe, ohne die das menschliche Leben keinen Wert hat.

Herr Hilsenrath, in meinen Augen sind Sie ein Zauberer, denn Ihre Beschwörungen rufen aus der Welt der Geister lebendige Menschen hervor, Menschen aus Fleisch und Blut, gute, einfache, ehrliche Menschen. Ich verstehe nicht viel von Literatur, denn wenn ich etwas davon verstünde, besäße ich wohl nicht den Mut, Romane und andere Texte zu schreiben, die mir im Schlaf von Wichtelmännchen diktiert werden oder vielleicht auch von meinen Teufeln und Engeln.

Ich verstehe nicht viel von Literatur, denn ich betrachte sie als großes Geheimnis, als eine Art Herausforderung, die der Mensch Gott hinwirft, indem er vor ihn hintritt und sagt: Lieber Herrgott, Du hast die Welt erschaffen, und die erscheint mir eng und dumm, Du hast die Menschen erschaffen, und die erscheinen mir unglücklich und verloren; und nun will ich Dir einmal zeigen, wie weit und schön die Welt sein könnte, wie edel und von Liebe erfüllt die Menschen sein könnten, dies ist meine Welt, die ich in einen Roman gepackt habe, lies das, vielleicht kannst Du aus dieser Lektüre etwas lernen, wenn Du Deine nächste Welt erschaffst.

Ich verstehe also nicht viel vom Geheimnis des Schaffens, Herr Hilsenrath, und daher werden die schriftgelehrten Kritiker vielleicht ein ganz anderes Urteil über Ihr Buch fällen als ich. Vielleicht werden sie urteilen, dieses sei altmodisch, oder es besitze keinen besonders tiefen intellektuellen Inhalt, weil es nur von so banalen Dingen handelt wie vom Leben und vom Tod, von Gut und Böse, von Ehrlichkeit und Niedertracht, nicht aber von unserem Egoismus, von unseren Manien, unserer Glatze, unserer Geliebten, und es liefere auch nicht den Stoff, um sich an jenen ausgesuchten Sprachspielen zu delektieren, in denen sich die hochgestochenen Literaturen auf beiden Seiten des Ozeans seit einiger Zeit ergehen.

Sie, lieber Herr Hilsenrath, haben das gewöhnlichste Buch in der Welt geschrieben, ohne jeden philosophischen Anspruch, dafür mit Punkten und Beistrichen, ohne den Wunsch, irgendjemanden zu belehren, wie klug und talentiert Sie doch sind; dafür voll Demut angesichts jener weiten, bezaubernden Landschaften der Welt, die einst den Menschen zum Erleben und Erinnern gegeben wurden.

Sie haben ein ganz gewöhnliches Buch geschrieben, ein Buch, wie es früher Turgenjew, Fontane, Balzac oder Joseph Roth schrieben. Doch das wichtigste ist, daß Sie eine ermordete Welt beschrieben, die andere vor Ihnen nicht beschrieben haben, weil diese in der Zeit vor dem großen Morden lebten und schufen. Diese anderen wußten noch nicht alles über den Menschen, sie konnten seine Zukunft nicht vorhersehen, denn sie kannten nicht die menschlichen Möglichkeiten aus der Praxis und konnten sich gar nicht alles ausmalen, was im Menschen steckt, und zwar, so fürchte ich, Herr Hilsenrath, ausnahmslos in jedem Menschen.

Sie und ich, wir beide gehören dieser verfluchten Generation an, die zur Genüge erfahren hat, wozu der Mensch imstande ist. In dieser Hinsicht sind wir vielleicht sogar klüger als Tolstoi oder Shakespeare, doch das ist eine verfluchte und nutzlose Klugheit, weil sie auf keinem fruchtbaren Feld wuchs, sondern auf den von Unkraut überwucherten, vergessenen Friedhöfen Europas, und eigentlich ist diese Klugheit mit der Asche und dem Rauch der Krematorien in die Welt gekommen, was sie zu einer flüchtigen Klugheit macht, die unsere Nächsten ziemlich kaltläßt.

Aus einer solchen Weisheit lassen sich keine integrierten Schaltkreise bauen, ja, nicht einmal ganz gewöhnliche Sessel. Und doch hoffe ich, daß diese Weisheit für Menschen mit Gedanken und Gefühlen eine gewisse Nahrung darstellt, ein bitteres Brot der Erinnerung unseres 20. Jahrhunderts.

Herr Hilsenrath, Sie schreiben in Ihrem Roman über Juden, die ich als Pole liebte, und auch über Polen, die ich immer noch liebe, obwohl ich wie kaum ein zweiter ihre Sünden, Schwächen und auch das Böse kenne, das durch das Unglück vieler vergangener Jahrhunderte in ihnen aufgestaut wurde. Vielleicht ist mir gerade deshalb Ihr Roman so nahe gegangen und hat mir solche freudigen Schmerzen oder auch schmerzliche Freuden bereitet.

Sie haben ein schönes Buch über eine gestorbene Welt geschrieben, die für mich nie gestorben ist, denn schließlich lebe ich heute noch und trage ihre Bilder in mir. Der Genauigkeit halber muß ich hinzufügen, daß ich nie in diesem Winkel Europas war, den Sie beschreiben. Ich bin in Warschau geboren und aufgewachsen, wo assimilierte und gebildete Juden lebten, die der Orthodoxie fernstanden, aber auch Juden, die den von Ihnen beschriebenen glichen. Ich habe Freunde, die aus dem ehemaligen Galizien stammen und die dortigen Juden kannten, und daher weiß ich, daß Ihre Erzählung auch eine Erzählung über Hunderttausende Menschen jener Region Europas ist, über die Menschen vom Pruth und von der Weichsel, aus Galizien und Masowien, Litauen und Kleinpolen, Belorußland und den Heiligenkreuzer Bergen. Gewiß gibt es in Wilna oder Lublin andere Speisen, die Menschen tragen anders geformte Hüte und andere Strümpfe. Aber sie dachten ähnlich, sie hatten viel von jener sanften, doch irgendwie düsteren Weisheit an sich, die aus den Seiten Ihres Buches strömt.

Nicht alles, worüber Sie schreiben, verbindet meine Erinnerung mit Ihrer, doch das ist selbstverständlich, denn Ihres ist ein jüdisches und meines ein polnisches Gedächtnis. Unsere Erinnerungen sind verschieden, obwohl unsere Katastrophen ähnlich waren. Hier möchte ich fast im selben Atemzug hinzufügen, daß es Polen gibt, die der Ansicht sind, die Polen besäßen ein Monopol auf das Leiden. Diese dummen Polen sind also der Ansicht, sie hätten am schlimmsten gelitten, und die noch dümmeren fügen hinzu, daß Hitler ihnen im Krieg dasselbe Los bereitet hat wie den Juden. Das ist eine ganz ordinäre Fälschung, denn die Juden sollten ausgerottet werden und wurden auch ausgerottet, während die Polen nur dezimiert wurden. Unter diesen von der Dezimierung bedrohten Polen fanden sich unwürdige Menschen, die sich, in Sorge um ihre eigene Haut und vielleicht auch wegen ihres Antisemitismus, unmenschlich benahmen. Und es ist Sache Polens und der Polen, diese Dinge laut auszusprechen, denn die Welt ist nur dann zu ertragen, wenn jeder vor allem von den eigenen Sünden spricht.

Es ist hingegen nicht gut, wenn die Menschen ständig über die Sünden anderer sprechen, während sie über die eigenen Schweigen breiten. Dieser Gewohnheit begegne ich manchmal in Deutschland, wo seit einiger Zeit die weitverbreitete Meinung herrscht, die Polen seien schlimme Antisemiten gewesen, während die Deutschen selber – mit einigen Ausnahmen natürlich – die Juden geliebt und geachtet hätten. Auch bei manchen Juden, bei denen der Herrgott mit dem Verstand gespart hat, finde ich diese Ansicht. Ich diskutiere nicht gern über diese Fragen. Es ist nicht meine Aufgabe, ständig zu wiederholen, wer den Holocaust geplant und in die Tat umgesetzt hat. Es ist auch nicht meine Aufgabe, die Juden an jene Juden zu erinnern, die mit dem Vernichtungsapparat des Dritten Reichs kollaborierten. Das ist Sache der Juden selbst.

Diese Anmerkungen schreibe ich am Rande Ihres schönen Buches, das die jüdische Erinnerung widerspiegelt. In diesem Spiegel finde ich auch ein großes Stück meiner selbst. Es ist nicht meine Erinnerung, wie ich schon feststellte, aber ein wichtiger Teil derselben. Die Landschaft ist nicht identisch, doch sehr ähnlich. Dieselbe Sonne, dieselben Bäume, doch die Schatten fallen anders auf die Wiese. Ihre sind länger, Herr Hilsenrath, weil der Tag Ihrer Welt für immer erlosch. Meine Welt wurde, zum Glück, in der Stunde der Dämmerung gerettet, als noch der Schatten einer Hoffnung zu sehen war.

Lieber Herr Hilsenrath, manche Menschen werden weinen, wenn sie Ihr Buch lesen. Und das ist gut so, denn unsere Zeit braucht Tränen, um nicht zu vergessen, was wir unwiederbringlich verloren haben. Ich jedoch habe während der Lektüre nicht geweint, denn Sie beschreiben in gewisser Weise mein eigenes Schicksal, obwohl ich kein Jude bin, sondern ein Pole, der die Juden geliebt hat, weil sie einen wichtigen Teil seiner Heimat ausmachten. Über mein eigenes Schicksal habe ich schon vor langer Zeit Tränen vergossen, jetzt sind meine Augen trocken.

»Weil du aber lau bist, werde ich dich ausspeien« – sagt die Schrift.

Ich war nie lau im Angesicht dessen, was uns im 20. Jahrhundert widerfuhr. Auch Sie waren nicht lau. Sie haben ein Buch geschrieben, durch das die Lava glühender Liebe strömt. Ein heißes Buch. Solche Bücher entstehen aus dem Leiden, und daher sind sie voll Sanftheit, Zärtlichkeit, Verständnis und Mitleid. Weder Sie, lieber Herr Hilsenrath, noch ich müssen heute mehr weinen. Doch es wäre gut, wenn jene weinten, die damals lau waren. Denn vielleicht sehen sie durch die Tränen ihren Engel.

# *Anhang*

# BIBLIOGRAPHIE DER PRIMÄRLITERATUR


## Selbständige Veröffentlichungen

*Nacht*. Roman. Kindler Verlag, München 1964. Neuausgabe: Literarischer Verlag Braun, Köln 1978

*Der Nazi & der Friseur*. Roman. Literarischer Verlag Braun, Köln 1977

*Gib acht, Genosse Mandelbaum*. Roman. Langen Müller Verlag, München/Wien 1979 (als Taschenbuch unter dem Titel *Moskauer Orgasmus*. R. Piper Verlag, München 1992)

*Bronskys Geständnis*. Roman. Langen Müller Verlag, München/Wien 1980

*Zibulsky oder Antenne im Bauch*. Claassen Verlag, Düsseldorf 1983

*Das Märchen vom letzten Gedanken*. Roman. R. Piper Verlag, München 1989

*Jossel Wassermanns Heimkehr*. Roman. R. Piper Verlag, München 1993

## Einzelveröffentlichungen

*Bienenstich und Negerküsse*. Kinderhörspiel, Sender Freies Berlin, 12.4.1976

*Wie man es nicht machen soll oder Wie man sein Buch an den Mann bringt*. In: Die Begegnung. Hg. v. der Buchhandlung Elwert & Meurer. 14. Folge, 1978/79, Berlin 1978, S. 165–172

*Wir starben einen anderen Tod*. In: Zeitmagazin, Nr. 40, 29.9.1978, S. 44–53

*Jetzt kommen sie wieder aus ihren Löchern*. In: Der Spiegel, Nr. 12/13, 32.Jg., 27.3.1978, S. 244

*Sie trommelten mit den Fäusten den Takt*. In: Beilage der Westfälischen Rundschau, 15.4.1978

*Zeit für Friseure*. In: das da, Juli 1978

*Zwischen Tränen und Gelächter*. Ein Gespräch über Satire und Faschismus. Mit Willi Bär, Karlheinz Braun, Edgar Hilsenrath, August Kühn, Uwe Naumann, Erich Schaffner, Peter Schütze. In: Sammlung. Jahrbuch für antifaschistische Literatur und Kunst. Hg. v. Uwe Naumann, Frankfurt am Main 1978, S. 133–146

*Reden wir lieber von den Jahren 1933 bis 1939!* In: Westfälische Rundschau, Nr. 24, 29.1.1979

*Dichterlesung 1978 in Kamen*. In: Die Zeit, 24.3.1978, auch in: Alwin Meyer/Karl-Klaus Rabe: Phantomdemokraten oder Die alltägliche Gegenwart der Vergangenheit. 34 bundesdeutsche Reaktionen. Ein Lesebuch, Reinbek 1979, S. 79–80

*Der Job*. In: Schreiben wie wir leben wollen. Ein Almanach, Berlin 1981, S. 23–25

*Der Fremde*. In: Literatur des Exils. Hg. v. Bernt Engelmann, München 1981, S. 66–75

*Das Dritte und das Vierte Reich*. In: New York. Die Welt noch einmal. Deutsche

Schriftsteller erleben die Stadt. Hg. v. Assen Assenor und Klaus-Peter Herbach, Düsseldorf 1982, S. 197–199; auch in: Berliner Lesebuch. Hg. v. Peter Feraru, Karlsruhe 1986, S. 81–84

*Warum so umständlich? Oder: Woody Allen aus Berlin im Selbstgespräch.* Radio-Erzählung, Sender Freies Berlin, 11. 3. 1984

*Brief aus Berlin.* In: Cheschbon, Nr. 7, München 1984, S. 14–16

*Lebenslauf.* In: Berliner Autoren-Stadtbuch. 111 von A bis Z. Berlin als ein Ort zum Schreiben. Literarisches Adressbuch (Schriftenreihe der Akademie der Künste, Bd. 117), Berlin 1985, S. 69–70

*Witwe Zibulskys Traum.* Hörspiel, Bayerischer Rundfunk/Sender Freies Berlin 1985

*Zukunftsterrorismus oder Kernkraftwerke.* In: Gauke's Jahrbuch '85. Hg. v. Christoph Gauke und Werner Onken, Hannoversch-Münden 1985, S. 36–39

*Ohne Titel.* In: Renate von Mangold, Berlin literarisch. 120 Autoren aus Ost und West, Berlin 1988, S. 78–79

*Das verschwundene Schtetl.* Radio-Erzählung. Sender Freies Berlin, 12. 3. 1989

*Ohne Titel* (im vorliegenden Buch als *Dies ist eine computerfeindliche Lösung*). In: Zeitmagazin, Nr. 12, 16. 3. 1990, S. 107

*Das Miteinander in der Bukowina.* In: Miteinander – was sonst? Multikulturelle Gesellschaft im Brennpunkt. Prominente beziehen Stellung. Hg. v. Michael Klöcker und Udo Tworuschka, Köln/Wien 1990, S. 85–87

*Ich bin von Natur aus ein Einzelgänger und singe nicht gern im Chor.* In: Woran ich glaube. Hg. v. Karlheinz Deschner, Gütersloher Verlagshaus. Gütersloh 1990, S. 111–114

*Der Wettbewerb.* In: Litfaß 52. Berliner Zeitschrift für Literatur. Hg. v. Cornelia Staudacher und René Weiland. 15. Jg., Berlin September 1991, S. 96–100

*Das Märchen vom letzten Gedanken.* Hörspiel. Sender Freies Berlin, 3. 4. 1991

*Die Sache mit dem toten Engländer (eine wahre Geschichte).* In: Jüdischer Kalender 1993/94. Hg. v. Nea Weissberg-Bob u. Gerd Scheithauer. Lichtig Verlag 1993

*Gefangen in den Mauern des Ghettos. Edgar Hilsenrath über ein Porträt von Felix Nussbaum.* In: art, Heft 11, 1994, S. 48/49

**Übersetzungen**

*Nacht*

- Übersetzung von Michael Roloff ins Amerikanische. Doubleday, New York 1966 (als Taschenbuch: Manor Books, New York 1974) und W. H. Allan, London 1967
- Übersetzung von Harry Brander ins Holländische. De Boekerij, Baarn 1966
- Übersetzung von Frederik Sjögren ins Schwedische. Alba, Stockholm 1981
- Übersetzung von Sonja Derasimovic ins Serbokroatische. August Cesarek, Zagreb 1982
- Übersetzung von Sonja Derasimovic ins Slowenische. Zalozba Obzorja, Maribor 1983

*Der Nazi & der Friseur*
- Übersetzung von Andrew White ins Amerikanische. Doubleday, New York 1971 (als Taschenbuch: Manor Books, New York 1974) und W. H. Allen, London 1975
- Übersetzung von Maria Luisa Boccino ins Italienische. Mondadori, Mailand 1973
- Übersetzung von Marie Louise Ponty-Audiberti ins Französische. Fayard, Paris 1974
- Übersetzung von Frederik Sjörgen ins Schwedische. Alba, Stockholm 1979
- Übersetzung von Ebbe Falck ins Dänische. Schonberg, Kopenhagen 1980
- Übersetzung von Emina Derasimovic ins Serbokroatische. August Cesarek, Zagreb 1981
- Übersetzung von Sonja Derasimovic ins Slowenische. Zalozba Obzorja, Maribor 1983
- Übersetzung von Ottar Odland ins Norwegische. Det Norske Samlaget, Oslo 1987
- Übersetzung von Oded Peled ins Hebräische. Tag publishing house, Tel Aviv 1994
- Übersetzung von Ryszard Wojnakowski ins Polnische. Wydawnictwo Literarkkie, Krakau 1994

*Moskauer Orgasmus*
- Übersetzung von Teodoras Cetrauskas ins Litauische. Lietus, Wilna 1994
- Übersetzung ins Lettische. Vaga, Riga 1995

*Bronskys Geständnis*
- Übersetzung von Sonja Derasimovic ins Jugoslawische. August Cesarek, Zagreb 1988

*Das Märchen vom letzten Gedanken*
- Übersetzung von Hugh Young ins Englische. Scribners, London 1990
- Übersetzung von Claudio Groff ins Italienische. Rizzoli, Mailand 1991
- Übersetzung von Elly Schippers ins Holländische. Amber, Amsterdam 1991
- Übersetzung von Bernard Kreiss ins Französische. Albin Michel, Paris 1992
- Übersetzung von Angela Verikokaki-Artemi ins Griechische. Exantas, Athen 1993
- Übersetzung von Lili Ter-Minassian ins Armenische. Nairi, Eriwan 1993
- Übersetzung von Ryszard Wojnakowski ins Polnische. Wydawnictwo Literarkkie, Krakau 1995
- Übersetzung von Teodoras Cetrauskas ins Litauische. Lietus, Wilna 1995

*Jossel Wassermanns Heimkehr*
- Übersetzung ins Italienische. Marsilio Editori, Venedig 1995
- Übersetzung von Christian Richard ins Französische. Albin Michel, Paris 1995
- Übersetzung von Elly Schippers ins Holländische. Bodoni, Baarn 1995

# AUSWAHLBIBLIOGRAPHIE DER SEKUNDÄRLITERATUR

*NACHT*. Kindler Verlag, München 1964, 420 Seiten
- Jokostra, Peter: Bericht aus dem Inferno. In: Echo der Zeit, 2. 5. 1965
- Hallow, Ralph: Ghetto Doorway to Death. First Novel a Chronicle of Human Misery. In: Pittsburgh Press, 30. 10. 1966
- Mayerson, Evelyn: Night. In: Jewish Exponent, 4. 11. 1966

*NACHT*. Literarischer Verlag Helmut Braun, Köln 1978, 512 Seiten
- Anonym: Grauen im Getto. In: Der Spiegel, Nr. 36, 32. Jg., 4. 8. 1978
- Lewy, Hermann: Der Wille zu überleben. In: Allgemeine jüdische Wochenzeitung, Nr. 37, 15. 9. 1978
- Raddatz, Fritz J.: Breitwandbuch. In: Die Zeit, Nr. 40, 29. 9. 1978, S. 52
- Höpfner, Niels: Schwerer Brocken Trauerarbeit. In: Frankfurter Rundschau, 9. 10. 1978
- Johann, Ernst: Noch unter dem Rang von Insekten. In: Frankfurter Allgemeine Zeitung, Nr. 225, 12. 10. 1978, S. 24
- Schachtsiek-Freitag, Norbert: Leben – ein einziges Sterben. In: Deutsches Allgemeines Sonntagsblatt, Nr. 43, 22. 10. 1978
- Jokostra, Peter: Tod im Ghetto. In: Rheinische Post, 2. 12. 1978
- Rieger, Manfred: Edgar Hilsenrath: Nacht. In: Neue deutsche Hefte, H. 160, 25. Jg., 1978, S. 819–822
- Ayren, Armin: Gnadenloser Kampf ums Überleben. In: Badische Zeitung, 1. 2. 1979
- Drewitz, Ingeborg: Szenen der Verwüstung. In: Der Tagesspiegel, 17. 9. 1979

***DER NAZI & DER FRISEUR***. Literarischer Verlag Helmut Braun, Köln 1977, 424 Seiten
- Margolies, Rabbi Morris B.: The Nazi & The Barber. In: Kansas City Star, 5. 2. 1971
- Marx, Hilde: The Nazi & The Barber. In: Aufbau, New York, 27. 8. 1971
- Foster, Roy: Unforgotten, Unforgiven. In: The Times Literary Supplement, 16. 1. 1976
- Fritz Rumler: Max & Itzig. In: Der Spiegel, Nr. 35, 22. 8. 1977
- Drewitz, Ingeborg: Eine grausame Satire. In: Der Tagesspiegel, 4. 9. 1977
- Rotzoll, Christa: Die Massenmörder – satirisch. In: Frankfurter Allgemeine Zeitung, 16. 9. 1977
- Torberg, Friedrich: Ein Freispruch, der keiner ist. In: Die Welt, 12. 10. 1977
- Kramberg, Karl Heinz: Das zweite Leben des Judenmörders Max Schulz. In: Süddeutsche Zeitung, 15. 10. 1977
- Böll, Heinrich: Hans im Glück im Blut. In: Die Zeit, Nr. 51, 9. 12. 1977
- Rieger, Manfred: Auf der Suche nach der verlorenen Schuld. In: Frankfurter Rundschau, 1. 4. 1978
- Meidinger-Geise, Inge: Edgar Hilsenrath, »Der Nazi & der Friseur«. In: Die Welt der Bücher, 1978, H. 9, S. 429

– Schönfeld, Gerda Marie: Sommer 1978: Die Nazis & der Dichter. In: Deutsches Allgemeines Sonntagsblatt, Nr. 27, 2. 7. 1978
– Wilink, Andreas: Bitterernst und bitterwahr. Verfilmung geplant. In: Jüdische Allgemeine Zeitung, Nr. 41, 28. 8. 1980

*GIB ACHT, GENOSSE MANDELBAUM*. Albert Langen/Georg Müller Verlag, München 1979, 270 Seiten
– Rotzoll, Christa: Sexhelden und Spitzengauner. In: Frankfurter Allgemeine Zeitung, Nr. 273, 23. 11. 1979, S. 26
– Schachtsiek-Freitag, Norbert: Folgen des »Moskauer Orgasmus«. In: Frankfurter Rundschau, Nr. 300, 27. 12. 1979, S. 26

*BRONSKYS GESTÄNDNIS*. Albert Langen – Georg Müller Verlag, München 1980, 307 Seiten
– Headley, Georg: Asche auf dem Herzen des Juden Bronsky in New York. In: Welt am Sonntag, Nr. 40, 5. 10. 1980
– Anonym: Die amerikanische Nacht. In: Der Spiegel, Nr. 41, 6. 10. 1980
– Kramberg, Karl Heinz: Clown Ashaver. In: Süddeutsche Zeitung, 18./19. 10. 1980
– Drewitz, Ingeborg: Überleben in New York. In: Der Tagesspiegel, 26. 10. 1980
– Ayren, Armin: Von nun an ging's bergab. In: Frankfurter Allgemeine Zeitung, 18. 11. 1980
– Cramer, Sibylle: »Bronskys Geständnis«. In: Die Zeit, Nr. 15, 3. 4. 1981

*ZIBULSKY ODER ANTENNE IM BAUCH*. Claassen Verlag, Düsseldorf 1983, 160 Seiten
– Kaukoreit, Volker: Politische Gegenwart holt die »Zibulskys« fast immer wieder ein. In: Welt der Arbeit, Nr. 36, 8. 9. 1983, S. 14
– Jokostra, Peter: Ein Berliner Schwejk. In: Rheinische Post, Nr. 266, 19. 11. 1983
– Uthmann, Jörg von: Unfreiwillig grotesk. In: Frankfurter Zeitung, Nr. 290, 14. 12. 1983, S. 26
– Anonym: Woody Allen aus Berlin. In: Der Spiegel, Nr. 51, 19. 12. 1983, S. 148
– Falcke, Eberhard: Spießer-Gerede. In: Süddeutsche Zeitung, Nr. 35, 11./12. 2. 1984, S. 132
– Weidinger-Thiel, Birgit: Die Kraft der Utopie (zu »Witwe Zibulskys Traum«). In: Funk-Korrespondenz, 18. 10. 1985

*DAS MÄRCHEN VOM LETZTEN GEDANKEN*. R. Piper Verlag, München 1989, 504 Seiten
– Biller, Maxim: Das Lachen des Schreckens. In: tempo, H. 8, 1989, S. 116
– Hoppe, Ralf: Das Märchen vom Morden. In: Deutsches Allgemeines Sonntagsblatt, Nr. 31, 4. 8. 1989, S. 21
– Götze, Karl-Heinz: 1001 Nacht der langen Messer. In: Frankfurter Rundschau, Nr. 191, 19. 8. 1989, S. 4
– Hintermeier, Hannes: Als Türken ein Volk ausrotteten. In: Münchner Abendzeitung, 12. 9. 1989, S. 8

– Bauer, Michael: Fabulieren, um nichts zu verschweigen. In: Süddeutsche Zeitung, Nr. 213, 16./17.9.1989, S. XVI
– Anonym: Pierrot des Schreckens. In: Der Spiegel, Jg. 36, 1989, S. 233
– Hielscher, Martin: Das Flüstern des Todes. In: Die Zeit, Nr. 41, 6.10.1989, S. 75
– Kurzke, Hermann: Mord im Märchenton. In: Frankfurter Allgemeine Zeitung, Nr. 265, 14.11.1989, S. L4
– Lodron, Herbert: In den Schluchten des Taurus. In: Presse, 18./19.11.1989
– Mannack, Bettina: Edgar Hilsenrath – Märchen aus einer unheilen Welt. In: Kieler Nachrichten, Nr. 273, 23.11.1989, S. 21
– Bormann, Alexander von: Dokumentarische Phantastik. In: Neue Zürcher Zeitung, Nr. 278, 30.11.1989, S. 46
– Hammerstein, Dorothee: Das Buch vom Grauen und Erinnern. In: Badische Zeitung, 2.12.1989
– Baron, Ulrich: Ein Volk, verloren im blutigen Schicksal. In: Rheinischer Merkur, 16.2.1990

*JOSSEL WASSERMANNS HEIMKEHR*. R. Piper Verlag, München 1993, 320 Seiten
– Filip, Ota: Als die schwarzen Wolken über das Dorf zogen. In: Welt am Sonntag, 28.3.1993
– Baier, Lothar: Legende von der sinnlosen Tat. In: Die Zeit, Nr. 14, 2.4.1993
– Wieckhorst, Volker: Geschichten aus dem Leben der Toten. In: Rheinischer Merkur, 9.4.1993
– Bormann, Alexander: Vom Schtetl in die Schweiz und zurück ins Erzählen. In: Neue Zürcher Zeitung, 15.4.1993
– Kramberg, Karl Heinz: Wo Kaiser Franz Joseph Salzhering aß. In: Süddeutsche Zeitung, 8.5.1993
– Klüger, Ruth: Fabulierlust zum Tode. In: Frankfurter Allgemeine Zeitung, 1.6.1993
– Götze, Karl-Heinz: Der Hering im Maul von Franz Josef. In: Frankfurter Rundschau, 19.6.1993
– Kraft, Thomas: Der Schalk aus dem Schtetl. In: Darmstädter Echo, Nr. 151, 3.7.1993
– Staudacher, Cornelia: Scheherazade aus dem Schtetl. In: Der Tagesspiegel, 29.8.1993
– Szczypiorski, Andrzej: Unsere Zeit braucht Tränen. In: Der Spiegel, Nr. 44, 1993, S. 266–269
– Christ, Richard: Schtetl-Geschichten. In: Neue deutsche Literatur, H. 5, 1993, S. 145–147

**Interviews**

– Jede Anklage ist richtig. Gespräch mit Andreas W. Mytze. In: Die Weltwoche, Nr. 37, 14.9.1977, S. 34; auch am 31.8.1977 im »Tagesspiegel« u. d. T. »Präze-

denzfall der deutschen Literatur«; u. d. T. »Die Henkersatire« in »Nürnberger Nachrichten« v. 29. 8. 1977; u. d. T. »Entweder todernst oder gar nicht« in »Berliner Stimme« 10. 9. 1977 und in »europäische Ideen«, Heft 37, 1977, S. 20–22
- Ich nehme mich nicht mehr ernst. Hilsenrath über Lehrer, Juden, Freunde, Frauen. Gespräch mit Gerd Courts. In: Kölner Stadt-Anzeiger, Nr. 16, 19./ 20. 1. 1980, S. 3
- Wo bleibt der Schutz? Gespräch mit Joachim Marh. In: Jüdische Wochenzeitung, Nr. XXXIII/20, 19. 5. 1978, S. 6
- Meine Bücher gehören in einen literarischen Verlag. In: Buchreport, Nr. 42, 18. 10. 1989, S. 24
- Ich habe die Philosemiten erschreckt, ich bin Außenseiter. Gespräch mit Thomas Feibel. In: Frankfurter Rundschau, Nr. 215, 15. 9. 1990; u. d. T. »Ich bin Außenseiter, und ich gefalle mir in dieser Rolle« in: Jüdische Allgemeine Zeitung, 18. 10. 1990, S. 5
- Armenisches Epos. Gespräch mit Lothar Baier. In: Listen, 26. 2. 1990, S. 20–22
- Israel wird seine Zurückhaltung im Krieg durchhalten. Im Gespräch mit Uli Rothfuss. In: Schwarzwälder Bote, 22. 2. 1991

## Wissenschaftliche Darstellungen

- Gilman, Sander: Jüdische Literaten und deutsche Literatur. Antisemitismus und die verborgene Sprache der Juden am Beispiel von Jurek Becker und Edgar Hilsenrath. In: Zeitschrift für deutsche Philologie. Hg. v. Werner Besch, Hugo Moser, Hartmut Steinecke, 107. Band 1988, Heft 2, S. 269 bis 294
- Stenberg, Peter: Memories of the Holocaust. Edgar Hilsenrath and the Fiction of Genocide. In: DVjs, Heft 2, 1982, S. 277–289
- Schachtsiek-Freitag, Norbert: Edgar Hilsenrath. In: Kritisches Lexikon der Gegenwartsliteratur, 29. Nlg., Stand 1. 4. 1988
- Graf, Andreas: ein leises dennoch. Zum ironischen Wechselbezug von Literatur und Wirklichkeit in Günter Grass' Erzählung »Das Treffen in Telgte«. In: DVjs, 63. Jg., 1989, H. 2, S. 282–294
- Kraft, Thomas: Edgar Hilsenrath. In: Neues Handbuch der deutschsprachigen Gegenwartsliteratur seit 1945. Hg. v. D.-R. Moser, P. Ernst, Th. Kraft u. H. Zimmer. München 1990, S. 295–296
- Möller, Susann: Wo die Opfer zu Tätern werden, machen sie Täter zu Opfern: Die Rezeption der beiden ersten Romane Edgar Hilsenraths in Deutschland und den USA. Ohio State University 1991 (Dissertation, unveröffentlicht)
- Stenberg, Peter: Journey to Oblivion. The End of the East European Yiddisch and German Worlds in the Mirror of Literature. Toronto 1991
- Gerstenberger, Katharina/Pohland, Vera: Der Wichser. Edgar Hilsenrath – Schreiben über den Holocaust, Identität und Sexualität. In: Der Deutschunterricht, 44. Jg., 1992, S. 74–91

– Lorenz, Dagmar G.: Verfolgung bis zum Massenmord – Holocaust Diskurse in deutscher Sprache aus der Sicht der Verfolgten. New York 1992
– Kreutz, Marika: Das Bild des Juden in den Romanen »Nacht« und »Der Nazi & der Friseur« von Edgar Hilsenrath. Universität München 1992/93 (Magisterarbeit, unveröffentlicht)
– Brecheisen, Claudia: Literatur des Holocaust: Identität und Judentum bei Jakov Lind, Edgar Hilsenrath und Jurek Becker. Universität Augsburg 1993 (Dissertation, unveröffentlicht)

**Porträts**

– Miesen, Karl-Jürgen: Ohne Pathos, kurzatmig, abgehackt. In: Rheinische Post, 21. 11. 1977
– Hofner, Kurt: Edgar Hilsenrath: Ist Unsägliches unsagbar? In: Mittelbayerische Zeitung, 6. 3. 1978
– Nagel, Wolfgang: Schon mal was von diesem Hilsenrath gehört? In: Zeitmagazin, Nr. 40, 29. 9. 1978, S. 42–53
– Presser, Ellen: Zu Hause in der deutschen Sprache. In: Allgemeine jüdische Wochenzeitung. Nr. XL/26, 26. 6. 1985, S. 7
– Schiffels, Ursula: Wie geht's? Man schreibt! Berlin: Begegnung mit Edgar Hilsenrath. In: Saarbrücker Zeitung, Nr. 259, 7. 11. 1986
– Rosendahl, Annegret: Erzähler gegen Macht und Gewalt. In: zitty, H. 22, 1989, S. 38/39
– Kehrein, Bruno: Aus und in der Zeit. In: Marabo, Nr. 9, Sept. 1989
– Roether, Diemut: Schreiben gegen die Gewalt. In: Badische Zeitung, Nr. 268, 20. 11. 1989
– Ambros, Peter: Physiologie des Holocaust. In: Allgemeine jüdische Wochenzeitung, Nr. 45, 16. 8. 1990, S. 10
– Kippenberger, Susanne: Kein Mann zum Heiraten. In: Der Tagesspiegel, Nr. 14086, 18. 1. 1992, S. 16
– Suhr, Constanze: Eine Kiste in Berlin. In: tip, H. 6, 1993, S. 110/111

## TEXTNACHWEISE


- Baier, Lothar: Legende von der sinnlosen Tat. *Jossel Wassermanns Heimkehr* – Edgar Hilsenraths erstaunlicher Roman. In: Die Zeit, Nr. 14, 2. 4. 1993, S. 4 (Literaturbeilage)
- Böll, Heinrich: Hans im Glück im Blut. Umgekippte Märchenfiguren: obszön und grotesk. Edgar Hilsenraths Roman *Der Nazi & der Friseur*. In: Die Zeit, Nr. 51, 9. 12. 1977
- Bormann, Alexander von: Dokumentarische Phantastik. Hilsenraths Märchenroman vom armenischen Holocaust. In: Neue Zürcher Zeitung, Nr. 278, 30. 11. 1989
- Braun, Helmut: Erinnerung. Originalbeitrag.
- Cramer, Sibylle: Laudatio (auf Edgar Hilsenrath und Einar Schleef) anläßlich der Verleihung des Alfred-Döblin-Preises 1989. Bislang unveröffentlicht.
- Dittmann, Ulrich: Den Völkermord erzählen? Edgar Hilsenraths *Das Märchen vom letzten Gedanken* und Franz Werfels *Die vierzig Tage des Musa Dagh*. Originalbeitrag.
- Drewitz, Ingeborg: Überleben in New York. Edgar Hilsenrath: *Bronskys Geständnis*. In: Der Tagesspiegel, 26. 10. 1980
- Filip, Ota: Als die schwarzen Wolken über das Dorf zogen. Mit Witz und Trauer erzählt: wie die Juden in der Bukowina ihre Geschichte retten wollten. In: © Welt am Sonntag, 28. 3. 1993
- Gilman, Sander L.: Hilsenrath und Grass Redivivus. Gekürzte Fassung von »Jüdische Literaten und deutsche Literatur. Antisemitismus und die verborgene Sprache der Juden am Beispiel von Jurek Becker und Edgar Hilsenrath« (Zeitschrift für deutsche Philologie, hg. v. Werner Besch, Hugo Moser, Hartmut Steinecke, 107. Band 1988, H. 2, S. 269–294)
- Götze, Karl-Heinz: 1001 Nacht der langen Messer. Edgar Hilsenraths Roman *Das Märchen vom letzten Gedanken*. In: Frankfurter Rundschau, Nr. 191, 19. 8. 1989, S. 4 (Beilage »Zeit und Bild«)
- Graf, Andreas: Mörderisches Ich. Zur Pathologie der Erzählperspektive in Edgar Hilsenraths Roman *Der Nazi & der Friseur*. Originalbeitrag.
- Hey'l, Bettina: Hilsenraths Zauberformeln. Narration und Geschichte in *Das Märchen vom letzten Gedanken*. Originalbeitrag.
- Hilsenrath, Edgar: Zuhause nur in der deutschen Sprache. Eine biographische Selbstauskunft. Dieser bislang unveröffentlichte Text wurde aus Aussagen Edgar Hilsenraths in Interviews, Briefen und Gesprächen montiert.
- ders.: Das verschwundene Schtetl. Radio-Erzählung, Sender Freies Berlin, 12. 3. 1989. Der Text gehört zu dem in Arbeit befindlichen Roman E. H.'s *Ruben Jablonski* (Arbeitstitel) und erscheint hier als Vorabdruck.
- ders.: Ich bin von Natur aus ein Einzelgänger und singe nicht gern im Chor. In: Woran ich glaube. Hg. v. Karlheinz Deschner. Gütersloh 1990, S. 111–114
- ders.: Dies ist eine computerfeindliche Lösung. Ohne Titel in: Zeitmagazin, Nr. 12, 16. 3. 1990, S. 107

– ders.: Dichterlesung 1978. In: Die Zeit, 24. 3. 1978
– ders.: Ich habe über den jüdischen Holocaust geschrieben, weil ich dabei war. Gespräch mit Thomas Kraft und Peter Stenberg. Originalbeitrag (April 1995)
– Höpfner, Niels: Schwerer Brocken Trauerarbeit. Edgar Hilsenraths erster Roman *Nacht*. In: Frankfurter Rundschau, 9. 10. 1978
– Hoven, Heribert: Die Ästhetik des Geschlechtsverkehrs oder Anmerkungen zum Thema: Sexualität im Werk Edgar Hilsenraths. Originalbeitrag.
– Jokostra, Peter: Bericht aus dem Inferno. In: Echo der Zeit, 7. 5. 1965
– Kraft, Thomas: Hilsenraths Heimkehr. Die Bukowina als literarisches Motiv in den Romanen Edgar Hilsenraths. Originalbeitrag.
– Kreutz, Marika: Täter und Opfer. Das Bild des Juden in den Romanen *Nacht* und *Der Nazi & der Friseur*. Originalbeitrag.
– Lind, Jakov: Dear Edgar, Happy Birthday! Originalbeitrag.
– Möller, Susann: Zur Rezeption: Philosemiten und andere – die Verlagsstationen Edgar Hilsenraths. Originalbeitrag.
– Rumler, Fritz: Max & Itzig. In: Der Spiegel, Nr. 35, 22. 8. 1977
– Stenberg, Peter: »Ich habe dich einen kleinen Augenblick verlassen«. Edgar Hilsenrath und der abwesende Gott. Originalbeitrag.
– Szczypiorski, Andrzej: Unsere Zeit braucht Tränen. Ein Brief an den Schriftsteller Edgar Hilsenrath. In: Der Spiegel, Nr. 44, 1993, S. 266–269
– Torberg, Friedrich: Ein Freispruch, der keiner ist. Edgar Hilsenraths schauerlich-witziger Roman über ein böses Kapitel Zeitgeschichte. In: Die Welt, 12. 10. 1977, S. XII
– Wagner-Reinecke, Marianne: Der lange Weg nach Berlin. Edgar Hilsenrath zum 70. Geburtstag. Originalbeitrag.
– Westphalen, Joseph von: Das wahre Märchen von den beiden Gromas. Originalbeitrag.

# DIE BEITRÄGER

*Helmut Braun* (* 1948) ist Leiter des Rose-Ausländer-Dokumentationszentrums in Üxheim / Eifel.

*Ulrich Dittmann* (* 1937) ist Akademischer Direktor am Institut für Deutsche Philologie der Universität München.

*Sander L. Gilman* lehrt als Henry R. Luce-Professor of the Liberal Arts in Human Biology an der Universität Chicago.

*Andreas Graf* (* 1958) ist Verlagslektor und Lehrbeauftragter an der Universität Köln.

*Bettina Hey'l* (* 1962) ist wissenschaftliche Mitarbeiterin am Institut für Germanistik der Universität Magdeburg.

*Heribert Hoven* (* 1950) lebt als Lehrer und Literaturkritiker in München.

*Thomas Kraft* (* 1959) arbeitet als freier Publizist in München.

*Marika Kreutz* (* 1963) lebt als Redakteurin in Landsberg / Lech.

*Jakov Lind* (* 1927) lebt als freier Schriftsteller in London.

*Susann Möller* (* 1951) arbeitet als Schriftleiterin in einem Grafikverlag in Columbus / Ohio.

*Peter Stenberg* (* 1942) ist Professor für Deutsche und Skandinavische Literatur an der University of British Columbia in Vancouver.

*Marianne Wagner-Reinecke* (* 1940) arbeitet als Redakteurin beim Sender Freies Berlin in Berlin.

*Joseph von Westphalen* (* 1945) lebt als freier Schriftsteller in München.

## EDGAR HILSENRATH

| | |
|---|---|
| 2. April 1926 | Edgar Hilsenrath wird als Sohn des jüdischen Kaufmanns David Hilsenrath und seiner Frau Anni in Leipzig geboren. |
| 1929–1938 | Kindheit und Jugend in Halle / Saale. |
| 1938–1941 | Aufgrund zunehmender antisemitischer Übergriffe siedelt Hilsenrath mit Mutter und Bruder zu seinen Großeltern nach Sereth in der Bukowina um und schreibt dort seinen ersten Roman, der später auf der Flucht verlorengeht. |
| 1940 | Hilsenrath schließt sich einer zionistischen Gruppierung an und übernimmt bald ihre Führung. |
| Oktober 1941 | Deportation der Familie durch die rumänischen Faschisten in das Ghetto Moghilev-Podolsk in Transnistrien, einem Gebiet zwischen Dnjestr und Bug. |
| März 1944 | Befreiung aus dem Ghetto durch die Rote Armee; nach sechs Monaten in Sereth Irrfahrt durch Bulgarien, Türkei, Syrien und den Libanon nach Palästina. |
| 1945–1947 | Arbeit als Pflanzer, Tellerwäscher, Lastenträger und Bauarbeiter im Kibbuz, in Haifa, der Negev-Wüste, Netanya und Tel Aviv. Freundschaft mit Jakov Lind. Erste Schreibversuche. Kontakt zu Max Brod. |
| November 1947 | Reise nach Frankreich, in Lyon findet die Familie wieder zusammen. |
| ab 1950 | Das erste Kapitel des Romans »Nacht« entsteht in einem Bistro. |
| April 1951 | Emigration nach New York/USA, arbeitet als Kellner, Laufbursche, Autowäscher. Schreibt nachts in Cafeterias an seinem Roman, den er 1954 abschließt. |

| | |
|---|---|
| 1964 | »Nacht« erscheint in Deutschland in einer Minimalauflage. |
| April 1965 | Erste Rückkehr nach Deutschland. |
| 1968 | Der Roman »Der Nazi & der Friseur« entsteht in München. |
| 1975 | Endgültige Rückkehr nach Deutschland. Übersiedlung nach Berlin. |
| 1977 | »Der Nazi & der Friseur« erscheint in einem deutschen Kleinverlag. |
| 1978 | Neuauflage von »Nacht«.<br>Neonazistische Störungen bei Hilsenraths Lesungen. |
| 1979 | »Gib acht, Genosse Mandelbaum«, Roman Neuauflage 1992 unter dem ursprünglich vom Autor vorgesehenen Titel »Moskauer Orgasmus«. |
| 1980 | »Bronskys Geständnis«, Roman. |
| 1983 | »Zibulsky oder Antenne im Bauch«, Satiren. |
| 1989 | »Das Märchen vom letzten Gedanken«, Roman.<br>E. H. erhält dafür im selben Jahr den Alfred-Döblin-Preis. |
| 1992 | Verleihung des Heinz-Galinski-Preises der Jüdischen Gemeinde zu Berlin. |
| 1993 | »Jossel Wassermanns Heimkehr«, Roman. |
| 1994 | Verleihung des Hans-Erich-Nossack-Preises des Kulturkreises der deutschen Wirtschaft. |

36,- /96